W0171051

Über den Autor:

Michael Mary, 1953 geb., ist verheiratet und lebt in der Nähe
von Hamburg. Seit 1979 führt er Beratungen und Seminare
zum Thema Partnerschaft und Persönlichkeitsentwicklung
durch. Weitere Informationen zur Person und seinen Büchern
sind auf der Homepage *www.michaelmary.de* zu finden.

Michael Mary

Die Glückslüge

Vom Glauben an die
Machbarkeit des Lebens

BASTEI LÜBBE TASCHENBUCH
Band 26889

Vollständige Taschenbuchausgabe
der im Gustav Lübbe Verlag erschienenen Hardcoverausgabe

Bastei Lübbe Taschenbücher und Gustav Lübbe Verlag
in der Verlagsgruppe Lübbe

© 2003 by Verlagsgruppe Lübbe GmbH & Co. KG,
Bergisch Gladbach
Dieses Werk wurde vermittelt durch die
Literarische Agentur Thomas Schlück GmbH, 30827 Garbsen
Umschlaggestaltung: Nadine Littig
Satz: Bosbach Kommunikation & Design GmbH, Köln
Druck und Verarbeitung: GGP Media GmbH, Pößneck
Printed in Germany, Juli 2008
ISBN 978-3-404-26889-4

Sie finden uns im Internet unter
www.luebbe.de
Bitte beachten Sie auch: www.lesejury.de

Der Preis dieses Bandes versteht sich einschließlich
der gesetzlichen Mehrwertsteuer.

INHALT

VORWORT

Dieses Buch beschreibt die Widersprüche und Grenzen einer modernen Heilserwartung, die den Menschen verspricht, Glück sei planbar geworden und das Leben insgesamt beherrschbar. Ich bezeichne diesen Machbarkeitswahn als eine große Glückslüge.

Diese vermeintliche Kunst, das Leben den eigenen Wünschen gefügig zu machen, wird von Beratern vermittelt, die sich mittlerweile auf jeden Lebensbereich ausgebreitet haben. Diese selbst ernannten Lebensspezialisten geben vor, den Weg zu Erfüllung, Reichtum, Erfolg, Jugend und Gesundheit für jedermann zu kennen. Sie sind ausgezogen, andere das Leben und die Eroberung der Innenwelt zu lehren.

Ich habe mich mit etlichen dieser Psychologie-, Gesundheits- und Wirtschaftsberater intensiv beschäftigt, um ihre Versprechen und Rezepte zu überprüfen und die Grenzen ihrer Glücks- und Machbarkeitsphilosophie aufzuzeigen. Das scheint mir deshalb nötig zu sein, weil sich ein subtiler und dennoch enormer Druck auf die Menschen zu legen beginnt: der Druck, ihr Leben perfekt zu meistern und für alles, was in ihrem Leben geschieht, allein verantwortlich zu zeichnen.

Wo Menschen aber glauben, alles machen zu können, da wird nichts mehr *gelassen*. Wo sich der Machbarkeitswahn ausbreitet, schwindet groteskerweise die Gelassenheit und mit ihr ein großer Teil des angestrebten Glücks und der gesuchten Lebendigkeit.

Wer es jedoch vermag, dem verbissenen Tun der Machbarkeitsgläubigen zuzuschauen, wer erkennt, schmunzelt, lächelt und sich zurücklehnt, der kann zu mehr Gelassenheit finden – und sich einem Leben widmen, das diesen Namen verdient, weil es nicht kontrolliert, sondern gelebt wird.

Michael Mary, im September 2003

EINLEITUNG

Man brauche das Leben nur in die Hand zu nehmen. Das Glück liege zwar nicht auf der Straße, aber in einem selbst; und daher könne jeder darüber verfügen. Man könne sein Leben gestalten, ganz nach Wunsch und Wille. Karriere sei planbar – gemäß eigener Vorstellungen. Gesundheit sei machbar – bis ins hohe Alter. Partnerschaft sei gestaltbar – den Ideen der Partner entsprechend. Sexualität könne erarbeitet werden – zum Wohle der Beziehung und der Partner. Glück sei ein Anspruch, ein Geburtsrecht geradezu, es könne trainiert werden.

Diese und weitere Versprechen sind die Säulen einer neuen Heilslehre, die in Wahrheit aber – wie ich im Folgenden zeigen möchte – nicht mehr ist als die große Glückslüge unserer Zeit.

Im Schatten des Machbarkeitsglaubens wird der Macher zum Prototyp des Erfolgsmenschen. Wissen und Bewusstsein, Wissenschaft und Psychologie sind die zentralen Begriffe seiner Weltanschauung. Macher entwickeln Visionen, verfolgen Ziele, entwerfen Strategien, schmieden Pläne und verfügen über ausgefeilte Taktiken. Sie haben ihre Innenwelt erobert – das Glück kann sich ihnen unmöglich verweigern.

In der Hoffnung, das Leben derart planen und kontrollieren zu können, kaufen Millionen Menschen Ratgeberbücher, besuchen Erfolgsseminare, lassen sich einzeln oder in der Masse motivieren und trainieren. Vor allem aber hoffen und glauben sie. Ich werde zeigen, dass der Machbarkeitswahn durch diese enorme Glaubensbereitschaft eine moderne Religion darstellt. Und der besagte Glaube wird als Kind seiner Zeit nicht von einer Kanzel verkündet, sondern auf dem freien Markt der Möglichkeiten verkauft. Um die Ware Machbarkeit an den Mann / die Frau zu bringen, wird Verpackungsmüll produziert, es werden Rundum-sorglos-Pakete geschnürt, Scheinwahrheiten verbreitet und Blendungen durchgeführt. Wie im Geschäftsverkehr üblich, wird das Kleingedruckte geschickt versteckt. Ich werde diese Verkaufsmaschen offen legen.

Anschließend werde ich die Glückslüge in sechs Themenabschnitten untersuchen. Zuerst widme ich mich drei dummen Machbarkeitslügen, die Jugend, Erfolg und Reichtum für jeden versprechen, bevor ich mich schließlich drei intelligenten Lügen zuwende, die suggerieren, jeder könne seine Realität gestalten, jeder verfüge über Entscheidungsfreiheit und jeder könne über sein Lebensglück bestimmen.

Wer der Glückslüge und dem mit ihr verbundenen Machbarkeitsglauben – ganz oder in Teilen – verfällt, beginnt einen aussichtslosen Kampf gegen das Leben, dessen Ziel darin besteht, Kontrolle über die inneren und äußeren Welten zu erlangen und das Unbewusste abzuschaffen. Aber das gelingt nicht einmal den Machbarkeitspriestern selbst – auch das werde ich darlegen.

So bleibt die ersehnte Kontrolle über das Leben (glücklicherweise) verwehrt, und das Leben gestaltet den Menschen weiterhin weitaus mehr als dieser das Leben. Wer diesen Sieg des Lebendigen und damit die Grenzen des Machbaren akzeptiert, gibt überzogene Erwartungen an das Leben auf und wendet sich von Machbarkeitspropheten ab: Er gehört wieder sich selbst und findet zu mehr Gelassenheit und Akzeptanz.

So weit ein kurzer Überblick, was Sie in diesem Buch erwartet. Übrigens: Eine der intelligenten Lügen habe ich ausgelassen. Sie lautet: Du kannst deine Partnerschaft / Beziehung nach deinem Willen und deinen Vorstellungen gestalten. Dieses Thema ist sehr komplex und erfordert ein eigenes Buch, das mein nächstes sein wird.

EINE RELIGION DES 21. JAHRHUNDERTS

DAS GLÜCK DER DREI WELTEN

Seitdem Menschen das Glück suchen, haben sie unzählige Vorstellungen von seinem Wesen und noch mehr Ideen darüber entwickelt, wie und wo man es finden könne. Über ein Versuchsstadium sind die Menschen dabei nicht hinausgekommen. Da sie die Geheimnisse dauerhaften Glücks und erfüllten Lebens nicht enträtseln können, bleibt ihnen lediglich, weiterhin an das große Glück zu glauben. Ohne diesen Glauben an eine bessere Zukunft, so scheint es, stürbe die Hoffnung und mit ihr ein Sinn oder sogar der Sinn des Lebens.

Um das Glück in seinen Verstecken aufzuspüren, entwickelte jede Zeit eine eigene Glücksideologie und einen entsprechenden Glauben. Glaubte man anfangs, das Glück müsse erdient werden, und später, es könne verdient werden, so glaubt man heute, es machen zu können. Glück wurde und wird in drei Welten gesucht:
- im Jenseits, in einem Leben nach dem Tod,
- im Diesseits, in den materiellen Dingen und sozialen Werten der Außenwelt, und
- in der Innenwelt, in den Strukturen des Geistes und der Psyche.

》*Der Wecker klingelt, Zeit zum Aufstehen. Jetzt aufpassen und das richtige Bein zuerst auf den Boden setzen, sonst fängt der Tag schlecht an, aus energetischer Sicht. Dann das Gewicht kon-*

trollieren und den aktuellen Fettanteil des Gewebes messen. Körperfett bei 8 Prozent? Zu viel! Das muss reguliert werden. Bewusstes Body-Management.

Deshalb eine Viertelstunde joggen, natürlich pulsüberwacht. Der Puls darf nicht über 130 kommen, sonst geht Power verloren, statt sie zu gewinnen. Dann eine belebende warm-kalte Wechseldusche, nicht zu warm und nicht zu kalt. Sonst zerrt das Wasser an den Gefäßen. Aktives Anti-Aging.

Es kommen selbstverständlich weder weißes Brot noch fetter Käse auf den Frühstückstisch. Das würde den gewonnenen Schwung gleich wieder lähmen und die Energy binden. Stattdessen gibt es Light Food, specially designed, mit allen wertvollen Vitaminen und Mineralstoffen angereichert. Echter Vitalstoffgenuss. Jeden Bissen mindestens vierzig Mal kauen, das lässt einen schon am frühen Morgen den ersten Orgasmus im Mund erleben.

Beschwingt und gehobener Stimmung geht es auf den Weg zur Arbeit. Also erst mal in den Stau. Die Situation positiv sehen und nutzen. Zeit für isometrische Übungen, auch kleine Atemexercises sind angebracht. Die gewonnene Extrapower gleich einsetzen und per Handy Börsenkurse und Wirtschaftsdaten abfragen. Zielorientiert handeln! Sind die Kurse gefallen, nicht den Kopf hängen lassen, sondern in den Rückspiegel schauen und lächeln. Gute Laune ist kein Zufall, das kleine Lächeltraining hebt sie augenblicklich. Life powered by smiling.

Im Betrieb wird vorhandenes Restgedankenchaos durch Mindmapping beseitigt. Dann wird gemanagt: Kosten-Lager-Vertriebs-Verkaufs-Zeit-Personal-Führungs-Team-Konflikt-Management. Widersetzt sich ein Problem erprobten Strategien, müssen unbewusste Ressourcen angezapft und brachliegende Gehirnregionen aktiviert werden. Klarer Fall: Die beiden Gehirnhälften sind nicht ausreichend balanciert. Da helfen Über-Kreuz-Übungen *aus dem Brain-Management. Schließlich geht es um Networking, auch im Kopf.*

Sollte der Bewusstheitslevel tagsüber sinken, helfen bewährte Strategien gegen den Stress. Da entspannt man in Windeseile und ist gleich wieder voll da. Unbedingt relaxt bleiben, sonst geht der Fokus verloren. Deshalb die Energie störender Gefühle transformieren und so für die eigenen Ziele einspannen. Den Feind in seine Strategie einplanen. Mit der richtigen Zielvorstellung ist das kein Problem. Vision-Management.

Abends zu Hause entschlossen umschalten. Die Geheimnisse erfolgreicher Partnerschaften beherzigen. Auch an der Liebe muss immer wieder gearbeitet werden, damit sie bestehen bleibt. Da ist es eine Kleinigkeit, den Partner zufrieden zu stellen, kommunikativ, emotional, sexuell. Dann noch den Kindern Liebe zukommen lassen, damit sie einen Topstart ins Leben haben.

Statt fernzusehen lieber die Geheimnisse für Gewinner lesen und eine Kassette mit Affirmationen hören. Negative Gedanken des Tages in positive Gedanken umformulieren. Die Life-Vision erneuern. Ein konkretes Ziel für den nächsten Tag setzen. Checken: Was ist abgehakt, was muss morgen angepackt werden? Das wird in den Timer eingetragen. Sollte zwischenzeitlich Unzufriedenheit auftauchen, ist es nicht gelungen, die Inhalte des Bewusstseins zu kontrollieren. Dann bitte gleich mit Strategien des Glücks-Managements gegensteuern. Schnell ein paar Eintragungen in das Glückstagebuch tätigen. Jetzt richtig loslassen und zügig die Batterien aufladen. Der Schlaf muss in die Betaphase kommen.

Es ist spannend, das Leben in den Klauen des Machbarkeitswahns. **《**

Erdientes Glück in der Jenseitswelt

Solange die Welt in ihren Zusammenhängen unentwirrbar und rätselhaft erschien, solange sich der Mensch eingebettet in die Natur und dem Leben ausgeliefert erlebte, solange eine gestaltbare Zukunft für ihn nicht existierte, so lange wurde er vom Leben beherrscht, und er träumte von jenseitigem Glück. Er vertraute darauf, in einem Leben nach dem Tod für irdische Mühen und seelische Qualen entlohnt zu werden. Sein Glaube verhieß ihm: »Wer ein demütiges Leben führt, der wird in das Reich Gottes eingehen, der wird das Paradies finden.« Gott geriet zum Garanten eines jenseitigen Glücksanspruchs, den es galt, schon zu Lebzeiten zu erdienen. Wer sich demütig den Entsagungen der Welt unterwarf, dem war sogar im Diesseits eine gewisse Befriedigung vergönnt, denn er konnte sich auf die jenseitige Erlösung freuen.

Zu dienen, zu warten, zu erdulden und zu ertragen waren die Ideale dieser Glückserwartung durch die Eroberung des Jenseits, die in unserer Kultur etwa bis ins 17. Jahrhundert vorherrschte.

Verdientes Glück in der Außenwelt

Nachdem die Wissenschaft an Bedeutung gewonnen und die Aufklärung ihre Wirkung entfaltet hatte, verlor der Glaube an ein jenseitiges Glück an Überzeugungskraft. Man begriff, der Natur nicht vollständig ausgeliefert zu sein, und entdeckte die Zukunft als gestaltbaren Raum. Je besser die Menschen sich die Welt erklären konnten, je weniger Angst sie den Gottheiten gegenüber aufbringen mussten, je intensiver sie wirtschaftlichen Überfluss erarbeiteten, desto mehr konzentrierte sich ihr Bemühen auf die Außenwelt. Nun wollten die Menschen das Glück bereits im Diesseits erobern.

Ein neuer Glaube setzte sich durch: »Wenn man reich und
mächtig ist, dann stellt das Glück sich ein.« Das Glück war
fortan irdisch, bestand aus einem Haus, einem Vermögen,
sozialem Ansehen und einer Familie. Der Ansatzpunkt dieser
Glückssuche war ein materieller, und damit tat sich das Haben als ein neues Ziel menschlichen Handelns auf. Der Mythos des erdienten Glücks verblasste, und der Glaube an ein
verdientes Glück nahm zu. Fleißig, strebsam und vorausschau-
end zu sein wurden die Ideale dieser Glückserwartung, welche sich die Eroberung der Außenwelt vorgenommen hatte.

Gemachtes Glück in der Innenwelt

Etwa Mitte des 20. Jahrhunderts lösten sich zunehmend mehr
Menschen von der Fixierung auf die Außenwelt. »Geld allein
macht nicht glücklich« – diesen Satz konnten davor bestenfalls die Mächtigen und Reichen nachvollziehen. Mittlerweile
aber waren die Menschen der westlichen Welt reich geworden,
unendlich reich im Vergleich zu vergangenen Jahrhunderten,
und das ersehnte Glück hatte sich durch die Eroberung der
Außenwelt nicht eingestellt. Parallel dazu zerfielen sozialis-
tische Ideale, die im Wesentlichen Reichtum für alle und damit
gerecht verteiltes irdisches Glück versprochen hatten.

Der Philosoph Jean François Lyotard bezeichnet diese Zeit
als das »Ende der großen Meta-Erzählungen«, zu denen er die
Schöpfungsmythen, die Religionen und die Heil versprechen-
den Zukunftsentwürfe wie den Sozialismus zählt. Mit deren
allmählichem Zerfall kehrte sich die Richtung der Glückssuche um.

In den letzten fünfzig Jahren vollzog sich eine intensive
Hinwendung der Menschen zu ihrer Innenwelt. Die Psychologie gewann immens an Bedeutung: zuerst in Randgruppen

der Gesellschaft; später bahnte sie sich von dort einen Weg in die Wirtschaftswelt und das Alltagsleben. Unterstützt wurde diese Entwicklung durch erkenntnistheoretische Forschungen, die ergaben, dass menschliche Realität keine allgemeine, sondern eine individuelle Erfahrung darstellt, und dadurch den Eindruck entstehen ließen, Glück sei ein individuelles Phänomen.

Damit vollzog sich eine Wende vom äußerlichen Tun zum innerlichen Wahrnehmen. Der neu entstandene Glaube lautet: »Ich muss meine innere Welt gestalten, dann ist mir das Glück sicher.« Statt es zu erdienen oder zu verdienen, soll das Glück nun auf direktem Weg über die Psyche gemacht (konstruiert) werden.

Zu wissen, zu erkennen und vor allem bewusst zu sein sind die Ideale dieses modernen Glücksmythos, der das Glück denen verspricht, die ihre Innenwelt zu erobern und zu beherrschen vermögen.

Hoffnung und Glaube

Dem Menschen bieten sich zu Beginn des 21. Jahrhunderts drei Formen des Glaubens und Hoffens an. Der Glaube an jenseitiges, der Glaube an äußeres, materielles und der Glaube an inneres, selbst gemachtes Glück. Der moderne Mythos vom selbst gemachten Glück scheint heute der vielversprechendste zu sein, weil er eine scheinbare Unabhängigkeit des Einzelnen von anderen Menschen und größeren Zusammenhängen suggeriert. Allerdings birgt dieser Anschein der Unabhängigkeit auch Nachteile. Denn während sich die Anhänger des Jenseitsglaubens auf Gott verlassen und die des Diesseitsglaubens nach Staat, Gesellschaft und Familie rufen können, bleibt der Anhänger des planbaren Glücks ausschließlich sich selbst

überlassen. Die Verantwortung für sein Glück und Unglück,
seinen Erfolg und sein Scheitern liegt einzig und allein bei
ihm, wie es Professor Karlheinz Geißler in einem Artikel über
Beratung formuliert:

»Mit dem Einstieg in das Zeitalter der Individualisierung wird die
Zukunft privatisiert. Die Einzelnen müssen und sollen für ihre Zukunft jetzt selbst sorgen [...]. Wer tröstet uns, wenn die Zukunft
nicht so wird, wie wir sie uns vorgestellt haben, und wen – außer
uns selbst – können wir dafür verantwortlich machen?«[1]

Fazit

Die zentralen Überzeugungen und Glaubenssätze, die sich un-
aufhaltsam ausbreiten, die Hoffnungen und Versprechen der
Religion des 21. Jahrhunderts lauten: »Du bist für dein Leben
verantwortlich«; »Du hast dein Glück in der Hand« und vor
allem: »Du kannst alles erreichen, was du willst.« Diese stetig
und ungebrochen vermittelten Botschaften der Machbarkeit
sind indes nicht ohne Folgen. Sie bauen langsam, aber sicher
einen Schatten auf, dem sich kaum jemand entziehen kann:
Wer altert, ist selbst schuld daran. Dumm ist, wer erfolglos
bleibt. Zum Versager wird, wer leidet. Wer nicht dauernd glücklich ist, wer sein Leben nicht meistert, der arbeitet nicht genug an sich. Der muss mehr tun.

Um diesem Schatten des Versagens und der Selbstverurteilung zu entgehen, machen sich immer mehr Menschen an
die Arbeit und auf den Weg, ihre Innenwelt zu erobern. Das
ist jedoch kein geringes, sondern ein gewaltiges Vorhaben,
das fachmännische Anleitung erfordert.

DIE MERKMALE DER MACHBARKEITS-RELIGION

Wer das Glück sucht, so will es die Logik, hat es nicht zur Verfügung, zumindest nicht im ersehnten Umfang. Vielmehr lebt er im relativen Unglück. Glückssuche entspringt demnach der Sehnsucht, den unterschiedlichen Schattierungen des Leidens zu entkommen und nicht bloß glückliche Momente, sondern dauernd währendes Glück zu finden, ein Paradies leidfreien Daseins.

Das Glück, das Menschen in den drei beschriebenen Welten (Jenseits, Diesseits, Innenwelt) suchen, ist so ein dauerndes, endgültiges Glück. Diese Glückssuche drückt die Sehnsucht nach einer immerwährenden Lösung aus, die das Wort »Erlösung« so treffend beschreibt. Nicht umsonst ist Erlösung das zentrale Versprechen jeden Glaubens, auch des modernen Machbarkeitsglaubens. Und weil er Erlösung vom Leiden und dauerndes Glück verspricht, bezeichne ich den Machbarkeitsglauben als Religion des 21. Jahrhunderts.

In dem Glauben, Erlösung auf dem einen oder anderen Weg zu finden, gewinnt der Mensch Zuversicht und sein Leben an Sinn. Glaube, was immer sein Inhalt sein mag, verleiht dem Menschen Orientierung und stiftet Identität. Glaube hat somit eine wichtige Funktion.

Der Jenseitsglaube schuf eine verlässliche innere Heimat; der materielle Diesseitsglaube ermöglichte die Orientierung an gemeinsamen gesellschaftlichen Zielen. Der moderne Selbstglaube allerdings unterscheidet sich von diesen Orientierungen. Er kann sich weder auf göttliche Anordnung noch auf

kollektive Ziele berufen, sein Maßstab ist allein das Individuum.

Moderne Gläubige

Da sie vollkommen sich selbst überlassen sind, entwickeln
moderne Gläubige einen ungeheuren Bedarf an Orientierung:
Wo bitte geht es entlang? Worauf kommt es an? Wer kennt
den sicheren Weg – zur Erlösung?

In einer individualisierten Welt fast vollständig sich
selbst überlassen, bedürfen die meisten Menschen dringend
der Wegweisung. Diesem immensen Bedarf an individueller
Orientierung steht heute eine unerschöpfliche Auswahl indi-
vidualisierter Ideologien gegenüber: Reichtums-, Erfolgs-,
Gesundheits-, Wachstums-, Schönheits-, Ernährungs-, Glücks-
und andere Erlösungsideologien, verbreitet von Priestern in
modernen Gewändern.

Moderne Priester

Hat der Mensch ein Glücksideal gefunden oder hat ein Ideal
nach ihm gegriffen, folgt er denen, die es überzeugend verkör-
pern. Diese Vorbilder sind den ganzen Weg zum Ziel bereits
gegangen, sie kennen sich aus und können daher Anweisungen geben. Sie können sich auf Höheres berufen und verfügen
über Wahrheit.

Das fiel christlichen Priestern relativ leicht, sie bezogen unumstößliche Wahrheiten aus den Offenbarungen der Apostel.
Ford, Grundig, Siemens und andere materiellen Priester über-
zeugten durch Reichtum und Macht. Die Priester der Machbarkeit behaupten, die Eroberung der Innenwelt aus eigener
Kraft vollzogen und die Gipfel möglichen Glücks erklommen

zu haben. Das hört sich beim Laufpriester Dr. Strunz folgendermaßen an:

»Ich lebe im Alpha-Zustand. Vollkommen losgelöst. Ich habe die dritte Stufe erreicht. Die Leichtigkeit des Seins. Ein vollkommen neues Lebensgefühl. Das kann ich jedem geben. Ich habe den biologischen Rückenwind. Damit geht alles von selbst. Ich schwebe wie ein Adler. Und das kann jeder haben. Ich habe das Geheimnis, aus normalen Leuten glückliche Menschen zu machen. Das Rezept, die biologische Uhr umzudrehen. Und das Peinliche ist: Es stimmt. Ich verkünde zufällig etwas, was auch funktioniert. Es kann nie schief gehen.«[2]

Man braucht die modernen Priester nur bei ihren Auftritten zu beobachten, wie sie mit glühenden Augen und mächtigen Worten wahre Wunder bezeugen und höchste Wahrheiten verkünden. Nicht Gott hat zu ihnen gesprochen, sondern in ihrem Gehirn ist ein »Licht angegangen«, wie beim Lauf- und Gesundheitsapostel Dr. Strunz. Das neue Amen lautet Tschaka und wird nicht demütig gemurmelt, sondern auf Kommando von Motivationstrainern triumphierend gebrüllt. Man pilgert nicht nach Lourdes, sondern in die Westfalenhalle. Statt Weihwasser wird Motivation gespendet. Nicht Gottes Gnade wird versprochen, sondern die Aussicht, die eigene Welt zu gestalten und die Kontrolle über die eigene Wahrnehmung zu übernehmen. Glücksformeln werden vermittelt und Lebensstrategien entworfen.

Die modernen Prediger der Machbarkeit nennen sich schlicht und einfach Berater. Sie sind die Erlöser des 21. Jahrhunderts, sie bieten Rettung und Befreiung an, eine Beobachtung, die auch der vorhin zitierte Professor Geißler macht:

»Beratenwerden ist heute das beliebteste Medium, um Erlösung wahrscheinlicher zu machen.«[3]

Ob früher Priester oder heute Berater: Die Berufsbezeichnung mag sich verändert haben, das Versprechen ist das gleiche geblieben. Es lautet bescheiden: »Ich kann dich erlösen.« Auch das Verhalten der modernen Priester entspricht traditionellen Vorbildern. Der wahre Experte ist, ganz in der Tradition der Missionare, selbstlos. Er will anderen helfen, will Wahrheit verteilen, will den im Dunkeln Umherirrenden Erleuchtung zukommen lassen.

Er wünscht sich, dass »ganz Deutschland lächelt«, wie der fanatische Laufmissionar Dr. Strunz. Er hat sich anderen verpflichtet, wie der fragwürdige Money-Coach Schäfer: »Als ich das erkannt hatte, ist in mir das tiefe Bedürfnis entstanden, mein Wissen weiterzugeben. Ich habe mich verpflichtet, jeden, mit dem ich in Berührung komme, auf seinem Weg in die finanzielle Freiheit zu unterstützen.«[4]

Dem modernen Priester ist es »ein großes Anliegen [...] zur Bewusstseinsentfaltung vieler Menschen«[5] beizutragen, und er »möchte möglichst viel von dem, was ich erhalten habe, wieder an andere weitergeben«, wie der dubiose Erfolgstrainer Höller es formuliert.[6] Er will den gewöhnlichen Alltag der Menschen in eine stetig sprudelnde Glücksquelle umwandeln, wie beispielsweise der agile Glücksforscher Mihaly Csikszentmihalyi.

Von diesen Beratern geht eine große Faszination aus. Sie halten die Fahne hoch, unter der sich Suchende versammeln. So ist im Machbarkeitsglauben ein Rollenspiel zwischen Orientierung Suchenden und Orientierung Bietenden im Gange, in dem sich beide Gleiches vormachen. Der eine gibt vor zu wissen und bietet seine Wahrheit an, der andere hofft darauf

zu finden, und beide rufen begeistert aus: »Wir haben ES gefunden« – das Land, wo Milch und Honig fließen.

Das Land, wo heute Milch und Honig fließen

Die Methode der Machbarkeitspriester ist so alt wie effektiv.
Sie lautet: Verkaufe den Menschen ihre eigenen Hoffnungen
und Sehnsüchte. Daher lautet die frohe Botschaft des 21. Jahrhunderts schlicht und einfach: Alles ist machbar! Es liegt nur
an dir!

In den Medien und auf Buchtiteln wird diese frohe Bot-
schaft beispielhaft formuliert:
- Die Glücksformel.[7]
- Alles ist möglich. Strategien zum Erfolg.[8]
- Das Geheimnis des Glücks.[9]
- Glück ist kein Zufall.[10]
- Lebe ehrlich – werde reich![11]
- So werden Sie spielerisch reich an der Börse!
- Neu aus USA: Die Glücksmassage![12]
- Forever young![13]
- Alles, was Sie stark macht! Die 33 besten Tipps![14]
- Kau dich gesund![15]
- Bio-Diät: Ihr Wunschgewicht ein Leben lang![16]
- Liebe, Erfolg, Lebenslust. So kriegen Sie alles, was Sie
  wollen![17]
- Verliebt in einen schwierigen Mann? So beherrschen Sie
  das Spiel![18]
- Karriere und Liebe: Jetzt bin ICH dran![19]
- Der Schlüssel zu Wohlstand und Vitalität![20]
- Schaffen Sie sich Ihre Wirklichkeit selbst![21]
- Glück ist machbar.[22]

Gegen jede Art von Unlust und Unglück scheint mittlerweile ein Mittel gefunden worden zu sein. Mihaly Csikszentmihalyi beispielsweise, der vielleicht weltweit bekannteste Glücksforscher, hat *Flow – das Geheimnis des Glücks* entdeckt. Dale Carnegie weiß alles über *Die Kunst, zu einem von Ängsten und Aufregungen befreiten Leben zu finden.* Und die *Neue Psychologie des Glücks* von Stefan Lermer zeigt jedermann Wege zu dessen endgültiger Verwirklichung – um nur einige zu nennen. Lösungen werden heute angeboten und verkauft wie einst Hostien und Ablass. Sie haben ein Problem? Kein Problem, denn irgendein Berater verfügt ganz sicher über die passende Lösung.

Wo alles machbar erscheint, entwickeln sich Erleuchtungen und Wahrheiten modernster Art zum Schlüssel des Glücks. »Wissenschaftliche Erkenntnisse«, »Forschungsergebnisse«, »Psychotechniken« und »Bewusstseinstechniken« sowie die dazugehörenden »Künste«, »Geheimnisse« und »Strategien« sind das Land, wo heute Milch und Honig fließen.

DIE VERMARKTUNG DER MACHBARKEIT

Fasziniert vom Land, wo Milch und Honig fließen, und fasziniert von der Aussicht, ihr Leben kontrollieren zu können,
lassen sich die Menschen beraten, kaufen Bücher, besuchen
Seminare, lassen sich trainieren oder selbst zu Beratern aus-
bilden. Das Wissen um Erlösung und die entsprechenden Techniken scheinen so für jedermann verfügbar zu sein. Auf diesem freien Markt der Möglichkeiten unterliegt die Machbarkeit
sämtlichen Mechanismen von Markt und Werbung. Den Gläubigen begegnet auf ihrer Glückssuche daher viel Vertrautes
aus der Warenwelt, insbesondere

- jede Menge Verpackungsmüll,
- feine Rundum-sorglos-Pakete,
- allerhand Blendungen,
- zahlreiche Scheinwahrheiten
- und natürlich viel Verborgenes im Kleingedruckten.

Bevor ich auf die konkreten Inhalte einzelner Machbarkeitsversprechen eingehe, möchte ich deren Vermarktungsmechanis-
men aufzeigen. Diese gelten für alle Machbarkeitsversprechen,
die dummen wie die intelligenten, gleichermaßen, wenngleich
sie bei diesen leichter und bei jenen schwerer erkennbar
sind.

Verpackungsmüll

Eine Verpackung ist oft wichtiger als die Ware selbst. Die Verpackung transportiert die Versprechen und Hoffnungen, die mit der Ware verbunden werden. Wer erfolgreich verkaufen will, tut also gut daran, schön zu verpacken. Die Machbarkeitspropheten haben das Prinzip gelernt.

»Simsalabim – so werden Wünsche wahr«, verkündet eine Zeitschrift[23] und behauptet, wer »richtig bitte«, sei automatisch auf Erfolgskurs, aufgrund des »Aladin-Faktors«, den Psychologen entdeckt hätten und dem sich niemand entziehen könne. Ebenso wenig wie dem »Venus-Appeal«, durch den jede Frau unwiderstehlich werde.[24] Leiden Sie unter Stress? Auch das ist kein Problem mehr! Mit »Relax-Walking«, früher nannte man das einen Spaziergang, der »Harmonie-Schaukel«, die gab es mal als Schaukelstuhl, »Blüten-Blockern«, womit schlicht Düfte gemeint sind, oder dem »Ferien-Feeling«, einem parfümierten Bad, wird jeder Stress beseitigt.[25]

Verpackungsmüll klingt spektakulär, ist aber alt und bekannt und birgt nichts Neues. Meine Großmutter hielt uns Kinder an, jeden Bissen 20 bis 30 Mal zu kauen; dadurch würden die Verdauung und das Wohlbefinden gefördert. Verständlicherweise reicht es heute nicht aus, von »gut durchkauen« zu sprechen. *»Kaujogging«* dagegen ist eine flotte Wortschöpfung[26], durch die mühsames Kauen zum reinen Vergnügen gerät. Auch Jogger müssen nicht mehr einfach laufen. Sie kommunizieren stattdessen, wovon sie Laufguru Dr. Strunz überzeugen möchte. »Wir joggen nicht dämlich durch den Wald, wir *plaudern mit dem Muskel.*«[27]

Derlei bezeichne ich als Verpackungsmüll. Man bekommt beeindruckende Begriffe gereicht, und wer neugierig wird und diese großartigen Begriffshüllen auspackt, der packt aus,

packt aus und ... findet nichts Neues. Solchem Verpackungsmüll werden wir noch oft begegnen.

Rundum-sorglos-Pakete

Vor allem jene Waren, die niemand dringend braucht, müssen
mehr versprechen, als sie in der Regel halten können. Die Werbung nutzt das folgendermaßen: Ein teures Auto verspricht
Prestige. Eine ganz bestimmte Waschmaschine verspricht Anerkennung. Ein spezielles Haarspray vermittelt Stil. Ein süßes
Dosengetränk verleiht Flügel. Und der Machbarkeitswahn? Er
verspricht zuversichtlich *alles, umfassend, sofort* und *einfach.*

Da beschert die richtige Diät nicht nur das Wohlfühlgewicht,
sondern balanciert die Gefühle aus, versorgt das Gehirn mit
allen Nährstoffen und vitalisiert die Sexualität. Feng-Shui, die
asiatische Lehre vom Bauen und Wohnen, stellt zudem den
»Schlüssel zu Wohlstand und Vitalität« dar und hat sich im
Westen rasant verbreitet. Professor Dr. Lim versichert: »80 Prozent der Gesundheitsprobleme sind in Schlafräumen und Ar-
beitsräumen zu finden«[28]. Die Chinesen, ein Volk von Gesunden?

Auch Dale Carnegie versorgt seine mittlerweile im zwei-
stelligen Millionenbereich liegende Leserschaft rundum. Die
Lektüre seines Buches *Sorge dich nicht, lebe!* verspricht: fun-
damentale Tatsachen über Angst, Grübelei und Aufregung zu
erkennen – sich das Sorgen abzugewöhnen, ehe es einen zugrunde richtet – zu einer Lebenseinstellung zu gelangen, die
Frieden und Glück bringt – mit Kritik anderer fertig zu werden – geistig und körperlich auf der Höhe zu bleiben – die
eigenen Geldsorgen zu verringern – sich selbst zu finden –
Trübsinn in wenigen Tagen zu heilen – an zweiunddreißig
Lebensbeispielen zu erkennen, was der Wille des Menschen
vermag – das Leben zu verändern ... und vieles mehr.[29]

Eine Illustrierte meldet »Neue Sofort-Strategien gegen Stress«[30]. Damit kann man in aller Eile entspannen. In der gleichen Ausgabe gibt es als Zugabe »Das große Power-Programm – 33 Schönheitstricks für den Winter«.

Auch der Laufpriester Dr. Strunz versorgt seine Anhänger reichlich. Wer nach seinem Programm läuft, der erhält eine wahre »Wunderpille«. Denn Laufen macht »jung, schlank, glücklich, kreativ und erfolgreich«. Damit nicht genug. »Laufen macht glücklich… Läufer sind nie müde… Läufer haben die größeren Herzen… Läufer sind klüger… Läufer haben feste Knochen & Gelenke… Läufer bestehen aus Muskeln… Läufer sind schlank« und nicht zu vergessen: »Läufer können immer – und immer besser.«[31] Da kommt Leben ins Bett und als erfreulicher Nebeneffekt wird die Ehe gerettet.

Der Prophet Jürgen Schilling, Erfinder des Kaujoggings, streut ebenfalls Rundum-Segen unters Volk. Ohne rot zu werden, verkündet er: »Das Glück hat einen neuen Namen bekommen: Kauen«. Ganz klar, denn »Kauen ist autogenes Mund-Training, bringt Yin und Yang zusammen, erneuert deine Sinne und macht dich zum Baumeister deines Lebens«. Weil das Kauen nebenbei »wichtige Teile des Gehirns […] positiv beeinflusst«, die »effektivste Schönheitsgymnastik« fürs Gesicht darstellt, Krankheiten wie Gelenkrheuma glatt wegputzt, Krebs keine Chance lässt, von der »alten, krank machenden Gier« des Alkohols befreit und »der genussvollste und einfachste Übergang für alle, die dem blauen Dunst erfolgreich abschwören möchten«, ist. Darüber hinaus bedeutet richtiges Kauen selbstverständlich »Gesundheit, Glücklichsein, ohne etwas zu tun, Zeitgewinn, Geldgewinn, Lustgewinn«[32].

Alles, jetzt, gleich – und ohne sich anzustrengen. Wer will das nicht? Mit Unterstützung von Mihaly Csikszentmihalyi verwandeln sich alltägliche Handlungen in Flow-Erlebnisse, in Quellen des Glücks. Vera Birkenbihl sorgt für die Verwandlung vom Gehirnbesitzer zum Gehirnbenutzer. Auch für Bodo Schäfer, jahrelang auf den Bestsellerlisten, wurde es »Zeit, dem Wunsch vieler Leser zu entsprechen: ein Buch zu schreiben, das den Anleger an die Hand nimmt, gute Gewinne garantiert und trotzdem Spaß macht«[33].

Spaß *trotz* guter Gewinne? Ein freudscher Hinweis, wie wir noch sehen werden.

Endlos ließen sich weitere Rundum-sorglos-Pakete schnüren. Man sollte meinen, die aufgeklärten Leser unserer Zeit würden sich durch derartig extrem überzogene Versprechen abschrecken lassen. Doch die millionenfachen Auflagen der von Machbarkeitspropheten verfassten Bücher und der schleichende Eingang ihrer Thesen ins allgemeine Denken beweisen etwas anderes. Das Versprechen, alles jetzt sofort und einfach machen zu können, wirkt. Es packt den Menschen bei der Gier.

Blendungen

Sicherlich würden Gläubige die geschilderten Verkaufstricks leichter erkennen, wären die Machbarkeitspriester nicht in der Lage, wirkungsvoll und vielfältig zu blenden. In ihrem Auftreten erscheinen sie keinesfalls als Übertreiber. Im Gegenteil: Sie wissen um bedeutende *Geheimnisse*, beherrschen besondere *Künste*, können zahllose *Eigenbeweise* auffahren, haben ständig *Neues* zu bieten, heucheln mit dem *Guru-Faktor* Bescheidenheit und scheuen nicht davor zurück, hemmungslos *teuer* zu sein. Betrachten wir das näher.

Geheimnisse
Das Leben ist ein riesiges Rätsel, und seine Zusammenhänge sind unüberschaubar. Doch es gibt Leute, die sogar seine ge-

heimsten Geheimnisse entschlüsselt haben. Diese Geheimnisse
sollen nun, der Menschheit zum Segen, nicht länger geheim
bleiben. Deshalb werden sie von den Machbarkeitspriestern
entweiht und den Massen preisgegeben.

»Das alte Geheimnis aus den Hochtälern des Himalaja
lässt Sie Berge versetzen«[34], könnte »der ganzen Welt nützen,
wenn es bekannt wäre«[35], und reicht für eine Auflage von
etwa 1,5 Millionen Büchern. Auch *Flow – das Geheimnis des
Glücks*[36] findet weltweit Millionen Anhänger. Natürlich verfügt auch Laufguru Dr. Strunz über geheimes Wissen: »Bei
einem ganz bestimmten Puls – und das ist eigentlich mein
Geheimnis [...] da erwecken Sie die Hormone in Ihrem Gehirn« und »es geht ihnen so gut, wie es Ihnen noch nie im
Leben gegangen ist«. Dieses Wissen ist derart heimlich, dass
»97 Prozent aller Läufer« es nicht kennen und daher vieles
falsch machen.[37]

Erfolgsgeheimnisse, Glücksgeheimnisse, Liebesgeheimnisse,
Geheimnisse der Kommunikation, Börsengeheimnisse, Partner-
schaftsgeheimnisse, Sexgeheimnisse, Geheimnisse der Gewinner, die Geheimnisse glücklicher Kinder, das Geheimnis der
Lebenslust, das Geheimnis schöner Haare, das Geheimnis
einer perfekten Firmenorganisation, das Geheimnis der Lotto-
zahlen, das Geheimnis erfolgreicher Manager, das Geheimnis
des *flow*, das innere Geheimnis des Reichtums, das Geheimnis
der ewigen Liebesbindung – der Online-Buchhändler Ama-
zon verzeichnet unter dem Stickwort »Geheimnis« 1750 Titel.
Für jeden ist etwas dabei.

Künste

Zahlreich sind die Geheimnisse, über die Machbarkeitspriester verfügen, und auch ihre Künste sind einzigartig und blen-
dend. Da gibt es beispielsweise Bücher über *Die Kunst, den*

Mann fürs Leben zu finden[38], *Die Kunst, beliebt, erfolgreich und glücklich zu werden*[39], *Die Kunst, weniger zu arbeiten*[40], *Die tantrische Kunst des Seins*[41], *Die Kunst, als Paar zu leben*[42], *Die Kunst des Sprechens*[43], *Die Kunst, über Geld nachzudenken*[44], *Die Kunst des Klüngelns*[45], *Die Kunst, sich geschickt und erfolgreich durchzusetzen*[46] und so weiter und so fort.

Diese sagenhaften Künste, so versprechen es die Machbarkeitspriester, beherrschen sie selbst perfekt und können sie daher jedem vermitteln. Doch Zweifel wären angebracht. Schließlich erdreistet sich auch niemand, Seminare in der Kunst »Dramen verfassen wie Shakespeare« anzupreisen. Ebenso wagt es niemand, Zeichenkurse unter der Überschrift »Malen wie Picasso« oder Literaturkurse »Schreiben wie Grass« anzubieten. So allgemein gefasst jedoch fällt es nicht weiter auf, wenn ein Buch den Untertitel *Von der Kunst, ein erfolgreicher Mann, Familienvater und Liebhaber zu sein*[47] trägt.

Im künstlerischen Bereich wären solche Ankündigungen unglaubwürdig und lächerlich. In psychologischen oder wirtschaftlichen Bereichen jedoch bleibt der gleiche Schwindel unerkannt. Da ist es angeblich keine große Kunst, die erste Million zu machen, Erfolg zu ernten, Ruhm zu erlangen, steinalt zu werden und gleichzeitig ein erfolgreicher Mann, Familienvater und Liebhaber zu sein.

Warum aber sind Menschen bereit, so etwas zu glauben? Die Antwort ist leicht zu erkennen: Sie werden durch Eigenbeweise geblendet.

Eigenbeweise

Bei Eigenbeweisen handelt es sich um eine Spielart der Blendung, die trotz oder gerade wegen ihrer Angeberei überzeugend wirkt, wie das folgende Beispiel des Trainers Höller zeigt:

»Ich setzte mir das große Ziel, bis zum Jahr 2000 die Dortmunder
Westfalenhalle für ein Seminar zu füllen [...]. Am 1. Mai 1999 habe
ich die Frankfurter Festhalle für 12 000 Teilnehmer gemietet. Sie
sehen also an meiner eigenen Person, dass die von mir propagierten
Strategien, Konzepte und Trainingsprogramme auch wirklich den
Erfolg verursachen, den Sie sich wünschen.«[48]

Das klingt vertrauenerweckend, doch selbst wenn es stimmt,
würde es nur beweisen, dass bei Jürgen Höller etwas funktioniert hat. Wieso sollte es bei anderen ebenso klappen? Nach
gleicher Logik könnte der Olympiasieger im Hundertmeter-
lauf trägen Büromenschen Unterricht im Sprinten erteilen
und mit den Worten Zuversicht verbreiten: »Es geht bei mir,
warum sollte es euch nicht möglich sein, olympisches Gold
zu erringen?«
    Ja, warum? Weil nicht jeder so viel Ehrgeiz hat. Weil nicht
jeder so viele Muskeln hat. Weil das Verhältnis Beinlänge zu
Körpergröße bei manchen Menschen optimal ist und bei anderen nicht. Der Sprinter kann kein erfolgreicher Hochsprin-
ger werden, der Läufer nie ein guter Turner. Auf dem Gebiet
körperlicher Leistungen leuchtet das ein, nur mental, da kann
jeder angeblich alles leisten, sogar Wunder vollbringen, wie
Herr Höller es durch weitere Eigenbeweise glaubhaft machen
will:

»Die beratenen Unternehmen (1500) konnten dabei ihren Umsatz
und Ertrag um durchschnittlich 30 Prozent steigern – pro Jahr.«[49]

Ein Kommentar hierzu erübrigt sich. 1500 Firmen zu betreuen,
schon allein damit hat Herr Höller einen Weltrekord aufge-
stellt und ganz nebenbei einen Wirtschaftsboom ausgelöst,
dem Millionen Menschen ihren Arbeitsplatz verdanken.

Die meisten Eigenbeweise widerlegen sich selbst, wenn man sie ernsthaft hinterfragt. So wie die Behauptung des Dr. Strunz: »Früher hatte ich einen 16-Stunden-Arbeitstag. Seitdem ich laufe, arbeite ich nur noch 6 Stunden.« Joggen reduziert die Arbeitszeit, das ist ein Wort. Dieser Mann ist in der Tat ein Phänomen; und alles verdankt er dem Laufen. Er schreibt unentwegt Bücher, bespricht Kassetten, hält Vorträge. Er bekommt »täglich minimal 100 bis 200 Faxe und E-Mails mit Fragen. Die beantworte ich.«[50] Er führt im Jahr etwa 200 Seminare mit insgesamt 2500 Teilnehmern durch und findet ganz nebenbei noch Zeit, seine »kleine Frau« ausdauernd sexuell glücklich zu machen. Alles bei einem Sechsstundentag. Das ist ein perfekter Eigenbeweis, allerdings für Angeberei.

Rasseln gehört bekanntlich zum Handwerk, aber die Eigenbeweise der Machbarkeitspriester gehen weit darüber hinaus.

»Ich möchte, dass Dir vor allem eines bewusst ist: Ich weiß, wovon ich spreche. Mittlerweile habe ich – Gott sei Dank – neben allen Tiefen auch alle Höhen erlebt, die ein Leben zu bieten hat.«[51]

Höller hat alles erlebt, was ein Leben an Höhen und Tiefen zu bieten hat? Hat er Kriege erlebt? War er am 11. September 2001 in New York? Wurde er vergewaltigt? Sind seine Kinder gestorben? Hatte er Krebs? Über seine angeblichen Höhen kann man nur spekulieren, aber sie werden ähnlich flach wie seine Tiefen sein.

Weiter geht es mit Getöse an die Wertpapierfront, wo arglose Anleger professionell und grell geblendet werden. »Seit knapp 14 Jahren investiere ich in Aktienfonds und habe eine durchschnittliche Rendite von 30 Prozent pro Jahr erzielt.«[52] So, Herr Schäfer, rechnen wir das mal nach. Wenn der Mann, der ja nach eigener Angabe schon im Alter von 30 Jahren

Millionär war, vor vierzehn Jahren nur 100 000 Euro angelegt
hätte, besäße er daraus heute mehr als 3,9 Millionen Euro.
Weltrekord! Womöglich die höchste je verzeichnete Rendite aus
Aktienanlagen. Es versteht sich, dass das bei jedem klappt.

»Wie Sie aus 100 DM 10 000 DM machen« – solche Anzeigen fanden sich schon in meiner Kindheit in den Zeitungen.
Meine kluge Mutter wusste, was davon zu halten war: »Wenn
das ginge«, so ihr Kommentar, »würden die Leute das selbst
machen und bräuchten keine Anzeigen aufzugeben.« Richtig
und wahr, einfach und nachvollziehbar. Aber eine solche
Wahrheit transportiert kein Versprechen, und daher wird sie
nicht gern gesehen.

Neues

Wer glaubhaft Wunder bewirken soll, der muss seinen Rezepten und Strategien neben dem Anschein von Wirksamkeit
zusätzlich den Glanz des Neuen geben. Das Alte, das wirkt
nicht, das weiß schließlich jeder! Diäten, die wirken nicht. Das
ist alte Drohmedizin. Neu ist die Frohmedizin: »Verbote sind
Drohmedizin. Mir gefällt die Frohmedizin.«[53] Dr. Strunz ist
deshalb positiv, er droht nicht, er steigert die Freude am
Schlanksein:

»Pro Pfund Übergewicht sinkt das Jahreseinkommen amerikanischer
Führungskräfte um 1000 Dollar [...]. Eine Umfrage unter amerikanischen Studenten ergab: Sie würden lieber eine geisteskranke oder
blinde Frau heiraten als eine dicke.«[54]

Das ist sie, die neue Frohmedizin, sie macht besonders Dicke
froh. Die Seminare des Dr. Strunz sind auch sehr froh, wie ein
Teilnehmer berichtet: »Ein Videoclip einer Operation zeigt, wie
Fettablagerungen aus einer Halsschlagader herausgepult wer-

den [...]. Wir halten durch und haben Angst.« Und schließlich: »Wir sind weichgeklopft« und »Der Wiederaufbau unserer lädierten Psyche beginnt am nächsten Morgen«.[55]

Die angeblich neue Frohmedizin zeigt sich als altbekannte Militärstrategie, die darin besteht, erst zu zerstören, um dann im eigenen Sinne aufzubauen, bekannt als Strategie von Zuckerbrot und Peitsche. Hier weitere Kostproben des Neuen und Frohen:

»Jeder hat ein Kokainkästchen [im Gehirn], aber das ist zu – und mit 80 sterben Sie ungetröstet. Ich erzähle, wie es aufgeht. Das ist neu!«[56] »Was kommt heraus, wenn Haribo mit Dr. Strunz zusammenarbeitet? Forever Fun – Vitamin + Mineralfruchtgummi. Angereichert mit Mineralstoffen und Vitaminen in hoher Konzentration ist Forever Fun mehr als ein Bonbon – Forever Fun ist Vitalstoffgenuss.«[57] Vitalstoffgenuss, das ist in der Tat etwas Neues, zumindest was die Wortschöpfung angeht.

Guru-Faktor

Könnten sich die Priester nur auf eigene Erfahrungen oder angeblich Neues berufen, würden ihre Blendungen Lücken lassen. Da hilft es, dass sie selbst einmal so klein und unwissend waren, wie wir es sind. Sie mussten selbst durch Eingeweihte, Gurus, Lehrer, Meister und andere Größen auf den richtigen Weg gebracht werden. Daher besteht eine beliebte Blendung seitens der Machbarkeitspriester darin, sich auf den Guru-Faktor zu berufen:

»Ich hatte das Glück, einen Lehrer zu finden.«[58]

»Ich musste wachsen, um selber eine höhere Stufe zu erreichen. Also begann ich mich nach einem Coach umzusehen [...].«[59]

So weit Dr. Strunz und Bodo Schäfer, die sich jeweils mit
einem Guru beschieden. Dale Carnegie hatte Lehrer gleich im
Dutzend. Ausnahmslos handelte es sich um ganz besondere
Zeitgenossen wie Herrn Evans (Generaldirektor), Willis Car-
rier (den Leiter eines weltberühmten Unternehmens), Alexis
Carrel (Nobelpreisträger), Professor Hawkes (der half 200 000
Studenten bei der Lösung ihrer Sorgen), Leon Shimkin (Leiter
eines weltberühmten Verlages), Eleanor Roosevelt (Präsiden-
tengattin), William James (dessen psychologische Kenntnisse
unübertroffen sind), General Grant (Bürgerkriegsheld), H. P.
Howell (einen großen Finanzmann, der, was Selbsteinschät-
zung und Beherrschung betrifft, ein richtiger Künstler war),
Benjamin Franklin (einer der einflussreichsten Männer, die
die USA je hatte) und andere Koryphäen mehr, die aufzuzäh-
len hier den Rahmen sprengen würde.

Nur der Kauprophet Schilling fand einen ideologisch völlig unbedenklichen Lehrer, gegen den nichts einzuwenden ist:
»Einem Hund habe ich die Entdeckung des richtigen Kauens
zu verdanken.«[60] Sozusagen ein Bio-Guru.

Viel teuer – viel gut!

Wer ein Wunder wirkendes Lebenselixir verkaufen will, kann
unmöglich den Liter für zwei Euro anbieten. Niemand würde
auf ein billiges Gebräu hereinfallen und an den angeblichen
Wunderstoff darin glauben. Kostet der Liter aber 1000 Euro,
dann muss etwas daran sein. Aufgrund klinischer Tests einer
Zeitschrift ist beispielsweise eine Antifaltencreme für zwei
Euro genauso wirkungsvoll oder -los wie eine für 180 Euro,
aber der teureren wird vielfache Wirkung zugetraut.

»Viel teuer – viel gut«, diese simple Formel fördert die
Selbstblendung der Gläubigen. Prediger haben diesen Zusammenhang begriffen, weshalb ihre Seminare stets viel kosten.

Dr. Strunz etwa verlangt 1400 Euro pro Teilnehmer, Höllers Tagessätze liegen bei bis zu 20 000 Euro. Was so teuer ist, das muss auch gut sein; und nachträglich gilt ebenso: »Was teuer war, kann nicht schlecht gewesen sein.«

Psychologen beschreiben diesen Vorgang als Dissonanzphänomen. Danach wird der Sinn einer Handlung positiv umgedeutet, wenn eine negative, aber realistische Deutung schwer zu ertragen wäre. Wie war dein Seminar? Toll, es hat mein Leben verändert! Wer zugeben würde, dass es zwar teuer war, aber nicht viel taugte, müsste sich die Haare raufen und einen schweren Fehler eingestehen. Er würde sich als Hereingefallener outen. Da ist es angenehmer, die misslungene Handlung nachträglich vor sich und anderen zu rationalisieren.

Was soll man dazu sagen? Selbstbetrug zum Zweck der inneren Beruhigung, Selbstblendung. Natürlich bekommen die Gläubigen von Predigerseite Hilfe bei dieser Selbstblendung, beispielsweise mit Erkenntnissen wie: »Ein einziger Satz kann Ihr Leben verändern«; und solch ein sagenhafter Schlüsselsatz ist dann mehr als viele Tausend Euro wert.

Wissenschaftliche Scheinwahrheiten

Die Blendungen der Machbarkeitspriester würden relativ blass ausfallen, könnten sie sich nicht auf den verstärkenden Schein »objektiver« Wahrheiten und »wissenschaftlicher« Erkenntnisse berufen. Der Begriff »wissenschaftlich« ist zu einem der großen Zauberworte der Machbarkeit verkommen. In seinem Schatten segeln Zuschreibungen wie »erforscht«, »untersucht«, »nachgewiesen«, »entschlüsselt« und andere verbale Festungen, die näheres Hinsehen erfordern.

Mihaly Csikszentmihalyi untermauert seine Thesen zur Machbarkeit des Glücks folgendermaßen: »Inzwischen wurden weltweit über hunderttausend solcher Querschnitte der Erfahrungen in verschiedenen Teilen der Welt gesammelt.«[61] Doch was sagt die Anzahl über die Qualität aus? Auch Elektroschocks wurden jahrzehntelang und weltweit als Mittel psychiatrischer Behandlung an Hunderttausenden Opfern angewandt und galten als wissenschaftlich fundiert. Heute zählt diese Methode nichts mehr und ihre einstige Anwendung wird schamhaft verschwiegen.

Als »wissenschaftlich« und somit scheinbar objektiv wird gern alles bezeichnet, womit Wissenschaftler sich befassen. Dabei können wissenschaftliche Studien über ein und denselben Gegenstand zu völlig gegensätzlichen Ergebnissen führen. Während beispielsweise allgemein davon ausgegangen wird, Vitamin C beuge Krebserkrankungen vor, und deshalb von Ernährungswissenschaftlern zum täglichen Konsum empfohlen wurde, kommen neue Studien zum Ergebnis, zu viel Vitamin C fördere die Produktion von Genotoxinen und schädige das Erbgut.[62] Während Fernsehen in vielen Untersuchungen als verdummend identifiziert wird, meinen britische Wissenschaftler, TV und Internet machten intelligent.[63] Aufgrund der Beziehung zwischen allgemeinem Sterberisiko und der Anzahl verbrachter Urlaubstage beweist eine Studie »Urlaub schützt vor Herzinfarkt«[64] und empfiehlt ihn wärmstens, während eine andere Untersuchung ergibt: »Vierzehn Tage reiner Relaxurlaub senken die geistige Wachheit und damit die Glücksfähigkeit um zwanzig Prozent.«[65]

Doch nicht nur verschiedene, sogar ein und dieselbe Studie lässt völlig gegensätzliche Interpretationen und Resultate zu. Womit dieses erstaunliche Phänomen zusammenhängt, erklärt der Epidemiologe Professor Michaelis:

»Die möglicherweise zufällig beobachteten Ergebnisse muss man aber – und das ist der Knackpunkt – methodisch in einer weiteren Studie untersuchen. Und die kann dann eben das Gegenteil erbringen.«[66]

Es ist leicht, mit dem Begriff »wissenschaftlich« Schund zu treiben. Viele Berater sind Meister in dieser Kunst. So behaupteten sie beispielsweise jahrzehntelang, es sei wissenschaftlich untermauert, der Mensch nutze lediglich zehn Prozent seiner Gehirnzellen, während 90 Prozent der Hirnkapazität brachlägen. Scharen von Psychologen, Seminarleitern, Ausbildern und Unternehmensberatern wurden nicht müde, den Teilnehmern ihrer Fortbildungsveranstaltungen diese »Fakten« vorzuhalten und ihnen eine immense Verschwendung von Hirnkapazität vorzuwerfen. Sprüche wie »Nutzen Sie Ihr ganzes Potenzial« oder »Aktivieren Sie Ihre Reserven« waren in Mode und aller Munde.

Inzwischen ist erwiesen, dass die inaktiven Gliazellen nicht einfach Stütz- und Nährgewebe darstellen, sondern wichtige Aufgaben erfüllen, beispielsweise solche der Immunabwehr. Die aktiven Gehirnzellen sind darauf angewiesen. Es wäre auch verwunderlich, wenn die Natur sich eine 90-prozentige Verschwendung im menschlichen Gehirn leisten würde. Die Rede vom brachliegenden Denkvermögen war Unsinn und diente lediglich zur Rechtfertigung der Beratertätigkeit. Jetzt ist diese schöne Theorie dahin.

Das macht aber nichts. Denn schon hat die Wissenschaft neue Erkenntnisse hervorgebracht, der sich Berater bedienen können, diesmal über die rechte und linke Hirnhälfte. Jetzt wird mit gleicher Inbrunst behauptet, wer seine Hirnhälften nicht ausgleiche und die Nervenautobahn dazwischen nicht gründlich pflege, der sei eben bloß »Gehirnbesitzer« und riskiere, von »Gehirnbenutzern« abgehängt zu werden. Zumin-

dest was Intelligenz, Schnelligkeit, Koordination, Auffas-
sungsgabe, Spracherwerb, Intuition und andere Kleinigkeiten
betrifft. Schon werden wir Zeuge, wie sich dieselbe Schar von
Psychologen und Trainern mit der altbekannten Begeisterung
auf diese wissenschaftlich untermauerten Fakten stürzt. Es
werden Kurse, Seminare und Übungen zur Balancierung der
Hirnhälften angeboten, denn jeder will Gehirnbenutzer sein.
War es das jetzt?

Nein, die nächste Masche ist bereits in Sicht. Wissenschaftler haben nämlich entdeckt, dass der Mensch zwei Gehirne
hat: eines im Kopf und ein zweites im Bauch. Dieses mit 100
Millionen Nervenzellen ausgestattete enterische Nervensys-
tem (ENS) ist zudem noch weitaus komplexer aufgebaut als
das Rückenmark. »Das Bauchgehirn ist ähnlich strukturiert
wie das Gehirn.«[67]

Damit lässt sich bestimmt etwas anfangen; und wir sind
jetzt schon gespannt auf Ratgeber mit berauschenden Titeln
wie »Auf das Bauchhirn hören« oder »Nutzen Sie die Kraft der
zwei Hirne« oder »Mit emotionaler Intelligenz und ENS zum
Durchbruch«.

Wissenschaftliche Vorurteile

Misstrauen gegenüber vermeintlichen wissenschaftlichen Erkenntnissen ist beinah immer angebracht. Gerade im Bereich
der weichen Wissenschaften, in der Psychologie, der Sozial-
psychologie oder der Soziologie tut sich die Forschung besonders schwer. Wie beispielsweise sollen Glück oder Zufriedenheit gemessen werden? Und wie will man feststellen, wodurch
Glück, Liebe, Zuversicht entstehen?

Wissenschaftler führen hierzu Untersuchungen durch, an
deren Anfang Vorgaben und an deren Ende so genannte Fakten stehen. Oft sorgen diese Vorgaben für die entsprechenden

Resultate, im Sinne einer selbst erfüllenden Prophezeiung.
Nicht umsonst zitiert Paul Watzlawick eine Bemerkung Einsteins gegenüber Heisenberg:

»Es ist unmöglich, nur beobachtbare Größen in eine Theorie aufzunehmen. Es ist vielmehr die Theorie, die entscheidet, was man beobachten kann.« 1959 schreibt dann Heisenberg selbst: »[...] und wir müssen uns daran erinnern, dass das, was wir beobachten, nicht die Natur selbst ist, sondern Natur, die unserer Art der Fragestellung ausgesetzt ist.«[68]

Forschung wird von Annahmen geleitet, und daher ist es nicht verwunderlich, wenn die Ergebnisse einer Forschung schließlich den Annahmen der Forscher entsprechen. Dazu liefert Watzlawick ein eindrucksvolles Beispiel.

Zwei Forschergruppen sollten Experimente mit *planaria*, das sind primitive Erdwürmer, durchführen und deren Lernfähigkeit testen. Der einen Forschergruppe wurde vorher weisgemacht, ihre Würmer seien besonders intelligent, während der anderen Gruppe das Märchen aufgetischt wurde, ihre Würmer seien besonders dumm. Dann führten beide Gruppen getrennt voneinander *identische* Experimente durch.

»Auch hier [...] ergaben sich aus der einmal gefassten Überzeugung heraus objektiv feststellbare und statistisch einwandfreie Unterschiede im Versuchsverhalten der *planaria*.«[69]

Es handelte sich also bei den wissenschaftlichen Erkenntnissen lediglich um objektiv festgestellte und statistisch einwandfrei bewiesene Vorurteile.

Ein weiteres Beispiel wissenschaftlicher Voreingenommenheit zeigt der Umgang von Forschern mit tierischer Homose-

xualität. Diese gab es »wissenschaftlich« gesehen lange Zeit
überhaupt nicht. Deshalb wurde das homosexuelle Verhalten
von Tieren, das nicht zu leugnen war, entsprechend der eigenen Ansichten umgedeutet. So war ein Hirsch nicht schwul,
er war lediglich einer Verwechslung erlegen, er hatte, weil
kurzsichtig, den Bock mit der Kuh verwechselt. In Wirklichkeit
jedoch sollte nicht sein, was nicht sein durfte. Herbert Cerutti
weist darauf hin, dass, würde Homosexualität bei Tieren ernst
genommen, das Argument verloren ginge, animalische Sexualität stehe ausschließlich im Dienst der Fortpflanzung und
habe mit Lust nichts zu tun.[70]

Schließlich wurde von Wissenschaftlern auch lange Zeit
behauptet, Schimpansenweibchen seien treu, während Schim-
pansenmännchen ihr Erbgut wahllos in der Gegend verteil-
ten. Das diente unter anderem zur Rechtfertigung männlicher
Untreue und weiblicher Zurückhaltung. Heute hat man sich
von diesen Vorurteilen gelöst und entdeckt, dass Schimpansenweibchen selbst aktiv werden, indem sie sich an die Rand-
gebiete ihres Terrains begeben und dort per Seitensprung die
Gene fremder Männchen einsammeln. Wir dürfen gespannt
sein, ob infolge dieser Entdeckungen der Mythos der genetisch zur sexuellen Zurückhaltung verurteilten Frau verblasst.

Voreingenommenheit schlägt sich wissenschaftlich nieder.
Woher bezieht ein Wissenschaftler seine Vorannahmen? Unter anderem aus der sozialen Schicht, der er angehört, seiner
politischen Ausrichtung, seiner psychischen Struktur, der Herkunft des Forschungsetats und so weiter. Kann es daher sein,
dass ein Wissenschaftler in seiner Forschung nicht selten die
Bestätigung persönlicher Überzeugungen sucht und diese
auch findet? Selbstverständlich! Vermutlich sogar viel öfter,
als man denkt.

Selbst wenn man die Resultate einer wissenschaftlichen

Untersuchung nicht anzweifelt, so bedürfen diese so genannten Fakten doch der sorgfältigen Interpretation, wenn man etwas damit anfangen möchte. Hier tut sich weiterer Spielraum für gewollte oder ungewollte Manipulationen auf.

Beispielsweise würde eine empirische Verhaltensuntersuchung verliebter Paare folgende Fakten produzieren: Verliebte laufen barfuß und Händchen haltend am Strand entlang, geben sich zwei Küsschen pro Minute, spielen Fangen im Wald und haben viel Sex im Freien. So weit empirisch einwandfrei. Nun aber folgt die Interpretation: Wer verliebt sein möchte, sollte mit jemandem barfuß Händchen haltend am Strand entlanglaufen, zwei Küsschen oder mehr pro Minute austauschen, Fangen im Wald spielen und viel Sex im Freien haben.

Zugegeben, das wäre albern, ist aber nicht weit von der Realität entfernt. Glückliche Paare, so glaubt der Psychologieprofessor Gottmann herausgefunden zu haben, äußern sich fünfmal öfter positiv als kritisch dem Partner gegenüber. Lassen wir einmal beiseite, welche Aussagen als Lob und welche als Tadel gewertet wurden und in welcher Situation, zu welcher Tageszeit oder in welcher Lebensphase diese Paare beobachtet wurden. Es folgt die wissenschaftlich untermauerte Interpretation: Wenn das Verhältnis zwischen Lob und Tadel in einer Beziehung auf durchschnittlich 5:1 gehalten wird, werden die Partner glücklich miteinander sein, und die Beziehung wird halten. Einfach mitzählen und im richtigen Verhältnis bleiben, dann wird die Partnerschaft gelingen.

Personalchefs und andere Führungskräfte, die mit solchen »wissenschaftlichen« Erkenntnissen der Menschenführung konfrontiert werden, erhalten seit Jahren von Trainern den Rat, Kritik stets mit positiven Botschaften zu verknüpfen, weil die Kritik dann besser aufgenommen werde. Seitdem eröffnen Vorgesetzte ihre Personalgespräche gern mit den Worten: »Wie Sie wissen, Herr Meyer, schätzen wir Sie sehr, vor allem ihre Zuverlässigkeit...«. Und schon ahnt Herr Meyer, im nächsten Satz von Kritik erschlagen zu werden. Je positiver die Eröffnung, desto negativer die folgende Kritik. Aber die wird ja, dank neuester Erkenntnisse, positiv verpackt und geradezu dankbar aufgenommen.

Weglassungen

Mit ihrer Interpretation sind die Möglichkeiten, wissenschaftliche Forschungsresultate zu manipulieren, keineswegs erschöpft. Untersuchungen lassen sich zudem hervorragend ausschlachten. Man lässt einfach Teile der Ergebnisse weg oder verschweigt Details einer Untersuchung; und schon ergibt sich das gewünschte Bild.

So wurde an der Uni Hamburg die Sexualität von Langzeitpaaren mit dem erfreulichen Ergebnis untersucht, dass diese drei- bis viermal wöchentlich Sex haben. Diese Zahl musste dann in etlichen Presseberichten als Beweis für einen angeblichen Durchschnittswert in deutschen Ehebetten herhalten. Erst beim genauen Hinsehen wird die Manipulation der Zahlen deutlich. Bei den so genannten Langzeitpartnern handelte es sich um Studenten, die etwa drei Jahre mit dem Partner zusammen waren. Langzeitpartner? Es kommt nur auf die Weglassung an.

Spielen wir das weiter durch. »Psychologen der Universität in Pennsylvania fanden 1999 [...] heraus, dass Studenten, die weniger als einmal wöchentlich Sex praktizieren, ein schlechteres Immunsystem hatten.«[71] So weit die erste Hälfte eines Zitats, das zur logischen Annahme verführt, viel Sex stärke das Immunsystem, und einem Sexualberater sehr gelegen käme. Doch die zweite Hälfte offenbart das genaue Gegenteil: »Allerdings wiesen diejenigen, die öfter als dreimal in der Woche Sex hatten, noch niedrigere Werte des Immun-globolins A auf. Immunglobolin A beschleunigt in der Schleim-haut die Abwehr von Krankheitserregern.«

Eine Weglassung kann eine praktische Sache sein. Auch der agile Kaujogger Schilling, so hat es zumindest den An-schein, bedient sich bei der Wissenschaft, wo es ihm gefällt, und lässt weg, was seiner Theorie schaden könnte. Das führt beispielsweise in seinem Buch *Kau dich gesund* zu einer regel-rechten Verteufelung von Salz:

»Der größte Risikofaktor für Magenkrebs ist Salz [...]. Salz verstärkt die Wirkung Krebs erregender Stoffe und beschleunigt bei Tumoren die Zellteilung. Außerdem fördert Salz den Bluthochdruck [...]. Wich-tig! Für Menschen, die abnehmen wollen, ist Salz der größte Feind. Denn Salz bindet im Körper Wasser. Und verhindert dadurch eine Gewichtsabnahme.«[72]

Die Ernährungswissenschaftler Pollmer/Warmuth stellen hin-gegen fest:

»Der Mythos vom mörderischen Salz wankt heftiger denn je [...]. Zwei neuere Untersuchungen legen nahe, dass die Einschränkung des Salzverzehrs ganz allgemein die Sterblichkeit erhöht und Herz-Kreislauf-Krankheiten fördert – und zwar umso mehr, je weniger Salz gegessen wird.«[73]

Scheinobjektivität

Wissenschaftliche Untersuchungen können trotz aller geschil-derten Widersprüche den Schein von Objektivität wahren. Das macht sie für Konzerne interessant. Das Desaster um das Cholesterin senkende Medikament *Lipobay*®, das den Pharma-konzern Bayer erschütterte, zeigt diesen Schwachpunkt wissenschaftlicher Argumentation. Man muss sich nämlich fragen, wie die Ärzteschaft zur konsequenten und dauerhaften kollektiven Verteuflung des Cholesterins kam, die dazu führte, dass massenhaft Cholesterin senkende Medikamente verschrieben werden. Eine Antwort bietet sich an: Nicht wenige der scheinbar unabhängigen Medizinforscher bessern ihr Einkommen auf, indem sie ihren Namen unter eine von den großen Konzernen finanzierte Untersuchung setzen:

»Die wichtigen Fachzeitschriften verlangen deshalb inzwischen, dass unter einem Artikel ausgewiesen sein muss, auf wessen Gehaltslisten der jeweilige Autor steht. In Einzelfällen war diese Liste allerdings schon mal so lang, dass sie gar nicht vollständig abgedruckt werden konnte.«[74]

Endlos könnte man die Kette des Missbrauchs wissenschaftlicher Erkenntnisse im Dienst des Machbarkeitswahns fortführen. Ersparen wir uns das. Schließlich kann der Wissenschaft nicht vorgeworfen werden, was andere mit ihren Ergebnissen anstellen. Doch sollte man eine kritische Distanz gegen alles vermeintlich Wissenschaftliche, Erforschte und Erwiesene entwickeln, da es sich den Machbarkeitspropheten leicht als Munition anbietet. Vor allem aber sollte man sich eines klar machen: Heutzutage lassen sich für alle Aussagen, selbst für einander völlig widersprechende, wissenschaftliche Bestätigungen finden.

Kleingedrucktes

Verpackungsmüll, Rundum-sorglos-Pakete, Blendungen verschiedenster Art – wie man sieht, wissen sich Machbarkeitsversprechen geschickt zu tarnen. Dabei verstecken sie ihre zahlreichen Haken und Ösen meisterlich im Kleingedruckten.

Das Kleingedruckte ist der Teil eines Vertrages, wo die Fallen und Widersprüche, Einschränkungen und Ausschlüsse zu den schillernden Versprechen der Verkaufsprospekte versteckt sind. Je geschickter darin Widersprüche verborgen werden, in Klauseln, Paragrafen und Verschachtelungen, desto ungestörter können Verpackungsmüll, Rundum-sorglos-Pakete, Blendungen und Scheinwahrheiten ihre Wirkung entfalten. Das Kleingedruckte fällt den Leuten einfach nicht auf.

Ein oft vernommener Ratschlag für gelingende Kommunikation lautet: »Sagen Sie Ihrem Gegenüber rechtzeitig, was Sie stört, damit Konflikte gar nicht entstehen können« und ist geradezu ein Paradebeispiel für Kleingedrucktes. Besagten Rat müssen sich Teilnehmer an Firmenseminaren, Konfliktseminaren, Seminaren für Mitarbeiterführung oder Partnerschaftskursen ununterbrochen anhören. Am Ende solcher Seminare halten sich alle Teilnehmer an den Händen und versprechen einander mit glänzenden Augen, in Zukunft alles »rechtzeitig anzusprechen«, was sie stört.

Leider wird das schlicht unmöglich sein. Dass man sich einen Splitter zugezogen hat, bemerkt man oft erst an der Infektion, die sich allmählich bildet, wenn es bereits juckt und eitert. Vorher kann man die Störung nicht beheben. Ähnlich verhält es sich mit dem Rat, Störendes rechtzeitig zu kommunizieren. Denn um sagen zu können, was stört, muss man erst bemerken, *dass* es stört. Damit man etwas Störendes bemerken kann, muss die störende Information eine bestimmte Intensität erreichen, sonst fällt sie gegen die im Bewusstsein momentan dominierenden Zustände oder Vorstellungen nicht auf. Erschwerend wirkt zudem ein gewisser Reibungswiderstand, der verhindert, dass man sich sofort auf Störendes einlässt, weil das unangenehm wäre. Störendes muss also erst die Bewusstseinsschwelle überwinden, um wahrnehmbar zu werden. Dann aber hat es bereits eine Intensität erreicht, die ganz von selbst Konflikte schafft. Ehepartner kennen das Phänomen, wenn einem der Kragen platzt und der andere entsetzt ausruft: »Aber warum hast du nicht schon vor zwei Jahren gesagt, dass es dich stört?« – »Weil ich erst jetzt weiß, *wie sehr* es mich stört«, lautet die ehrliche Antwort.

Kleingedrucktes klingt immer selbstverständlich, auch wenn es undurchführbar sein wird. Zusätzlich weckt es Hoffnung und garantiert Erfolge. Höller demonstriert das:

»Ich sage nicht, dass mein System das einzige ist, das Erfolg und innere Zufriedenheit ermöglicht. Aber ich weiß, dass es Ihnen dazu verhelfen wird, wenn Sie es umsetzen.«[75]

Der Erfolg ist garantiert – aber nur, wenn man das Erfolgssystem des Herrn Höller umsetzt. Das wird allerdings unmöglich sein, denn seine Anforderungen sind nahezu unerfüllbar, beispielsweise Kleinigkeiten wie die folgenden: »Die Autosuggestion muss täglich erfolgen«[76] oder »Kontrollieren Sie deshalb Ihre Gedanken«[77]. Tägliche Autosuggestion? Man hat ja sonst nichts zu tun. Die Gedanken kontrollieren? Ein Kinderspiel.

Auch Dr. Strunz verwendet das Prinzip des Kleingedruckten, wenn er verspricht, dass man sich mit 120 Jahren noch selbst die Schuhe zubinden kann. Das ist ganz einfach: »Denn Sie können es schon in drei Worten sagen: Beweg dich täglich, iss mehr lebendige Kost, denke stressfrei und öffne dein Unterbewusstsein; das war's nämlich schon.«[78] Peanuts! Vor allem stressfreies Denken und das Öffnen des Unterbewusstseins.

Das Wesen des Kleingedruckten ist die harmlose Verknüpfung des Machbarkeitsversprechens mit einer unerfüllbaren

Bedingung, wie es auch Dale Carnegie massenweise demonstriert: »Wer noch im schlimmsten Großstadttrubel seine innere Ruhe bewahrt, ist gegen Nervenkrankheiten immun.«[79]

Wer möchte nicht gegen Nervenkrankheiten, Stress und Reizbarkeit immun sein? Nur ist die Bedingung unerfüllbar, weil der Verlust der inneren Ruhe lediglich eine Frage von Dauer und Intensität sein wird, der man dem Trubel ausgesetzt ist. Der eine wird schon nach einer Stunde nervös, der andere wird erst nach zwei Tagen seine Immunität verlieren und damit auch seine Nerven. Eigentlich liefert Carnegie nicht mehr als eine Tautologie der folgenden Art: Wer niemals etwas liegen lässt, braucht nichts zu suchen; oder: Wer immer fröhlich ist, wird niemals traurig sein.

Kleingedrucktes stellt Unmögliches mit der größten Selbstverständlichkeit dar; es ist eine geschickte Art, Unmögliches im Versprechen zu verbergen. Gleichzeitig kommt es dem Bedürfnis entgegen, eine komplexe und unübersichtliche innere und äußere Welt zu vereinfachen, sogar zu verharmlosen. Komplexitätsreduktion wäre die Fachbezeichnung dafür. Noch einmal Dale Carnegie:

»Schließen Sie die eisernen Türen zu Vergangenheit und Zukunft. Gliedern Sie Ihr Leben in Einheiten von Tagen.«[80]

Was dem Manne da locker aus der Feder fließt, gehört zu den unmöglichsten Dingen der Welt. Wie soll ein Mensch den Einfluss seiner Vergangenheit ausschließen? Diese bedeutet Herkunft, Bildung, Weltsicht. Und wie sollte er verhindern, von der Zukunft zu träumen, stammen seine Träume doch aus einer relativ unbefriedigenden Gegenwart, die wiederum von der gewiss nicht perfekten Vergangenheit geprägt ist? Hier wird eine Illusion von Kontrolle hergestellt. Und tatsächlich

sind Machbarkeitspropheten in die Vorstellung einer möglichen Kontrolle des Verstandes verliebt. Die »eiserne Tür«,
das wäre die Kontrolle des Verstandes über die Gefühle, und
die ist, wie ich später noch ausführlich darstellen werde, reiner Wunschtraum.

Doch mit Illusionen lebt sich's gut, und vor allem lässt
sich viel damit versprechen. Sie suchen guten Sex? Kein Problem. Nach Ansicht der Sexualwissenschaftlerin Barbach
brauchen Sie dazu lediglich

»[...] das Abenteuer in Ihrer sexuellen Verbindung wahrzunehmen
und Spaß daran zu haben [...] und denken Sie immer daran, Ihre Lust
genüsslich auszukosten.«[81]

Ich habe selten zwei kurze Sätze gefunden, die so viel Kleingedrucktes enthalten. Wie kann man guten Sex haben? Indem
man Spaß daran hat! Danke, da wäre ich nicht drauf gekommen.
Noch absurder scheint die Anweisung »Denken Sie daran, Ihre
Lust genüsslich auszukosten«. Das bedeutet im Klartext: Denken Sie daran zu fühlen. Was soll ich jetzt tun, denken oder
fühlen? Darüber hinaus richtet sich diese Anweisung an Menschen, die gerade mit dem Fühlen größte Probleme haben
(sonst würden sie solche Ratgeber nicht lesen), die sich auf
sinnliches Erleben kaum konzentrieren und es nicht auskosten
können und denen solcher Rat daher nichts nutzt.

Kleingedrucktes ist in jedem Bereich zu finden, auch beim
Thema Jugend taucht es massenweise auf. Ein Beispiel dafür
liefert der Autor Peter Kelder:

»Denken Sie an Ihre Haltung, wenn Sie Ihren täglichen Angelegen-
heiten nachgehen. Halten Sie Ihren Rücken gerade, werfen Sie sich
in die Brust, ziehen Sie das Kinn an und halten Sie den Kopf hoch.

Und mit einem Schlag haben Sie Ihre Erscheinung um 20 Jahre verjüngt und Ihr Verhalten um 40.«[82]

Wem es länger als einige Minuten gelänge, diese Anforderungen willentlich zu erfüllen, der wäre zu bewundern. Bei der Bundeswehr braucht es brüllende Hauptfeldwebel, um so viel Disziplin nur für Minuten durchzusetzen. Hier soll das »Denken« diese Aufgabe erledigen und täglich sicherstellen. Doch wer derart intensiv an seine Körperhaltung denken würde, dessen Wahrnehmung wäre blockiert, und er liefe Gefahr zu stolpern oder hinzufallen, weil sich seine gesamte Aufmerksamkeit darauf konzentrieren müsste, den Rücken gerade, die Brust gestreckt, das Kinn hochgezogen und den Kopf aufrecht zu halten.

Kleingedrucktes verharmlost und ermutigt: Seien Sie sich klar... Wer wach ist... Machen Sie sich bewusst... Denken Sie daran... Vergessen Sie nie... Halten Sie sich immer vor Augen... Geben Sie nicht auf... Erinnern Sie sich... Sie brauchen lediglich... Das alles klingt so einfach, so schön, so wirksam, es stimmt so hoffnungsvoll, aber es ist leider unmöglich, danach zu handeln.

Kleingedrucktes kann bestenfalls gute Absichten auslösen, der Art, wie sie jährlich zu Silvester formuliert werden: »Im kommenden Jahr werde ich auf mein Gewicht achten.« Ja, im kommenden Jahr bestimmt, aber jetzt wartet das Silvesterbuffet. Kleingedrucktes wirkt nur für Augenblicke, bis der Verstand im Gefühl ertrinkt und die Absicht in der Gewohnheit untergeht.

Dem Machbarkeitspropheten ist das recht, denn es gibt ihm die Möglichkeit, sich jederzeit auf seine Mahnungen zu berufen: Ich habe es dir doch gesagt, warum hast du es nicht getan? Nun bist du selbst schuld!

So weit habe ich die grundlegenden Merkmale des Machbarkeitswahns – Gläubige, Priester, das Land, wo Milch und Honig fließen, und die Verkaufsmechanismen der Machbarkeit – beschrieben. Steigen wir nun konkret in die Welt des Machbarkeitswahns ein. Dazu möchte ich zuerst drei dumme Lügen der Machbarkeit behandeln, bevor ich mich anschließend drei intelligenten Lügen widmen werde.

DREI DUMME MACHBARKEITSLÜGEN

In diesem Kapitel kommen allen voran die schon zitierten und allseits bekannten Prediger Dr. Strunz, Jürgen Höller und Bodo Schäfer vor. Dies nicht, weil sie die einzigen Machbarkeitspropheten wären, wohl aber, weil sie zu den bekanntesten gehören. Sie stehen beispielhaft für den Machbarkeitswahn, weil sie ihre Sache so unverschämt auf die Spitze treiben, weil sie ihre Thesen so überzeugend verkaufen, weil sie ihre Weisheiten aus allen möglichen Ecken und Winkeln der Machbarkeit zusammenkratzen und sich auf andere, seriösere Prediger berufen. Wer sie als Beispiel nimmt, behandelt andere Propheten gleich mit. Es geht also nicht um die konkreten Personen selbst, wohl aber um ihre Argumente, Tricks und Widersprüche.

Hier die drei dümmsten Machbarkeitslügen in Kurzform. Sie lauten:
- Jugend und Gesundheit sind machbar.
- Erfolg ist planbar.
- Reichtum ist lernbar.

Jugend, Erfolg, Reichtum – *jeder kann das haben, wenn er nur will*. Schauen wir uns das näher an.

DIE ERSTE DUMME LÜGE: JUGEND IST MACHBAR

»Dann können Sie 120 Jahre lang so vital und fröhlich sein wie mit 30.«[83]

»Wir können nicht ewig leben, weil im Schöpfungsplan nur 120 Jahre vorgesehen sind. Doch diese Zeit dürfen wir voll genießen, ohne Schmerzen, ohne Krankheiten.«[84]

»Ungläubig starrte ich auf das Bild (im Spiegel). Meine körperliche Erscheinung hatte sich so stark verändert, dass ich volle 15 Jahre jünger aussah. All die Jahre hatte ich gehofft, dass die ›Quelle der Jugend‹ wirklich existierte. Jetzt hatte ich den physischen Beweis dafür vor Augen.«[85]

Wer möchte nicht lange Jahre oder besser noch ewig jung und gesund sein? Für Menschen, die solches erreichen wollen, haben sich einige Verhaltensweisen bewährt. Dazu gehören moderate Bewegung, eine stressarme Lebensweise, ausgewogene Ernährung, wenig Alkohol und völliger Verzicht auf Tabak, um nur einige der körperlichen Gesundheitsfaktoren zu nennen, psychische und seelische Faktoren einmal beiseite gelassen. Dumm nur, dass man für das Ziel Gesundheit eine Menge lästiger Dinge tun und eine Menge angenehmer Dinge lassen muss, noch dazu ohne eine Garantie zu erhalten. Wohl deshalb suchen viele Menschen nach dem geheimen »Jungbrunnen«, dem stillen Wasser, von dem ein kleiner Schluck genügt, um für immer jung zu bleiben. Gott sei Dank werden heute zunehmend Rundum-Versorgungspakete angeboten, die nicht bloß Gesundheit, sondern zudem auch Glück und Erfolg versprechen.

》 *Walter war zeit seines Lebens ein gewissenhafter Angestellter. Kontrakte pflegen, Verträge abschließen, Verhandlungen führen, das machte seinen Alltag aus. Einige Jahre vor der Pensionierung schaute er auf sein Leben zurück, und es erschien ihm leer und fade. Nach langer Überlegung und der hilfreichen Lektüre einiger*

Ratgeber gelangte er zur Erkenntnis, bisher ziellos und unbewusst vor sich hin gelebt zu haben und dabei alt geworden zu sein. Das brachte Bewegung in sein Leben. Ab sofort würde er sein Schicksal in die Hand nehmen. Er würde seine Jugend zurückerobern. Und da ein gesunder Geist in einem gesunden Körper wohnt und der Mensch ist, was er isst, entschied er sich, bei der Ernährung anzusetzen.

Von einem Diätberater ließ er sich eine Liste mit Lebensmitteln aufstellen, die seine Lebensenergie regenerieren würden. Von da an waren ihm noch 23 Nahrungsmittel erlaubt. In der Folge nahm er zwar an Gewicht ab, doch ebenfalls an Vitalität. Vielleicht waren unter den 23 Nahrungsmitteln doch einige, die sich nicht miteinander vertrugen und ihn um den Erfolg seiner Bemühungen brachten? Angeregt durch ein weiteres Buch, nahm er an einem Seminar über das Chi, die Lebensenergie, teil. Der Seminarleiter, ein chinesischer Arzt, übernahm die Auswahl der richtigen Nahrungsmittel für die Teilnehmer, indem er diese auspendelte. So reduzierte sich Walters Lebensmittelliste auf fünf Dinge. Das war hart, aber nötig, um den Organismus zu reinigen.

Walter entwickelte einen bewundernswert eisernen Willen bei der Umsetzung seines Essensplans. Da war es schon erstaunlich, dass er sich immer schlechter fühlte. Aber das war sicher ein gutes Zeichen, handelte es sich doch um die allseits bekannte »Erstverschlechterung«, der die ersehnte Verbesserung unweigerlich folgen würde, wie ihm ein Heilpraktiker versicherte. Außerdem war sein Körper noch verschlackt, weshalb die erlesene Nahrung nicht zur Wirkung kommen konnte. Es galt daher, mittels einer Sauerkrautdiät die Schadstoffe und Gifte seines achtundfünfzigjährigen, unbewussten Lebens auszuschwemmen.

Einige Wochen später war Walter entkräftet und wurde nach einem Schwächeanfall ins Krankenhaus eingeliefert. Dort wurde er mit gänzlich ungesunder Kost hochgepäppelt und so um Mo-

nate zurückgeworfen. Kaum draußen, begann alles von vorn. Wal-
ter war entschlossen, er wollte sein Ziel, wieder jung zu werden,
unbedingt erreichen. Seine Verbissenheit brachte ihn noch mehr-
mals ins Hospital. Sein Glaube blieb hiervon unberührt. «

Forever young mit Dr. Strunz

Um ewig jung zu sein, bedarf es laut Dr. Strunz, Internist und
selbst ernanntem Laufpapst, nicht viel. Drei »einfache« Techniken reichen aus: »Laufen Sie sich jung – Essen Sie sich
jung – Denken Sie sich jung.«[86]

Einfache Rezepte

Nicht nur die Theorie, auch die von Dr. Strunz vorgeschlagene Praxis ist denkbar einfach, wie man seinen zahlreichen
Büchern entnehmen kann. Denn man muss lediglich: zu
viele Pfunde loswerden – den richtigen Body-Mass-Index
erreichen – Stress vermeiden – regelmäßige Bluttests machen – mehr Neurotransmitter bilden – täglich 10–20 Minuten Gehirnjogging tätigen – täglich 30 Minuten lächelnd und
hüpfend joggen – den richtigen Fettverbrennungspuls errech-
nen – den Walking-Index ermitteln – sich einen Herzfrequenz-
messer anschaffen – Stretching-Übungen machen – ein Trai-
ningstagebuch führen – richtig essen (Vitamin C, Vitamin E,
Selen, Beta-Carotin, Folsäure einnehmen und 80 Prozent
Obst zu sich nehmen) – den richtigen Hormoncocktail aufnehmen (u. a. das Siegerhormon Noradrenalin, das Chefhor-
mon Serotonin, das Glückshormon Tryptophan, das Power-
hormon Testosteron, das Wachstumshormon Somatotropin,
das Anti-Insulinhormon Glukagon, das Wachmittel Tyrosin,
das Muntermittel Threonin), sich mit reichlich Jod versorgen,
daneben Methionin, Taurin, Magnesium – den Ausatmungs-

reflex für ein stressfreies Leben praktizieren – den Formal-1-
Reflex für den Körper trainieren – sich glücklich lächeln – den
Reflextiefschlaf lernen – den Tümpel des Unterbewussten
reinigen – das Wort »Nein« aus seinem Wortschatz streichen –
positiv denken – eine erfolgreiche Zukunft visualisieren
und schließlich das Unterbewusste davon überzeugen, für
sich zu arbeiten. Womit die Trickkiste des Dr. Strunz noch
nicht geleert wäre, aber für den Anfang mag das genügen.

Kaum nachvollziehbar erscheint, dass es zur Vermittlung
seiner »einfachen« Botschaft dann doch ein Leichtlaufpro-
gramm, ein Erfolgsprogramm, ein Muskelbuch, ein Fitness-
drink-Buch, ein Ernährungsprogramm, ein Quickies-für-Kopf-
arbeiter-Buch und ein Glückskochbuch braucht.

Wer liest so etwas? Immerhin 1,5 Millionen Käufer, was
leicht drei Millionen Leser ausmacht. Was ihnen vorgesetzt
wird, klingt scheinbar einleuchtend, wie beispielsweise die
Meinung, wer zu viel sitzt, würde krank[87] und käme schlecht
drauf. Demnach müssten vor allem jene Menschen krank und
schlecht drauf sein, die an einen Rollstuhl gefesselt sind. Allerdings bezeichnen sich die meisten derartig an normaler
Bewegung gehinderten Personen nach einigen Jahren im Rollstuhl als zufriedener und glücklicher, als sie es zu gesunden
Zeiten waren. Diese Menschen fokussieren weit mehr als Gesunde auf das Wesentliche und berichten sogar: »Mein Leben
fing mit der Behinderung erst an« oder »Seitdem lebe ich wesentlich intensiver« oder »Ich habe seither begriffen, dass das
Leben ein Geschenk ist«.

Geht man ins Detail, erweist sich die Bezeichnung »Fit-
ness-Papst« als zutreffend, denn Dr. Strunz ist ebenso glaubwürdig wie Päpste es quer durch die Geschichte hindurch
waren. Lassen Sie mich einige Widersprüche seiner Rezeptu-
ren aufführen.

Extremer leben

Wer sich an die Bewegungsratschläge des Dr. Strunz hält, der läuft bald seinen ersten Marathon, dann einen Triathlon und das immer wieder. Psychologen betrachten solche Formen extremen Sports als Ablenkungsmanöver von unangenehmen inneren und äußeren Bedingungen, als Sucht und Fluchtmechanismus also. Das Laufen wird zur Droge, zur Suche nach dem *Runner's High*. Das hat mehr mit Rausch und weniger mit Gesundheit zu tun. Wer solches fördert, kann ebenso Glückspillen verteilen, was zudem die Kniegelenke schonen würde. Den Beweis für den Drogencharakter seines Laufens liefert der »Dealer« Dr. Strunz selbst:

»Und zwei Wochen später, ich werde es nie vergessen, ging ein Licht in meinem Gehirn an. Ich habe plötzlich gemerkt, ich kann mir wieder alles merken, ich sehe die Natur wieder wie ein Kind – nicht der grüne Wald, sondern das Erleben grüner Wald; ich habe gemerkt, das Leben fängt ja noch mal an. Und das gebe ich nie mehr her.«[88]

Die Frage sei erlaubt: Ist ihm bloß ein Licht aufgegangen oder wurde er nicht sogar (Halleluja!) erleuchtet? Die Schilderung klingt zumindest nach einem Erleuchtungserlebnis, einem Sartori. Solche Erleuchtungen werden zu Tausenden berichtet, früher wie heute. Zu einem spricht der Herr im Walde, den anderen erwischt es auf dem Klo, dem Nächsten passiert es beim Joggen, der Zen-Schüler sitzt dafür jahrelang vor Wänden oder löst paradoxe Denkaufgaben wie Koans, der Buddhist vollzieht Hunderttausende Niederwerfungen, der Christ lässt Jesus in sein Herz und so weiter und so fort. Das mag für die Betreffenden sogar zutreffend sein, und niemand will das Licht im Kopf von Dr. Strunz ausschalten. Trotzdem hat noch keiner der vom Licht Gesegneten Wege gefunden, solche Erlebnisse verlässlich erstens zu wiederholen und zweitens anderen Menschen zugänglich zu machen. Mit Ausnahme von Dr. Strunz natürlich, der seine Erlösung allen Hoffenden anbieten kann.

»Ich habe die dritte Stufe erreicht. Die Leichtigkeit des Seins [...]. Das kann ich jedem geben [...]. Ich habe das Geheimnis, aus normalen Leuten glückliche Menschen zu machen. Das Rezept, die biologische Uhr umzudrehen. Und das Peinliche ist: Es stimmt. Ich verkünde zufällig etwas, was auch funktioniert. Es kann nie schief gehen.«[89]

Dabei stört auch nicht, dass Dr. Strunz selbst einen körperlichen Zusammenbruch erlebte, wie der *Stern*-Reporter Joachim Rienhardt berichtet.

»Einmal wollte er zeigen, dass der Mensch einen ganzen Tag lang Sport ohne Pause treiben kann. Dabei verausgabte er sich so sehr, dass er zwei Wochen im Krankenhaus wieder aufgepäppelt werden musste.«[90]

Medizinische »Fakten«

Die Blendungen des Dr. Strunz gelingen trotzdem, wozu sein lockerer Umgang mit so genannten wissenschaftlichen Fakten beiträgt. So kommt ein Leser in seiner Beschreibung der strunzschen Werke bei Amazon.de zu dem irrigen Schluss, diese böten einen Überblick über die modernsten Erkenntnisse der Medizin und Ernährungswissenschaft. Dieser »Überblick« klingt beispielsweise so: »Das wache Gehirn lernt eine Fremdsprache in zwei Wochen«; er selbst, sagt Strunz, habe das geschafft. Auf die Frage, wie man Minister wird, weiß er die Antwort: »ACTH ins Hirn.« Das Hormon kommt natürlich durch Joggen in den Kopf, und Joschka Fischer muss unfreiwillig als Kronzeuge dafür herhalten.[91]

Als unerlässlich für solche und andere Wunder erachtet Dr. Strunz Vitalstoffe, die als Nahrungsergänzungsmittel eingenommen werden sollen. Die Wirksamkeit solcher angereicherten Lebensmittel ist allerdings weder eine neue noch eine bewiesene wissenschaftliche Erkenntnis. Uwe Pollmer beschreibt hierzu ein Experiment, in dem Forscher die Wirkung von mit Vitalstoffen angereicherten Frühstückszerealien an der zweifelsfrei robusten Tiergattung der Ratten testeten:

»Die Ratten, die die Zerealien gefressen hatten und laut Werbung eigentlich vor Gesundheit strotzen sollten, waren dem Tode nahe. Sie litten an Fettleber, Anämie und Bluthochdruck.«[92]

Allerdings durften diese Ratten nicht joggen, und sie trugen keine Pulsuhren – darin lag sicherlich der Fehler. Verständlich ist sein Engagement für Vitalstoffe allerdings, schließlich legen Recherchen der Zeitschrift *Capital* nahe, dass Dr. Strunz an der Vermarktung der von ihm empfohlenen Präparate beteiligt ist. Fragwürdig ist indes nicht nur sein Umgang mit Vitalstoffen, auch der Umgang mit der Cholesterinfrage lässt bei Strunz zu wünschen übrig:

»Es gibt kein Medikament, keine Diät auf der Welt, die den Cholesterinspiegel so dramatisch senkt, die Blutfettwerte so verbessert wie Laufen. Die Triglyzeride (die Blutfette) sinken, das ›böse‹ Cholesterin LDL, das ranzig wird und die Adern verstopft, verschwindet aus dem Blut. Das ›gute‹ Cholesterin HDL, das das Cholesterin aus den Gefäßen entfernt, steigt an.«[93]

Das scheinen abenteuerliche Thesen zu sein. Cholesterin würde aus den Gefäßen entfernt, die Blutfettwerte würden sinken, es gäbe ranziges Cholesterin, das Adern verstopft. Hören wir uns an, was der Ernährungswissenschaftler Udo Pollmer zum Cholesterin sagt:

»Eine Hauptaufgabe des Cholesterins ist es [...], die Membranen der Körperzellen zu stabilisieren [...]. Es gibt kein Vitamin, das in seiner Bedeutung für den Organismus dem lebensnotwendigen Cholesterin das Wasser reichen könnte [...]. Das ›gute‹ HDL-Cholesterin ist das Cholesterin in den *high density lipoproteins*. Das ›böse‹ LDL-Cholesterin dagegen stammt aus *low density lipoproteins*. In beiden Transporteinheiten ist das Cholesterin exakt das gleiche [...]. Zur Rechtfertigung zogen die Experten vor allem zwei Studien heran [...]. Pikanterweise sind beide Studien mittlerweile als Musterbeispiele für Fälschungen und Betrug in die Fachliteratur eingegangen. Nachauswertungen und [...] Meta-Analysen [...] fanden keinen Zusammenhang zwischen Cholesterin- und Fettverzehr, Blutcholesterinspiegeln und koronarer Herzkrankheit. Nicht einmal die Obduktion verstorbener Probanden konnte belegen, dass arteriosklerotische Gefäßschäden auf die verzehrten Fettmengen zurückzuführen sind.«[94]

Nicht nur die Körperzellen, auch die Gehirnzellen sind dringend auf Cholesterin angewiesen, um Synapsen in ausreichender Zahl bilden zu können. Das fand unlängst der Forscher Frank Pfrieger heraus.[95] Diese Synapsen – einzelne Gehirnzellen bilden bis zu 10 000 davon – verbinden die etwa 10 Milliarden Nervenzellen miteinander und gewährleisten so die Hirnfunktion. Ob das dazu notwendige Cholesterin im Gehirn produziert wird oder aus dem Körper stammt und die Hirn-Blut-Schranke überwinden kann, ist noch nicht erwiesen.

Schlichte »Wahrheiten«

Überhaupt sehen sich die Forscher, was das Zusammenspiel von Ernährung, Vitaminen, Hormonen, Zellen und so weiter betrifft, noch ganz am Anfang. Nur Dr. Strunz hat das alles im Griff. Bei ihm gestalten sich komplizierteste Dinge einfach. Da gibt es »Chefhormone«, »Siegerhormone«, »Glückshormone« und das »Unsterblichkeits-Enzym Telomerase«. Die braucht man bloß einzunehmen, und schon wird man steinalt. Dabei scheint ihm gleichgültig, dass die Zellvorgänge bisher nur in geringem Umfang erforscht und die Wirkungen und Wechselspiele von Hormonen und Enzymen weitgehend unbekannt sind.

Ein kleines Beispiel soll zeigen, wie komplex und undurchsichtig Ernährungs- und Zellprozesse sind. Nach aktuellen Forschungen sind die wahren Macher in den Zellen nicht die Gene, sondern das Proteom, die Gesamtheit der Proteine. Die Proteine, von denen es Zehntausende gibt, arbeiten in Verbänden zusammen. Man fand

»[...] 232 solcher Multiprotein-Verbände, bestehend aus 1440 verschiedenen Eiweißen. Diese Proteinteams aus durchschnittlich zwölf bis höchstens 83 Eiweißen erledigen verschiedene Aufgaben in der Zelle [...]. Die meisten dieser Biomaschinen treten wiederum mit anderen in Wechselwirkung – etwa indem sie eines ihrer Proteine gemeinsam nutzen. So entsteht ein gigantisches Eiweißnetz.«[96]

Von derartig verwirrenden Erkenntnissen und rätselhaften Zusammenhängen unbeeindruckt, verkündet Dr. Strunz hingegen überschaubare Wahrheiten, beispielsweise: »Wenn Sie mitreden wollen, dann müssen Sie Selen zuführen.«[97] Das und andere Mittel einfach schlucken – das schafft angeblich Vorsprung. Zu ganz anderen Ergebnissen bezüglich Vitaminzugaben kamen britische Wissenschaftler, wie *Die Zeit* berichtet:

»Seit Jahren schlucken wir nun schon in guter Hoffnung Extraportionen Vitamin C, E und Beta-Carotin. Darin, heißt es, stecken viele Antioxidanzien gegen verkalkende Blutgefäße, Krebs und andere Zivilisationsleiden. Die Vitamine fangen angeblich aggressive Moleküle im Körper ab, welche die Zellen und das Erbgut zerstören können. Falsch, meinen britische Forscher. Sie beobachteten über 20 000 Personen zwischen 40 und 80 Jahren, die an Herz-, Gefäßerkrankungen oder Diabetes litten [...]. Bei keiner der Krankheiten sank die Sterblichkeit im Zeitraum von fünf Jahren signifikant.«[98]

Die von Dr. Strunz gepriesenen Vitalstoffe (Vitamine, Hormone, Spurenelemente) können in zu hoher Dosis sogar zu erheblichen Gesundheitsstörungen führen. Durch die Untersuchung von 2300 Männern fanden schwedische Forscher heraus, dass zu viel Vitamin A die Knochen spröde werden lässt. Das Risiko einer Hüftfraktur nimmt dann um das 2.5fache zu.[99] Das Vitamin reduziert offenbar die Knochendichte.

Pauschalempfehlungen bezüglich Vitamineinnahmen und Hormonzufuhr können sich aus weiteren Gründen als nutzlos oder sogar schädlich erweisen. Denn jeder Organismus, darauf weist ein ernst zu nehmender Wissenschaftler hin, reagiert anders:

»Wichtig zu beachten ist, dass die Wirkung der genannten Transmitter und Neuromodulatoren [Noradrenalin, Serotonin, Dopamin u. a.] nicht nur von ihrer chemischen Beschaffenheit abhängt, sondern auch von den Eigenschaften der Rezeptoren und Kanäle, auf die sie einwirken. Deshalb können je nach Rezeptor- und Kanaltyp dieselben Substanzen erregend oder hemmend wirken [...]. Die Wirkung der Substanzen hängt zudem von der Zahl und der Empfindlichkeit der Rezeptoren ab.«[100]

Ärzte und Wissenschaftler rätseln beispielsweise darüber, warum manche Psychopharmaka bei etwa einem Drittel der Klienten gar nicht wirken oder warum sich bei anderen Klienten deren Wirkung plötzlich umkehrt. Statt besänftigend wirken dieselben Substanzen ohne erkennbaren Anlass plötzlich aggressionsfördernd. Angesichts solcher komplexer Zusammenhänge und der Vielzahl von offenen Fragen wäre etwas Bescheidenheit im Umgang mit Mineralien und Hormonen angebracht. Bei dem Arzt und Laufpriester Dr. Strunz ist solche Zurückhaltung nicht zu finden.

Was soll man zu seinen Lauf-Gesundheits-Glücksrezepten sagen? Seine Programme: ein nicht zu erfüllendes, chaotisches Mischwerk fragwürdiger Rezepte und unzusammenhängender Techniken. Seine Frohmedizin: die alte Drohmedizin, wie unter dem Abschnitt *Blendungen* im vorigen Kapitel beschrieben. Seine neusten wissenschaftlichen Informationen: ein Sammelsurium zusammenhangloser Fakten. Seine Lauflehre: eher fragwürdig als empfehlenswert.

Was sich nicht gegen das Laufen an sich richten soll, aber gegen das Versprechen der Machbarkeit von Jugend und blühender Gesundheit durch Joggen.

Gibt es denn keine Hoffnung für die Alternden? Kann man nichts tun, um ewig jung zu bleiben? Für Lauffaule bieten sich andere Wege an, noch einfacher, noch sicherer, noch geheimer.

Steinalt werden mit den Fünf Tibetern

Als geradezu genial kann man einen Coup bezeichnen, den der Verlag eines gewissen Peter Kelder landete. Sein Buch fängt, wie so viele Wunderbücher, mit einer netten Geschichte an. Da sitzt Peter Kelder arglos auf einer Parkbank und lernt einen freundlichen, sehr alten Mann kennen. Und der ist, welch glückliche Fügung, gerade dabei, das Geheimnis der ewigen Jugend zu entdecken. Weil man sich so gut versteht, wird der glückliche Peter Kelder in dieses Geheimnis eingeweiht und kann es in alle Welt verbreiten.

Geheimnisvolle Riten

Wer oder was sind eigentlich diese sagenhaften *Fünf Tibeter*? Es sind spezielle »Riten«, was sie gegenüber herkömmlicher Gymnastik besonders wirkungsvoll macht. Im Gegensatz zu einfachen Leibesübungen wirken diese Riten auf die Chakren, jene Energiezentren der Wirbelsäule, von denen jeder schon einmal gehört hat. Geheimnisvollerweise stammen diese Übungen aus Tibet, wo sie in einem einsamen Kloster von wissenden Mönchen über tausend Jahre hinweg entwickelt wurden. Solche Lamas werden bekanntlich steinalt. Kein Wunder also, dass »Das alte Geheimnis aus den Hochtälern des Himalaja« jedermann »Berge versetzen« lässt.

Das Schönste aber ist: Die Übungen sind nicht nur ungeheuer wirkungsvoll, sie sind auch äußerst einfach. Man braucht nur wenige Minuten am Tag zu investieren, um die »Quelle der Jugend« anzuzapfen, um dreißig Jahre jünger zu werden und ganz nebenbei schöner, wacher, energetischer, bewusster, ausgeglichener, vitaler...

Sich krank turnen

Da stört es kaum, dass diese »Riten« von modernen Medizinern zu den krank machenden Körperübungen gezählt werden, weil sie eine Überbeweglichkeit der Wirbelsäule herbeiführen. Gegen Jugend und Schönheit, noch dazu zum Nulltarif, lässt sich einfach nichts sagen. Auch dass diese Übungen (Hüftdrehung, Pflug, Kerze, Brücke) über Jahrzehnte in jedem beliebigen Turnverein, in Tausenden Schulen und bei der Bundeswehr praktiziert wurden, das deutsche Volk aber keineswegs verjüngten, stört nicht. Schließlich wussten diese Anwender nichts von den Chakren und von der Richtung, in die sich die Energie bei den jeweiligen Übungen drehen muss.

So turnen sich hierzulande mehr als 1,5 Millionen Käuferinnen und Käufer und wohl drei Millionen Leserinnen und Leser der ewigen Jugend entgegen, besuchen Kurse oder rollen zu Hause die Matte aus. Schon zittern die Rentenkassen, denn sie müssen bald Millionen rüstige 120-Jährige versorgen. Betrachtet man weitere Details, stellt sich allerdings die Frage, ob der Verlag der aktuellen Ausgabe des Buches rein zufällig Scherz-Verlag heißt. Denn Scherzhaftes findet sich noch mehr.

Himalaja-Gemüse

Das sagenhafte Kloster führt die Leser nämlich in »unerschlossene Gebiete des Himalaja«, wo steinalte Lamas »aus reiner Freude an der Anstrengung [...] eine Ladung Gemüse von 100 Pfund« auf dem Rücken tragen, wo sie oft »nichts als Gemüse und Obst, wie es geerntet worden war« essen, »jedoch kein Fleisch«, und »kein Bedürfnis nach Fisch und Geflügel«[101] verspüren.

Dort oben, in den eisigen Höhen und abgelegenen Tälern des Himalaja, werden wahrlich Wunder vollbracht. Da bauen Mönche Gemüse an, ernten Obst, lassen Fische leben und verachten das Hauptnahrungsmittel des tibetischen Volkes – Jak-Rinder und deren Butter –, und das alles auf 5000 Metern und höher. Was wächst in solcher Höhe eigentlich außer Eisblumen und Wunschträumen?

Macht nix, mit den *Fünf Tibetern* wird man ganz sicher alt, steinalt, denn der Glaube versetzt bekanntlich Berge. Und wer mit fünf Tibetern nicht auskommt, der kann sich der *Sieben Tibeterinnen*[102] bedienen. Sieben sind allemal besser als fünf.

Eine medizinisch verlängerte Jugend

Wer an Joggen und körperlichen Riten wenig Gefallen findet, kann seine Jugendlichkeit mithilfe der Medizin erhalten. Denn natürlich steht auch die Ärzteschaft beim Wettlauf um den Erhalt der Jugend nicht zurück. Sie verführte allein in Deutschland fünf Millionen Frauen dazu, zum Schutz vor Altersleiden Hormone zu schlucken. Die »Hormonsubsitution« würde vor allem die in den Wechseljahren befindlichen Frauen vor Alzheimer, Osteoporose oder Herzinfarkt schützen. Dieser Irrglaube kostet die Krankenkassen jährlich etwa eine halbe Milliarde Euro, nicht eingerechnet die Folgekosten. Denn inzwischen hat sich herausgestellt, dass der hormonelle Jungbrunnen nicht nur weitgehend unwirksam ist, sondern zu beträchtlichen Nebenwirkungen führen kann. Unter anderem steigen Herzinfarkt-, Schlaganfall- und Brustkrebsrisiko, während die versprochenen Effekte wie zunehmende Knochenstabilität u. a. ausbleiben. Nicht nur die Professorin Ingrid Mühhauser sieht in diesem Hormonirrtum eine der »größten Blamagen in der Medizin«[103].

Auch mancher Psychologe hält Vorschläge für Langlebigkeit parat, beispielsweise der Paartherapeut M. L. Moeller: »Erfüllung in der Liebe hat einen immensen Einfluss auf die Immunabwehr. Gesund essen und Zwiegespräche führen – so wird man hundert Jahre alt«, verspricht er seinen Anhängern.[104] Nur 100 Jahre? Das klingt geradezu bescheiden. Professor Moeller selbst wurde nur 65 Jahre alt, er verstarb leider 2002 an Bauchspeicheldrüsenkrebs. Man mag darüber grübeln, was seriöse Psychologen wie M. L. Moeller zu solchen Aussagen wie der zitierten verleitet. Es wird wohl der eigene Machbarkeitsglaube in Bezug auf Liebe und Langlebigkeit sein. Zudem: Zwiegespräche zu führen erscheint noch machbar, aber wie soll man heute gesund essen?

Ewiges Leben

Unsere Ernährung ist relativ schlecht, was eine andere Überzeugung stärkt, die Idee nämlich, besser überhaupt nichts
mehr zu essen. Denn essen ist Energieverschwendung. Man
braucht sich nur vor Augen zu halten, wie viel Kraft der Körper zur Verdauung benötigt! Wer nichts isst, hat diese gewal-
tige Menge an Energie logischerweise zur Verfügung, um sein
Leben zu verlängern. Aber würde er nicht verhungern? Unsinn, der Körper holt sich alles, was er braucht, aus der Luft
und aus dem Wasser. Nichts zu essen, das kann man lernen!
Auch dafür gibt es Anleitungen, beispielsweise die »Yellow-
Diät« aus den USA. Weiterer Vorteil: Wer nichts mehr isst,
braucht auch kaum noch Schlaf. Allein dadurch verlängert
sich das Leben.

Wozu dann überhaupt noch sterben? Aus der Rebirthing-
Bewegung des Leonard Orr hat sich in den USA eine Gruppe
entwickelt, welche fest an die »Immortality«, die Unsterblichkeit, glaubt. Deren simple Überzeugung lautet: »Nur wer an
den Tod glaubt, muss auch sterben.« Aber es sterben schließlich alle Menschen, mag man einwenden. Das beweist doch
nur, wie sehr sie am Todesglauben hängen! Deshalb ruft Orr
dazu auf:

»Lass ab von deinem persönlichen Todestrieb; gib ihn auf! Er ist wie
ein psychisches Persönlichkeitsfragment zu behandeln; er kann
isoliert und dann eliminiert werden. Er setzt sich zusammen aus
Meinungen, Glaubensvorstellungen und Urteilen über den Tod...
Bezweifle den Tod – und seine Anziehungskraft wird schwächer [...].
Dein Körper wird von selbst all jene Zellsubstanzen produzieren, die
für deine persönliche Langlebigkeit nötig sind, sobald deine Vorstellungen und täglichen Gewohnheiten von dir revidiert wurden.«[105]

Wer stirbt, ist demnach selbst schuld, beispielsweise meine
Hühner und Pferde. Sterben sie, weil sie zu dumm sind, ihre
negativen Gedankenmuster aufzugeben, und weil sie Opfer
falscher Konditionierungen und Denkprogramme wurden?

Interessant in diesem Zusammenhang ist, dass die Immor-
talisten um Leonard Orr massiv und beinah als Erste an der
Verbreitung von Affirmationen, von positivem Denken, beteiligt waren. Affirmative Beschwörungen sollten nicht nur die
Unsterblichkeit herbeizaubern, sondern auch Geld im Überfluss
bescheren. Das klingt beispielsweise so: »Ich bin jetzt willens
und bereit, unerschöpflichen Reichtum zu mir fließen zu lassen.« Täglich wiederholt, werden solche positiven Gedanken
ganz von selbst wahr. Übrigens finden sich viele solcher von
Orr und Co. entwickelten Ideen, die in den Siebziger- und Ach-
zigerjahren des letzten Jahrhunderts entstanden sind, heute bei
den Wunderpredigern Schäfer, Höller und Co. wieder.

Fazit zur Jugendlüge

Man will jung bleiben und dem Alter unbedingt ein Schnipp-
chen schlagen. Man will seinen Ängsten vor Tod und Vergäng-
lichkeit ausweichen. Das ist verständlich, doch unser Einfluss
auf den Alterungsprozess bleibt begrenzt. Denn es hängt
wesentlich von seinen Genen ab, welches Alter ein Mensch
erreicht, wie eine zehnjährige Studie mit fast einer halben
Million Menschen ergab:

»Unsere Berechnungen zeigen, dass die meisten von uns bei maß-
voller Ernährung, ausreichender Bewegung und ohne Zigaretten
beste Chancen haben, so etwa 85 zu werden.«[106]

Unter der halben Million Teilnehmern an dieser Untersuchung
befanden sich 169 Hundertjährige oder Ältere. Diese ernähr-

ten sich allerdings weder gesünder noch verhielten sie sich sportlicher als der Rest. »Kein Zweifel«, so Thomas Perls, Leiter der Studie, »sie verfügen über besondere Gene.«

Zu viel Sport, darüber ist sich die Wissenschaft einig, kann sogar äußerst schädlich sein. So weist der Sportmediziner Frank Mayer von der Universitätsklinik Freiburg auf die Gefahr hin, sich durch Joggen Haarrisse in den Knochen und Sehnenentzündungen zuzuziehen.[107] Wer seinem Körper hohe Leistungen abverlangt, bringt zudem seinen Stoffwechsel derart in Gang, dass dieser übermäßig viele freie Radikale produziert, was dann die Zellalterung sogar beschleunigt und die Krebsgefahr erhöht.

Was also nutzt die Hatz nach der ewigen Jugend? Wahrscheinlicher ist, dass panische Angst vor dem Alter und der Stress des aktiven Anti-Aging das Altern eher beschleunigen. Unbestritten bleibt natürlich, dass viele Menschen durch fehlende Bewegung, übermäßiges oder zu fettes Essen, Rauchen und ausuferndes Trinken ihrer Gesundheit schaden. Daraus ergeben sich durchaus Möglichkeiten, Gesundheit und Wohlbefinden zu steigern. Aber diese Wege sind nicht spektakulär, und sie sind seit langem bekannt. Spektakulär sind nur die Wunder der Machbarkeitsprediger und die Hoffnungen der Gläubigen.

DIE ZWEITE DUMME LÜGE: ERFOLG IST PLANBAR

»Die Schöpfung möchte, dass Sie erfolgreich sind!«[109]

»Legen Sie alle Verhaltensweisen ab, die Sie daran hindern, erfolgreich zu sein.«[110]

»Sie haben täglich die freie Wahl, ob Sie lieber einen Apfel oder eine Birne essen möchten. Genauso haben Sie die freie Wahl, erfolgreich oder erfolglos zu sein.«[111]

»Viele vergessen, dass ihnen ein Platz an der Sonne gebührt und gehört, da sie glauben, sich nicht befreien zu können.«[112]

Erfolg im Leben, so kann man die Machbarkeitspriester zusammenfassen, besteht darin, selbst gesteckte hohe Ziele zu erreichen. Aufgrund dieser Auffassung sind ihre Bücher voller Erfolgsgeschichten von Leuten, die angeblich genau das erreicht haben, was sie erreichen wollten. Boris Becker, Franz Beckenbauer, Bill Gates, Luciano Pavarotti, Alexander der Große und tausend andere werden bei Höller, Carnegie oder Lejeune als Beispiele für die Planbarkeit von Erfolg gepriesen. Sie haben es geschafft, also kannst auch du es schaffen, lautet die ausgesprochen simple Botschaft.

❱❱ *Man hatte mich vergessen. Ich hockte nur zu Hause rum. Sollte ich verhungern? Nein, also geh ich Stiefel putzen, Müll aufsammeln, Kohle verkaufen [...]. Eines Nachmittags klopfte jemand an die Tür, um mich abzuholen [...]. Ich war gerade dabei, Schuhe zu putzen [...]. »Komm mit, ich brauche dich.« »Ich will nicht mehr singen«, sagte ich [...]. Er hat so gedrängt, dass ich mich nicht mal waschen und die Schuhcreme vom Gesicht wischen konnte. Und so kamen wir also hier im Egrem-Studio an. Und hier im Egrem traf ich dann Eliades Ochoa. Und als er mich sah – er war hier mit Compay Segundo, Rubén saß am Klavier –, und als er mich sah, begann er zu spielen [...]. Ich fing also an zu singen [...], so bin ich da wieder reingekommen.* ❰❰ [108]

Augenwischerei betreiben

Auch die Eigenbeweise zum Thema Erfolg sprechen für sich. Höller präsentiert stolz seinen Ferrari, sein Geld, sein Haus. Dr. Strunz gibt mit fantastischen Laufrekorden und hohen Verkaufszahlen an. Schäfer hat seine erste Million angeblich schon mit dreißig gemacht. Lejeune ist unheimlich ehrlich und dementsprechend reich. Alle prahlen mit Neid erregend hohen Honoraren.

Somit wird Erfolg grundsätzlich an äußerlichen, sichtbaren und vorzeigbaren Dingen festgemacht. Immerzu geht es ums Haben, um Ruhm, Macht oder Geld und darum, aus der Masse hervorzuragen. Werden die Erfolgspriester allerdings konkret darauf angesprochen, dass schon mathematisch gesehen nur wenige Menschen solche herausragenden Ziele erreichen können, dass immer nur einer an die Spitze gelangen kann, schwenken sie um und messen Erfolg eilig mit kleiner Elle. So meint Höller in solch einem Fall:

»Nun«, sagte ich zu dem Seminarteilnehmer, ›wenn dieser Unternehmer einigen Menschen durch seine Tätigkeit geholfen hat, ist das nicht ein wundervoller, fantastischer Erfolg?‹[113] [...] Wenn auch nur einem einzigen Menschen durch meine Tätigkeit, mein Wirken, mein Unternehmen ein Nutzen gegeben wird, bin ich erfolgreich.«[114]

Diese karge Notdefinition steht allerdings in krassem Widerspruch zu der Definition, Erfolg bestünde darin, hoch gesteckte persönliche Ziele zu erreichen – es sei denn, jemand hätte sich ausdrücklich vorgenommen, »einem einzigen Menschen einen Nutzen zu geben«. Dann wäre er in der Tat auch damit erfolgreich. Allerdings sucht man in den Büchern der Machbarkeitspriester vergeblich nach der erfolgreichen Blumenfrau, dem erfolgreichen Bauern, der erfolgreichen Klofrau. Da diese im Laufe ihres Lebens ganz sicher anderen Menschen geholfen haben, müssten sie eigentlich als erfolgreich gelten und als Beispiel beschrieben sein. Aber bestünde der Erfolg, den die Machbarkeitspriester anpreisen, in solch bescheidenen Dingen und nahen Zielen, wären Motivatoren überflüssig, ebenso wie Erfolgsbücher und Erfolgsseminare.

Die Machbarkeitspriester hantieren vielmehr mit zwei widersprüchlichen Erfolgsdefinitionen. Man kann dies als geschickte Variante der Blendung bezeichnen, als Augenwischerei nämlich. Der glänzende Erfolg weniger Personen wird hochgehalten, nach seiner Konkretisierung auf die Möglichkeiten des Einzelnen hin bleibt jedoch nur ein matter Schein übrig. Die Möglichkeit, »einem Menschen zu helfen«, ist sicherlich nicht das, wonach Erfolgshungrige streben; sie wollen eher sich selbst helfen und mit Erfolg glänzen. An diese Sehnsucht knüpfen die Machbarkeitspriester an, weshalb sie weiterhin mit Erfolgssymbolen, mit Geld, Ruhm oder Macht und dem Versprechen, jeder könne das haben, locken werden.

Die Frage allerdings, ob sich der Aufwand solcher Ziele für den Einzelnen überhaupt lohnt, diese Frage wird glatt unter den Tisch gekehrt.

Falsche Fährten legen

Natürlich wirken viele der hochgehaltenen Erfolgsziele verlockend. Ob es sich aber wirklich lohnt, sie anzustreben, hängt von der Authentizität dieser Ziele ab. Davon nämlich, ob es sich bei den Lebenszielen um der Person entsprechende, authentische oder um von anderen übernommene Zielvorstellungen handelt. Eine kleine Geschichte mag das veranschaulichen.

》*Ein Südseeinsulaner lag entspannt am Strand, die Sonne wärmte seine Haut, sein Blick glitt ziellos über das sanfte Wogen der Meereswellen. Ein Manager, der dies sah, sprach ihn an. »Anstatt nichts zu tun, könntest du arbeiten gehen oder ein Geschäft eröffnen«, schlug er vor. »Wozu sollte ich das tun?«, fragte der Müßiggänger. »Dann würdest du viel Geld verdienen«, wurde ihm gesagt. »Und wozu soll ich viel Geld verdienen?«, gab der Insulaner zurück. »Dann kannst du dir alles kaufen, was du willst«, versuchte ihn der Manager zu motivieren. »Was soll ich mir denn kaufen?«, wollte der Insulaner als Nächstes wissen. »Das ist doch egal«, versuchte ihn der Manager zu überzeugen. »Ein Auto oder ein Grundstück mit Haus am Strand.« »Und was soll ich mit einem Grundstück und einem Haus am Strand anfangen?«, wollte der Insulaner nun wissen. »Dann könntest du«, der Manager zögerte, er suchte nach Vorschlägen, »einfach am Strand liegen, dir von der Sonne die Haut wärmen und deinen Blick über das sanfte Wogen der Meereswellen gleiten lassen.* 《*

Der Insulaner in dieser Geschichte verfolgt authentische Ziele. Er weiß, was er »wirklich« will und worum es ihm eigentlich geht. Sein Ziel ist authentisch, weil seine ganze Persönlichkeit dahinter steht und deshalb keine Kluft zwischen bewusster Absicht und unbewusster Sehnsucht besteht. Ihm geht es nicht um die Symbole Haus und Grundstück, er möchte entspannt leben, und er weiß das. Der Manager hingegen, der Geld und Haus als erstrebenswerte Ziele vorschlägt, weiß nicht, wozu er will, was er will. Seine bewussten Persönlichkeitsanteile suchen das Erfolgssymbol, seine unbewussten Persönlichkeitsanteile jedoch etwas anderes. Insofern folgt er fremdbestimmten Zielen, er hat seine Erfolgsvorstellung von anderen Menschen aus seinem sozialen Bezugsrahmen übernommen. Er läuft einem Symbol hinterher.

Nicht authentische Ziele

Der Insulaner tut also gut daran, dem Motivator zu widerstehen und sich nicht auf eine falsche Fährte schicken zu lassen. Die Gefahr bei nicht authentischen, übernommenen Zielen besteht nämlich darin, dass sie ihre Versprechen selten halten.

Das Erfolgssymbol »Haus am Strand« verspricht dem Manager zwar Entspannung, und unbewusst glaubt der Mann: Erst wenn ich ein eigenes Haus am Strand habe, werde ich entspannt leben können. Doch was würde tatsächlich passieren, wenn er nach jahrelanger schwerer und konzentrierter Arbeit tatsächlich Geld und Haus besäße? Könnte er dann am Strand liegen, sich der Sonne hingeben und seinen Blick den Wellen schenken? Wohl kaum, denn auf dem Weg zum Ziel hätte er nur gelernt, sich anzustrengen, aber nicht, wie man entspannt lebt. Müßiggang wäre ihm ein Fremdwort geblieben. Also würde er ruhelos am Stand auf- und ablaufen und ein Ferienzentrum planen, was dann als nächster Erfolg ausgegeben würde. Höller und Co. könnten ihn sogleich als Beispiel für Initiative und Tatkraft preisen, ohne zu begreifen, dass der Mann Phantome jagt und zutiefst erfolglos in Bezug auf die Erfüllung seiner Sehnsüchte ist.

Lebensziele nach Erfolgssymbolen auszuwählen kann den Menschen ins Leere laufen lassen. In meiner Beratung begegnen mir immer wieder solche Fälle. Die Leute haben Jahre oder Jahrzehnte dafür geopfert, etwas scheinbar Tolles zu erreichen. Das kann ein Haus sein, von dem ein Paar sich Beziehungsglück versprach, oder eine berufliche Position, die Erfüllung verhieß, oder etwas anderes, das unabhängig vom »Ziel hinter dem Ziel« verbissen und ohne Rücksicht auf die Kosten des Erfolges angestrebt wurde.

Mit solchen Hintergründen zum Thema Erfolg halten sich
Machbarkeitspriester jedoch nicht auf, im Gegenteil: Sie schü-
ren die Fixierung auf äußere Ziele. Bestenfalls wird der Erfolgshungrige aufgefordert, die »richtigen« Ziele zu verfolgen.
Höller beispielsweise kommt unablässig mit der Phrase: »Tun
Sie, was Sie wirklich wollen.« Den Leuten jedoch zu vermitteln, wie sie »wirkliche Ziele« identifizieren können, damit
sind Höller und Co. überfordert, damit lassen sie ihre Anhänger allein. Deshalb taucht als Antwort auf die Frage »Was
wollen Sie wirklich?« meist nur das Symbol auf, beispielsweise ein großes Auto, ein tolles Haus, ein Spitzenjob, eine
Familie. Ob es sich bei diesen Zielen um authentische oder
fremdbestimmte Ziele handelt, ob die gesamte Persönlichkeit
dahinter steht, das bleibt unklar.

Die Leute werden bestenfalls aufgefordert, durch Nachdenken »richtige« von »falschen« Zielen zu unterscheiden. Die
Frage »Wozu will ich das, was ich will?« ist durch Überlegen
und Besinnen allerdings kaum zu beantworten. Sie kann
schon deshalb nicht beantwortet werden, weil man den Geschmack der Dinge nicht kennt, unter denen man wählen soll.
Haben Sie schon mal Korwulatika gegessen? Bevor Sie das tun,
sollten Sie herausfinden, ob es Ihnen »wirklich« schmeckt.

Herauszufinden, was man »wirklich« will, also den Sinn
hinter den äußerlichen Lebenszielen zu finden, ist eine Lebensaufgabe und keine Reflexionsübung.

Ein äußeres Ziel erweist sich dann als wertvoll, wenn das
Versprechen, das diesem Ziel innewohnt, auf dem Weg zum
Ziel »erobert« werden kann. Wenn sich jemand von einem
Haus »Entspanntheit« verspricht, er aber 20 Jahre verbissen
dafür schuften muss, kann er auf dem Weg zum Ziel das in-
neliegende Versprechen nicht verwirklichen und die Fähigkeit,
entspannt zu leben, nicht entwickeln. Die hilfreiche Zielfrage

für solch einen Menschen würde nicht lauten: »Kann ich es schaffen, ein Haus zu besitzen?«, sondern vielmehr: »Welche Ziele kann ich entspannt erreichen?«

Man kann eine Familie haben, aber dennoch keine Verbundenheit erleben. Ganz einfach deshalb, weil man die Fähigkeit, sich zu verbinden, nicht entwickelt hat. Man kann ein dickes Konto haben und doch keine Sicherheit erleben. Man kann ein tolles Auto haben und doch keine Anerkennung finden.

Aber die Machbarkeitspriester verkaufen unbekümmert äußerliche Symbole als »wirkliche« Ziele, als lohnende Lebensinhalte, und damit schicken sie Menschen auf falsche Fährten. Durch die Fixierung auf äußere Ziele verführen die Machbarkeitspriester Leute dazu, in Zielen verloren zu gehen[115]; beispielsweise wenn jemand im »Alles-ist-möglich-Rausch« hohe Kredite für geschäftliche oder private Unternehmungen aufnimmt, eine Falle, in die, wie ich noch schildern werde, der Erfolgsprediger Höller nicht gestolpert, sondern gestürmt ist und in die er 274 Anleger hineingestoßen hat.

Angeblich sichere Erfolgsstrategien

Doch keine Sorge; glaubt man den Erfolgspriestern, kann nichts schief gehen, solange man mit ihren Erfolgsstrategien arbeitet. Ihre Orientierung an erfolgreichen Leuten wie Becker, Gates und Co. unterstellt, wie schon erwähnt, diese Leute hätten ihre Erfolge tatsächlich beabsichtigt und planmäßig erreicht. Demnach müsste Bill Gates geplant haben, reichster Mann der Welt zu werden, und Boris Becker beabsichtigt haben, drei Mal Wimbledon zu gewinnen. Im Lichte dieser Behauptungen ist nie der Zufall oder das Glück ausschlaggebend für den Erfolg, sondern stets die so genannte »richtige« Strategie.

Folgerichtig wird diese richtige Strategie beschworen. An

ihr hängt alles, sie muss als geradezu unfehlbar hingestellt
werden. Sie stellt eines jener Geheimnisse dar, das nur dem
Gläubigen offenbar wird, eine Vorgehensweise, die »[...] immer
funktioniert – vorausgesetzt allerdings, die Strategie wird
auch wirklich konsequent und mit voller Begeisterung angewandt und umgesetzt«[116], wie Höller versichert.

Das kann nicht schief gehen, denn zur Umsetzung seiner
Erfolgsstrategie muss man lediglich: mit dem Herzen sehen –
jeder Aufgabe neben einem Zweck einen Sinn verleihen –
große Aufgaben haben – anderen Menschen nutzen – fest entschlossen zum Erfolg sein – sich auf Stärken konzentrieren – das
Unterbewusste programmieren – Imagination ausüben – sich
Ziele setzen – sich auf das Wesentliche konzentrieren – Disziplin aufbringen – jeden Tag aufs Neue »Aktenordner« im Unterbewusstsein anlegen – Gedanken kontrollieren – negative
Gedanken durch positive verdrängen – täglich Autosuggestion
praktizieren – sich unersetzlich machen – mentales Kassetten-
training praktizieren – den Tag pflücken – und andere Neben-
sächlichkeiten erledigen.

All das vermag selbstverständlich jeder zu leisten, es lässt
sich »konsequent und mit Begeisterung« umsetzen und »funktioniert immer«. Woher beziehen Machbarkeitspriester solche
vortrefflichen Strategien? Sie haben in den Lebensgeschich-
ten der Erfolgreichen danach gekramt. Schauen wir uns eine
solche Erfolgsstory einmal genauer an, die von Bill Gates. Welchen Umständen hat dieser »Genius« seinen immensen Erfolg
und Reichtum zu verdanken?

Der Gates-Mythos

Bill Gates war keineswegs der Einzige, der zu Beginn der Ära
des Personalcomputers ein Betriebsprogramm anbot; und sein

DOS, das er nicht einmal selbst geschrieben hatte, war nicht einmal das Beste seiner Art und Zeit. Gates wurde ein Goldbarren regelrecht auf die Zehen geworfen, als sich die damals weltgrößte Computerfirma IBM entschied, das Programmchen zum Standardbetriebssystem ihrer PCs zu machen. Trotzdem kam Gates nicht so recht voran, und schließlich bot er IBM sein DOS für den lächerlichen Betrag von 80 000 US-Dollar zum Kauf an. Der damalige IBM-Chef Aigner verkannte die zukünftige Bedeutung des PC und lehnte ab. Das war, wie sich später zeigen sollte, Goldbarren Nummer zwei, der Gates auf dem anderen Fuß erwischte. Was dann folgte, ist Geschichte. Nach dem rasanten und von IBM nicht erwarteten Aufstieg des PC konnte Gates sich wie andere Monopolisten verhalten, was ihm später Dutzende Gerichtsverhandlungen mit Konkurrenten und etlichen Bundesstaaten der USA bescherte. Er entwarf Knebelverträge, kopierte die Mac-Oberfläche und so weiter.

Das also ist das »Erfolgsgeheimnis« des Visionärs, des genialen Unternehmers, des Superhirns. Wer die über ihn verbreiteten Märchen vorbehaltlos glaubt, muss auch die ehemalige Deutsche Post, den Vorläufer der Telekom, für ähnlich genial halten, denn auch dieser Monopolist scheffelte üppige Gewinne aufgrund einer »einzigartigen« Marktstellung. Natürlich hat Bill Gates zu seinem Erfolg auch persönlich beigetragen, aber ebenso sicher konnte er ihn weder vorhersehen noch planen. Könnte er heute nochmals in einer Garage von vorn anfangen und Gleiches erreichen? Das meint doch niemand ernsthaft.

Verdrehungen

Die Behauptung, Erfolg bedürfe bestimmter Strategien, unterstellt jedoch zweifelsfrei, er könne geplant werden. Das Wort

Strategie bedeutet ursprünglich »Führung des Heeres« oder »Kampfplanung«, und entsprechend dieser Bedeutung wird es von den Machbarkeitspriestern benutzt. Erfolg soll geplant werden wie der Sieg in einem Feldzug. Dumm ist nur, dass die Gegenspieler des Feldherrn ebenfalls planen. Ob eine Strategie erfolgreich ist, zeigt sich deshalb immer erst im Nachhinein. Halten wir das einmal unmissverständlich fest.

Erfolg erscheint immer nur rückblickend planbar! Denn im Rückblick fällt alles Unscheinbare, Unwägbare, Unvorhersehbare, Zufällige unter den Tisch und lässt so die Illusion entstehen, der Erfolg sei beabsichtigt gewesen.

Nur im Rückblick lassen sich die Erfolgsgeschichten scheinbar schlüssig auf das Verhalten der Erfolgreichen reduzieren und sich als zwangsläufiges Ergebnis planvollen und zielgerichteten Verhaltens darstellen. Deshalb basiert auch die Strategiemasche auf nichts als Augenwischerei.

Einer der größten Bucherfolge aller Zeiten, die Geschichten um Harry Potter, ging anfangs den üblichen Weg vieler Bücher. Mehrere Verlage lehnten das Manuskript ab. Natürlich würde es dem Verlag, der schließlich zugriff, leicht fallen, seine Entscheidung für die Autorin Joanne Rowling als Ergebnis strategischer Erfolgsplanung auszugeben, doch seriösen Unternehmern liegt solcher Unsinn fern. Glück gehabt, bestenfalls einen Riecher, mehr ist es nicht. Ebenso leicht wäre es für die ehemalige Sozialhilfeempfängerin Rowling, ihren unglaublichen Erfolg mit Zähigkeit und Genialität zu erklären. Doch was wäre fünf Jahre früher oder später mit dem gleichen Werk geschehen?

Zu Beginn dieses Kapitels schilderte der kubanische Musiker Ibrahim Ferrer, wie er zum Weltstar wurde. Es hat einiges zu diesem großen Erfolg gebraucht: den Filmemacher Wim Wenders und seine Bereitschaft, einen Film auf

Kuba zu drehen, den Musiker Ry Cooder, der Wim Wenders dazu überredete, sowie Künstler, die sich auf das Projekt einließen, Einreisegenehmigungen, Drehgenehmigungen, eine Menge Geld, eine Zeit, in der kubanische Musik beim Publikum ankam, und noch viel mehr Unplanbares, von dem wir nichts wissen. Was könnte Ibrahim Ferrer über die richtige Strategie zum Erfolg erzählen? Würde er ein Buch mit dem Titel »Wie man ein Weltstar wird« schreiben? Nein, denn als ehrliche Haut könnte er über solchen Unsinn nur lachen.

Eine schlichte Wahrheit auf dem Weg der strategischen Erfolgsplanung lautet zwar: Wer nichts tut, wird ein Ziel wohl kaum erreichen. Aber ebenso gilt: Selbst wer etwas tut, hat bestenfalls eine Chance ergriffen. Eine Garantie gibt es nicht, denn Hunderte oder Tausende gleichermaßen Tüchtige und Kluge haben sich ebenfalls auf den Weg gemacht, und nur einer wird als Erster durchs Ziel gehen, weil nur einer der Erste sein kann.

Scheinbar unumstößliche Gesetzmäßigkeiten

Die Behauptung, es gäbe Erfolgsstrategien, beruht auf der Vorstellung, man könne das Zusammenspiel der Kräfte und Einflüsse in komplexen Lebensbereichen voraussehen und berechnen, weil es bestimmten Gesetzmäßigkeiten folge. Der Begriff »Gesetz« gehört daher zu einer der beliebtesten Wortblendungen der Machbarkeitspriester. Nicht zufällig berufen sich Fundamentalisten aller Glaubensrichtungen auf »göttliche Gesetze«, Moralisten auf »moralische Gesetze« und die Priester der Machbarkeit auf eherne und unumstößliche »Erfolgsgesetze«, auf die sich beispielsweise der Titel eines Buches von »Geld-Trainer« Bodo Schäfer, *Die Gesetze der Gewin-*

ner, bezieht. Wer diese quasi naturgegebenen Erfolgsgesetze befolgt, dem kann nichts misslingen, das versichert auch Höller.

Da wäre beispielsweise das Geist-Materie-Gesetz: »Dieses Gesetz bedeutet nichts anderes, als dass alle Materie, die existiert, immer dem Geist folgt.« Deshalb hänge alles im Leben davon ab, welche Gedanken sich in unserem Geist befänden, woraus geschlossen wird: »Ändern Sie Ihre Gedanken und Sie verändern die Welt« – denn: »Alles, was wir sind, ist ein Resultat dessen, was wir gedacht haben!«[117]

Denken wir das einmal durch. Wenn alle Materie, die existiert, immer dem Geist folgt, wie kann der Geist dann mit der von ihm geschaffenen Materie unzufrieden sein, sprich, wie kann er »Misserfolg« empfinden? Ist der Geist dumm? Wie sollte er seinen Irrtum dann bemerken? Ist die Materie einem »schlechten Geist« gefolgt? Das wäre gleichgültig, denn der wäre auch mit schlechten Ergebnissen zufrieden. Und wie kam dieser Ungeist in die Welt? Steckt der Teufel dahinter? Fragen über Fragen, die sich jedem aufdrängen, der für einen Augenblick ernsthaft über das angebliche Geist-Materie-Gesetz nachdenkt.

Für die plumpe Logik des Geist-Materie-Gesetzes muss ein weiteres Gesetz herhalten, das Ursache-Wirkung-Gesetz, von dem Höller meint: »Alles, was geschieht, hat immer eine Ursache.«[118] Dies zu behaupten, in einer Zeit, da die Chaostheorie allgemein anerkannt wird und in der kein ernst zu nehmender Wissenschaftler mehr von linearen Ursache-Wirkung-Abläufen ausgeht, sondern in der vielmehr in Zusammenhängen gedacht wird, kann man bestenfalls als rückständig bezeichnen.

Der Mensch ist ein komplexes System und Teil komplexer und beweglicher Systeme, in denen kausales Denken wenig

Sinn ergibt. Die moderne Systemtherapie weist auf die Begrenzungen kausalen Denkens hin:

»Das Prinzip der ›starken Kausalität‹ gilt nicht: Kleine Ursachen können große Wirkungen haben. Und umgekehrt: Je nach Systemzustand können große Umgebungsveränderungen gegebenenfalls überhaupt nichts bewirken, während andererseits minimalste Einflüsse große Veränderungen auslösen können.«[119]

Wirkungen sind in komplexen Systemen selten vorhersehbar. Die gleiche Wirtschaftsmeldung kann an einem Tag die Börse unbeeindruckt lassen, eine Woche später kann sie eine regelrechte Kauflawine auslösen. Eine weggeworfene Zigarette kann im Wald ausgehen oder einen Waldbrand kontinentalen Ausmaßes erzeugen. Nach dem Ursache-Wirkung-Gesetz wären solche Folgen allerdings zwingend und vorhersehbar.

Das von ihm propagierte eherne Ursache-Wirkung-Gesetz lässt sich aber ganz leicht außer Kraft setzen – durch schlichte Ahnungslosigkeit nämlich, womit uns Höller von der Kraft imaginativer Zielplanung überzeugen will:

»Die Hummel [...] hat eine Flügelfläche von 0,7 Quadratzentimetern bei einem Gewicht von 1,2 Gramm. Nach den bekannten Gesetzen der Aerodynamik kann sie nicht fliegen. Die Hummel weiß das nicht [...], sie fliegt einfach.«[120]

Der Flug der Hummel ist demnach verursacht durch die Kraft ihrer Überzeugungen und beweist damit das Geist-Materie-Gesetz. Nach dem Motto: Ich glaube, also fliege ich. Leider beweist das Beispiel lediglich, dass bestimmte Zusammenhänge der Aerodynamik unbekannt sind. Darüber hinaus weiß die Hummel aus Erfahrung, dass sie fliegen kann, sie

geht nicht das geringste Risiko dabei ein. Was heißt das für
den Menschen? Soll man jetzt aus dem Fenster springen und
mit den Armen rudern, im Glauben, dass es unbekannte Gesetze der Aerodynamik gibt, mittels derer man durch die
Lüfte schweben kann? Soll man die »Hummel-Strategie«
praktizieren?

Ein naiver Strategieglauben, in dem alles Mögliche planbar erscheint, hat sich heutzutage ausgebreitet. Nichts soll
mehr dem Zufall überlassen werden. Deshalb darf ein Wissenschaftler all jenen, die Karriere machen wollen, allen Ernstes
raten, den Scheitel links zu tragen:

»Frauen, die kreativ und glücklich werden wollen, sollten ihren
Scheitel rechts ziehen. Karrierebewusste Männer besser links. So
eine US-Studie. Dr. John Walter: ›Die Trennlinie ist ein Blickfang.
Verläuft sie rechts, wird die rechte Gehirnhälfte betont. Das ist die
kreative und feminine Seite. Männer, die diese betonen, werden
nicht ernst genommen.‹ Auch Karrierefrauen sollten den Scheitel
links tragen – bringt mehr Respekt ein.«[121]

Dumme Erfolglose

Überlass nichts dem Zufall, dann stellt sich der Erfolg automatisch ein, quasi per Gesetz. Gegen solchen Glauben hilft
einfacher Menschenverstand wenig. Denn wenn es tatsächlich verlässliche Erfolgsstrategien und berechenbare Gesetzmäßigkeiten gäbe, könnten natürlich jeder Mann und jede
Frau sie anwenden. Das tun sie nicht, worüber sich Höller
anscheinend wundert:

»Die Schöpfung will, dass Sie einen liebenden Partner haben, gesund
sind, viel Geld verdienen, einen Beruf als ›Berufung‹ ausüben und so

weiter. Doch warum tun viele Menschen alles, um erfolglos zu werden oder zu bleiben?«[122]

Weil sie dumm sind, weil sie die Gesetze der Gewinner nicht kennen. »Erfolglose Menschen sind in Wirklichkeit unsozial«[123], behauptet der Motivator mit dem guten Draht zur Schöpfung. Diese Menschen sind an ihrem Unglück selbst schuld, ganz nach seinem Motto: »Du bekommst, was du dir vorstellen kannst«.[124] Die Juden sind an ihrer Verfolgung schuld, die Palästinenser an ihrem Elend, die Amerikaner am Terror, die Verhungernden an ihrem Tode. Sie haben zu negativ gedacht. Sie haben die Schöpfung und deren Gesetzmäßigkeiten missachtet. Ebenfalls dem Selbstverschulden der Betroffenen ist es zuzuschreiben, dass in amerikanischen Gefängnissen überwiegend Minderheiten, vor allem Schwarze und Latinos, einsitzen. Das hat nichts mit Politik und sozialen Verhältnissen zu tun. Diese Leute tun erfolgreich »alles, um erfolglos zu bleiben«.

Zwischenfazit: Viele Erfolgstrainer betreiben durch die Verkündung simpler Strategien und angeblicher Gesetzmäßigkeiten Augenwischerei und verbreiten die falsche These, jeder sei für Erfolg oder Misserfolg selbst verantwortlich, und zwar ausdrücklich und unabhängig von den äußeren Umständen und inneren Zusammenhängen seines Lebens.

Erfolgsmotivation in Unternehmen

Das Gehabe um Erfolgsmachbarkeit und Motivation hat, wen wundert es, nicht wenige Unternehmensleiter aufgeweckt. Diese Manager eignen sich hervorragend als Auftraggeber der Erfolgspropheten, denn sie sind in ähnliche Widersprüche verwickelt. Sie fordern einerseits von den Mitarbeitern, Unternehmer im Unternehmen zu sein, sind andererseits aber nicht bereit, den Mitarbeitern entsprechende unternehmerische Handlungsspielräume einzuräumen und Erträge mit der Belegschaft zu teilen (bestenfalls werden Risiken geteilt). Für ihre Mitarbeiter fordern sie kurze Kündigungsfristen und von ihnen Flexibilität, während sie für sich selbst Fünfjahresverträge und hohe finanzielle Abfindungen für den Kündigungsfall aushandeln. Sie predigen Wasser und trinken Wein. Weil es ihnen aufgrund dieser und anderer Unglaubwürdigkeiten nicht gelingt, durch klare Strukturen und vorbildliches Verhalten zu motivieren, rufen sie nach professionellen Motivatoren. Höller hilf!

Firmen, die Motivationstrainer bezahlen, versuchen, ihre Schwächen im Umgang mit den Mitarbeitern zu verdecken. Je mehr Motivatoren dort auftauchen, desto weniger glaubhaft gerät das Unternehmen. Daher lautet mein Höller-Warn-Index für Jobsuchende: Finden Sie heraus, ob in der Firma, in der Sie sich bewerben wollen, regelmäßig Motivationsseminare angeboten werden. Wenn ja, suchen Sie sich ein anderes Unternehmen. Denn schon die Aussage, »Unsere Leute brauchen mal wieder Motivation«, die ich von etlichen Personalchefs gehört habe, zeigt die Arroganz der Chefs und die Kluft zwischen ihnen und der Belegschaft.

Das ganze Gerede über die Motivierbarkeit von Menschen ist schon deshalb Unfug, weil es sich dabei stets um Appelle an die Einsicht handelt, und die hat, wie ich später noch ausführlicher darlegen werde, äußerst kurze Beine. Was kann beispielsweise ein Motivationsseminar bewirken? Würde man eine Veranstaltung mit 1000 Teilnehmern durchführen, um diese zu motivieren, auf Dioxin belastetes Hühnchen- und BSE-gefährdetes Rindfleisch zu verzichten, so wären am selben Abend nur zehn Hartgesottene in Restaurants mit einem

Steak auf dem Teller anzutreffen. Nach einer Woche wären es bereits 500, nach einem Monat wieder fast genau 1000. Das haben uns der BSE-Skandal des Jahres 2000 und die Maul- und Klauenseuche von 2001 gelehrt. An der Ladenkasse, wenn es darum geht, zwei oder vier Euro für das Pfund Fleisch zu bezahlen, schaltet der Verstand ab und der Bauch entscheidet.

Einsicht kann nichts bewirken, wenn eine tiefer liegende Interessenlage dagegensteht, auch das werde ich noch belegen.

Unterschlagene Kosten des Erfolges

Übrigens ist von den Kosten vorzeigbaren Erfolgs bei Mach- barkeitspriestern nirgends die Rede, schließlich soll den Leu- ten ja weisgemacht werden, Erfolg sei billig zu haben, sei »Grundrecht« und der »Wille der Schöpfung«. Doch jeder Er- folg hat seinen Preis, und der entspricht in den meisten Fällen den Wohltaten des Erfolges. Das bedeutet: Geschenkt erhält man Erfolge selten.

Spekulieren wir einmal über die Kosten des Erfolges von Boris Becker. Schon vier Jahre nach seiner Heirat mit Barbara meinte Becker, er sei nicht sicher, ob sie ihn wegen seiner Bekanntheit, seines Geldes oder seinetwegen geheiratet habe. Im Grunde kann sich Becker nie sicher sein, ob eine Frau tatsächlich ihn meint oder ob sie ihn aus materiellen Absich- ten in eine Wäschekammer lockt. Diese Unsicherheit, der er nur entkommen kann, wenn er sich für eine Frau entscheidet, die ebenfalls aus dem Getto der Reichen und Schönen stammt, gehören zum Preis seines Erfolges – wie auch das Leben in ebendiesem Getto. In Ruhe irgendwo Eiscreme schlecken? Fehlanzeige.

Sicher kann sich jemand bis in die Vorstandsetage eines Unternehmens hocharbeiten. Aber zu welchem Preis? Er wird sich politisch verhalten, taktieren, die Ellenbogen gebrauchen, Überstunden machen, die Familie vernachlässigen, bis an den Rand der Erschöpfung arbeiten. Leistung allein, das reicht nicht aus, das weiß jeder, der sich in den oberen Unternehmensetagen auskennt.

Sie möchten Bundeskanzler werden? Wenn Sie bereit sind, in eine der großen Parteien einzutreten, sich dort vom einfachen Mitglied zum Ortsvorsteher zum Landesvorsitzenden und so weiter hochzuarbeiten, bestünde eine geringe Chance. Wenn Sie zusätzlich bereit sind, eventuell vorhandene moralische Bedenken gegen Halbwahrheiten und Wahltäuschungen aufzugeben, würde sich Ihre Chance etwas vergrößern. Wenn Sie darüber hinaus Intrigen und Machtspiele spannend finden und sich nicht schämen, Ihre eigenen Interessen gegen die Interessen der Menschen zu vertreten, die Sie zu vertreten vorgeben, und wenn Sie all das zumindest 20 oder 30 Jahre bei Arbeitstagen von 14 Stunden und mehr durchhalten, dann wäre es in der Tat zumindest theoretisch vorstellbar, dass Sie eines Tages Bundeskanzler werden. Vielleicht.

Der *Spiegel*-Redakteur Jürgen Leinemann zählt persönliche Deformation und Wirklichkeitsverlust zum Preis, den Politiker für ihren Beruf zahlen müssen.[125] Solche und andere Erfolgskosten werden von den Motivatoren verschwiegen.

Bedeutet das Gesagte nun, Erfolg bewusst anzustreben ist unmöglich, weil alles vom Zufall und glücklichen Konstellationen abhängt? Nein, das bedeutet es nicht, dagegen spräche schon die Lebenserfahrung. Natürlich besteht eine Chance, erstrebenswerte oder dafür gehaltene Ziele zu erreichen. Allerdings lässt sich beobachten: Je höher das Ziel gesetzt wird, desto größer gestalten sich Kosten und Risiken, während gleichzeitig die Chance abnimmt, am Ziel anzukommen.

Erfolg Suchende stecken demnach in einem Dilemma. Zwar hat nur derjenige eine Chance, am Ziel anzukommen, der etwas dafür tut. Aber je mehr er dafür tut, desto weniger Garantie erhält er, während gleichzeitig das Risiko wächst, nicht anzukommen oder nicht authentische Ziele zu verfolgen.

Deshalb befasst sich seriöse Zielplanung genau mit diesem Widerspruch. Das ist beispielsweise möglich, indem man Menschen einerseits darin unterstützt, ihre individuellen Träume und Lebensziele zu entdecken und darauf zuzugehen, ganz gleich, worum es sich dabei konkret handelt. Andererseits ist es aber ebenso wichtig, von Zeit zu Zeit eine dramatisch wichtige Frage zu beantworten. Sie lautet: Wie geht es mir (tatsächlich) auf dem Weg zu meinem Ziel? Komme ich dem Gesuchten näher, oder entferne ich mich davon? Nimmt meine Lebensqualität ab, oder nimmt sie zu? Und auch: Welche Hindernisse stelle ich mir selbst in den Weg, und welche Ziele verfolge ich (unbewusst) damit?

Innere Deckung und intelligente Blockaden

Anhand dieser Fragen lässt sich herausfinden, ob eine innere Deckung für die gewählten Ziele vorhanden ist. Wer authentische Ziele verfolgen möchte, darf nämlich Ängste und Bedenken, Handlungshemmungen und Diffusionen, die sich der Zielerfüllung in den Weg stellen, nicht einfach als »negativ« abtun. Denn oft genug verbergen sich hinter diesen »emotionalen Blockaden« Persönlichkeitsanteile, die vom bewusst gewählten Ziel wenig begeistert sind. Die Blockade, welche es unmöglich macht, das Ziel »Bundeskanzler« ernsthaft ins Auge zu fassen, kann auf diejenigen Persönlichkeitsanteile zurückzuführen sein, die den Preis dieses Erfolges auf keinen Fall bezahlen wollen. Die Blockade, einen hohen Kredit aufzunehmen, um ein verlockendes Zukunftsgeschäft zu finanzieren, mag von Persönlichkeitsteilen ausgelöst sein, die ruhigen Schlaf und ein entspanntes Dasein für wichtiger halten als Geld und Ruhm. Die gesteckten Ziele wären dann nicht authentisch, und es würde sich nicht lohnen, sie zu verfolgen.

Von solchen lästigen und nur mit Aufwand zu beantwortenden Fragen halten sich Machbarkeitspriester jedoch fern. Lieber propagieren sie ohne Rücksicht auf die Folgen Du-schaffst-es-Parolen und ignorieren jeden Sinn, der hinter emotionalen Einwänden wie Ängsten und Hemmungen liegt.

Fazit

Erfolg à la Höller, Lejeune und Co. – das ist eine Luftblase, ist Augenwischerei und führt oft genug zu Stress und zur Konzentration auf Äußerlichkeiten. Bezeichnend zu lesen ist deshalb die eigentlich positiv gemeinte Rezension eines Höller-Buches, die auf den Erfolgsstress solcher Rezepte hinweist:

»Wenn man das Buch weglegt, geht das Nachdenken erst richtig los. Wie ein bohrender Stachel arbeiten die Fragen und Anregungen aus dem Buch sowohl im Kopf als auch im Bauch und wollen beachtet werden: Tun Sie, was Sie wollen? Welche Ziele haben Sie? Warum verwirklichen Sie nicht, was Sie eigentlich wollen? Wann fangen Sie an, Ihre Ziele umzusetzen? Was tun Sie heute, um glücklich zu sein? Verdienen Sie so viel, wie Sie verdienen wollen? Leben Sie das Leben, das Sie sich erträumen?«[126]

Wie der Text zeigt, gelingt es Höller durchaus, ein Ziel der Machbarkeitspriester zu erreichen: Selbstzweifel auszulösen und das Bedürfnis nach Wegweisung zu wecken.

DIE DRITTE DUMME LÜGE: REICHTUM IST MACHBAR

»Denn genauso, wie man fliegen, tauchen oder programmieren lernen kann, so kann jeder Reichtum aufbauen.«[127]

»Wichtig ist, dass alle fünf Bereiche des Lebens miteinander in Einklang stehen. Sie müssen es in jedem der fünf Bereiche zur Meisterschaft bringen. Jemand, der Geldsorgen hat, hat die fünf Lebensbereiche nicht ausbalanciert.«[128]

Nicht nur beim Thema Erfolg, auch wenn es um Reichtum geht, kommt alles auf die richtige Strategie an, wie die folgende kleine Geschichte zeigen wird. Auch hierfür stehen berühmte Reiche gerade, etwa der Reeder Onassis, der meinte: »Dem Geld darf man nicht nachlaufen. Man muss ihm entgegengehen.«[129] Oder Arnold Schwarzenegger, der verkündet: »Es sind immer zwei Schritte zu tun. 1. Schritt: Zunächst musst du eine Vision davon haben, was du erreichen möchtest [...]. Nach der Vision musst du dir einen Plan machen, wie du sie in der Wirklichkeit – Schritt für Schritt – entstehen lassen willst.«[130]

» *Es war einmal vor langer Zeit ein Bauer... der besaß einen Acker so groß wie drei Fußballfelder. Seinen beträchtlichen Reichtum legte er am Ende seines Lebens in zwei schweren Goldbarren an, die er, damit sie nicht gestohlen würden, irgendwo auf seinem Acker vergrub. Eine Notiz hierüber mauerte er in der Wand seines Schlafzimmers ein. Als seine Nachfahren diese Notiz vor einigen Jahren im Rahmen einer Sanierung entdeckten, waren sie zugleich entzückt als auch enttäuscht. Denn es fand sich kein Hinweis darauf, wo genau das Gold zu finden wäre.*

Diese Nachfahren des Bauern waren schon älter und hatten

keine Kraft mehr, nach dem Schatz zu suchen. So luden sie die Leute der Umgebung ein, nach dem Gold zu graben, sie wollten lediglich einen Teil des Fundes für sich haben. Hundert Menschen kamen und gruben sich mit Spaten oder bloßen Händen durch den Acker. Schon nach zwei Tagen war ein Jubelschrei zu hören. Einer war auf den ersten Goldbarren gestoßen. Sogleich tauchte die Presse auf und feierte den Könner und seine sprichwörtliche Spürnase. Was war das Geheimnis seines schnellen Erfolges? Wie konnte er so zielstrebig auf den Barren zugraben, während andere sich blind und erfolglos durch die Erde wühlten? Verfügte er über ein besonderes Gespür?

In der nächsten Zeit geschah nichts, woraufhin etliche der Sucher aufgaben. Es sollte fünf Wochen dauern, bis der zweite Barren gefunden war. Daraufhin erschienen Zeitungsartikel, welche die Ausdauer und Zuversicht des Finders über alles lobten.

Bereits wenige Tage nach dem erfolgreichen Abschluss der Suchaktion erschienen zwei neue Bücher. Eines trug den Titel ›Blitzstrategien für Reichtum‹, das andere ›Mit langem Atem zu Wohlstand‹. Die Autoren reisten durch das Land, gaben Interviews und hielten Vorträge, in denen sie ihre Strategien darlegten. Und sogar ihre Geheimnisse preisgaben.

Der erste Finder dozierte: ›Zuerst braucht man einen Plan. Man muss sich in den Bauer hineinversetzen und sich fragen, wo ich als Bauer das Gold vergraben würde. Dabei gilt es, die Witterungsbedingungen, Windverhältnisse, Wassergräben und so weiter zu berücksichtigen und geologische und psychologische Fähigkeiten hierfür zu erwerben. Die Wahrscheinlichkeit, Erfolg zu haben, wächst dann um 3000 Prozent.‹ Der zweite Finder hingegen betonte: ›Es hat wenig Sinn, dort zu suchen, wo alle suchen. Auf ausgetretenen Pfaden ist nichts zu finden. Man muss die brachliegenden Flächen beobachten und dort graben. Dort ist die Wahrscheinlichkeit, Erfolg zu haben, 25fach erhöht.‹

Millionen Menschen kauften die Bücher dieser Coachs und fingen sogleich an, auf den Äckern des Landes eifrig zu graben. Denn es war allen klar: Das konnte kein Zufall gewesen sein. «

Reichtumstrategien

Schwarzeneggers Strategie von der Vision, die man geplant umsetzt, funktioniert garantiert immer. Nach dem zweiten Weltkrieg gründeten in Deutschland etwa 2000 Unternehmer Versandhäuser. Trotzdem konnten nur wenige, genau gesagt drei, langfristigen Erfolg vorweisen, nämlich Neckermann, Quelle und Otto. Wussten sie, wo die Goldbarren vergraben waren? Verfügten Sie über geheime Strategien? Waren ihre Visionen besonders klar? Gingen Sie dem Geld entgegen? Im Nachhinein lässt sich das so darstellen, auch wenn es keine nachvollziehbaren Anhaltspunkte dafür gibt, warum 1997 Unternehmer dümmer sein sollten als jene drei. Es hat schlicht und einfach ein Auswahlprozess stattgefunden. Denn ganz gleich, wie einfallsreich die übrigen 1997 Unternehmer waren, ändert das nichts an den Gesetzen des Marktes, die da lauten: Nur wenige kommen durch, nur einer gelangt an die Spitze.

Nur zwei Menschen konnten das Gold auf dem Acker finden, aber unverdrossen wird von Machbarkeitspropheten behauptet, jeder hätte den Schatz finden können und daher sei ein jeder seines Reichtums Schöpfer. Dieser Mythos des für jeden machbaren Reichtums hält sich ungebrochen. Schließlich gibt es Tausende Beispiele für Menschen, die es aufgrund ihrer Visionen und Planungen geschafft haben. Solche Beispiele wurden uns in den letzten Jahren vor allem aus der Börsenwelt präsentiert. Auch hier kommt es bekanntlich nur auf die richtige Strategie an, und etliche Fondsmanager schienen tatsächlich über eine solche zu verfügen. Jahrelang wurden sie als Winner gefeiert, als Genies, die Vermögen mühelos verdoppeln oder verdreifachen können. Allerdings geschahen diese Wunder vor dem Hintergrund einer Börsensituation, in der kaum jemand etwas falsch machen konnte. Und haben diese Genies den Niedergang der Börse im Jahr 2001 vorausgesehen? Nicht ein Einziger, nicht eine Woche, nicht einen Tag, nicht einmal eine Stunde vorher! Jetzt werden sie als Loser verhöhnt und beschimpft, von den gleichen Leuten, die sie vorher in den Himmel gelobt haben.

Die Klebezettel- und Affenstrategie
Wie gut ist Reichtum mittels Börsenstrategien tatsächlich planbar? In den USA wurde ein interessantes Experiment vollzogen. Ein Kind, auf dessen Kleidung Klebstoff verteilt war, wurde mit Zetteln berieselt, auf denen Firmennamen geschrieben standen. In die zufällig am Klebstoff haften bleibenden Firmen wurde investiert. Dieses Aktiendepot trat dann gegen das Depot eines Laien und das Depot einer Börsengröße an. Gewinner war schließlich das Kind, gefolgt von dem Laien, als Schlusslicht ging der Profi durchs Ziel. Laut Günter Ogger schneiden Zufallsdepots stets besser als Expertendepots ab. In der gleichen Zeit, da der DAX um 17 Prozent abrutschte, verloren die in Börsenbriefen von Fachleuten und Insidern empfohlenen Depots beispielsweise zwischen 28 und 70 Prozent an Wert.

Wenn es also tatsächlich eine Erfolg versprechende Strategie gäbe, dann wäre es die »Klebezettelstrategie«, doch von der hört man nichts, weder bei Schäfer noch sonst wo – aus nachvollziehbaren Gründen, denn sie macht Geldberater überflüssig. Man hört auch nichts von der »Affenstrategie«. Bei diesem Experiment hat man einen Affen per Klick auf Computertasten ein Aktiendepot zusammenstellen lassen. Auch dieses Depot schnitt besser ab als das von professionellen Analysten.

Millionen für jeden

Jeder kann Millionär werden! Der »Money-Coach« oder »Geldtrainer« Schäfer weiß auch genau, wie: »Es gibt mehrere Möglichkeiten, die erste Million zu erreichen«, und stellt dem erwartungsfrohen Leser dazu »vier Strategien« zur Verfügung, die es wahrlich in sich haben:

1. Sie sparen einen gewissen Prozentsatz.
2. Sie legen das gesparte Geld an.
3. Sie erhöhen Ihr Einkommen.
4. Sie sparen von jeder derart erzielten Gehaltserhöhung einen gewissen Prozentsatz.[131]

Auf derartig ausgefeilte Strategien wäre so leicht niemand gekommen, dazu braucht man einen Geldtrainer und dicke Bücher. Schließlich hat die Schule uns vernachlässigt: »Wir lernen, dass Attila 451 auf den Katalaunischen Feldern geschlagen wurde, aber wir lernen nicht, wie wir baldmöglichst die erste Million schaffen.«[132] Gott sei Dank klärt Bodo Schäfer uns nun auf. Dabei hält er schonungslose Wahrheiten keineswegs zurück:

»Bitte denken Sie nicht, dass allein der Besitz dieses Buches Sie wohlhabend sein lässt. Die Wahrheit ist: Noch nicht einmal, indem Sie dieses Buch lesen, werden Sie reich. Vielmehr müssen Sie mit diesem Buch arbeiten und es zu einem Teil Ihrer selbst machen.«[133]

Das Buch zu einem Teil seiner selbst machen, das also garantiert die Million. Was verlangt diese Strategie vom Leser?

Wie immer nicht viel. Man muss lediglich: Träume, Werte, Ziele und Strategien miteinander verbinden – Optimismus entwickeln – es in jedem der fünf wichtigsten Lebensbereiche (Gesundheit, Finanzen, Beziehungen, Emotionen, Lebenssinn) zur Meisterschaft bringen – Selbstverantwortung entwickeln – den persönlichen Kontrollbereich erweitern – Probleme als Wachstumschancen begreifen – die richtigen Fragen stellen – das private Universum vergrößern – Selbstvertrauen aufbauen – Bücher lesen – Seminare besuchen – sich mit den richtigen Leuten umgeben – ein Erfolgsjournal führen – Reichtum klar definieren – durchhalten – einen Coach finden – sich auf Stärken konzentrieren – immer einen Fünfhundert-Euro-Schein bei sich tragen – die eigenen Glaubenssätze verändern – alte Meinungen durch neue ersetzen – Leverage anwenden – nur intelligente Schulden machen – Mitleid vermeiden – Disziplin zeigen – Spaß haben – sich unentbehrlich machen – sich als Experte positionieren – Visionen entwickeln – sich zum Millionär sparen – mit Aktien Geld züchten – die richtigen Aktien auswählen – die Angst verlieren – nur auf erfolgreiche Menschen hören – Offenheit für alles zeigen – ein Expertennetzwerk aufbauen – Geld säen ... und einige andere Kleinigkeiten.

Selbstverständlich lohnt es sich, Schäfers so genannte Strategie zu einem Teil seiner selbst zu machen; es bringt nämlich nicht nur Reichtum:

»Wir erleben immer wieder, wie Menschen nach dem Seminar ihr Einkommen erhöhen konnten. Manche haben es sogar verdoppelt [...]. Viele haben angefangen, Sport zu treiben, gesünder zu essen und zu leben. Die gemeinsame Meditation hat dazu geführt, dass viele [...] keinen Stress mehr kennen.«[134]

Fragwürdige Money-Coaches

Ist Reichtum wirklich leicht zu haben? Einer, der davon eine Menge wissen muss, der Milliardär Dan Pena, ist der Mann, den Bodo Schäfer in fast heuchlerischer Bescheidenheit als seinen Coach, den Milliardär, bezeichnet, ist da ganz anderer Meinung:

»Jeder, der viel Geld gemacht hat, weiß, dass es sehr schwierig ist, außer man gewinnt in der Lotterie oder man bekommt was vererbt – es ist extrem schwierig, reich zu werden.«[135]

Bei diesem Coach hielt sich Schäfer angeblich ein halbes Jahr auf und prahlt von dieser Zeit: »In den folgenden sechs Monaten habe ich mehr über die Hochfinanz gelernt als in meinem gesamten Leben zuvor.«[136] Mit der Wahrheit scheint es der Geldtrainer nicht so genau zu nehmen, denn der angebliche Coach berichtet, eidesstattlich belegt:

»Bodo Schäfer arbeitete ungefähr sieben Wochen für mich [...]. Er war mein Chefübersetzer. Ich hatte das Gefühl, dass er Informationen [...] verdreht hat [...], und kündigte ihm. [137]

Wie hat eigentlich Schäfer sein Geld gemacht, der Mann, der angeblich mit dreißig schon von den Zinsen seines Vermögens leben konnte, obwohl er mit 26 noch verschuldet war? Laut den Recherchen des TV-Magazins Plusminus arbeitete Schäfer in leitender Tätigkeit für die Hamburg-Mannheimer International, den Strukturvertrieb der Hamburg-Mannheimer. In solchen Strukturvertrieben werden nicht wenige Führungskräfte dadurch zu Millionären, dass sie Anteile an den Provisionen der Versicherungsverkäufer, so genannte »Drücker«, erhalten. Wenn Bodo Schäfer andere für sich Klinken putzen ließ, dann war das sicher kein origineller Weg zur ersten Million.

Glorifizierung des Geldes

Bezeichnend für den Machbarkeitsglauben sind die stupide Glorifizierung des Reichtums und seine Gleichsetzung mit Glück und Erfüllung. »Geld macht glücklich«, flötet Bodo Schäfer fröhlich und führt aus: »Werden Sie vermögend. Tun Sie alles, was dafür notwendig ist. Denn Geld macht glücklich. Und weil es Sie glücklich macht, muss es Ihr Ziel sein, wohlhabend zu sein.«[138]

Hören wir einmal jemanden, der es geschafft hat, zum Beispiel den Produzenten der weltweit erfolgreichen Serie um den Außerirdischen Alf. In einem TV-Interview zum Thema »Der amerikanische Traum« schaut der Mann in die Kamera und sagt: »Der amerikanische Traum ist ein großer Mist.« Es muss was an diesen Worten dran sein, denn außer äußerlichem Wohlstand und -befinden ist ihm nicht viel begegnet in Hollywood, jener Pilgerstätte der Reichen und angeblich Glücklichen, unter denen es mehr Selbstmorde gibt als irgendwo sonst.

Geld ist Geld. Es mag glücklich oder unglücklich machen, je nachdem, wie jemand damit umgeht und was er sich davon verspricht. Doch im Mythos Reichtum wird leichtfertig mehr Geld mit mehr Glück gleichgesetzt. Der Psychologe Siegfried Brockert zitiert hierzu anders lautende Untersuchungen. Danach vermehrte sich das Einkommen der US-Amerikaner zwischen 1956 und 1998 zwar um den Faktor 2,4 – aber trotzdem nahm die Gruppe der Menschen, die sich als glücklich bezeichneten, nicht zu, sondern blieb gleich groß. Weitere Un-

tersuchungen zeigen, dass nur sehr große Armut das Glücksgefühl der Menschen beeinträchtigt, dass aber dann, wenn
materielle Grundbedürfnisse erfüllt sind, nicht das Geld, sondern andere, und zwar meist soziale Faktoren wichtiger sind.[139]
Freundschaft, Liebe, Zufriedenheit – das und vieles andere
Wertvolle hat nichts mit Geld zu tun.

Auch Geld kostet

Vielleicht kann jemand tatsächlich wohlhabend oder reich
werden, wenn er es unbedingt will und alles dafür tut. Dies
betonen viele, die aus eigener Kraft zu Geld gekommen sind.
Dann allerdings gilt, ebenso wie beim Thema Erfolg, dass
man einen Preis für den Reichtum zahlen muss. Der auf Reichtum Fixierte darf nicht innehalten, nicht ausruhen, nicht vom
Weg abweichen. Er läuft gleichsam durch einen Tunnel, sein
Blick ist starr auf den goldenen Schimmer am Ende der Dun-
kelheit fixiert. So etwas ist machbar, aber sich davon »Freiheit« und »Lebensglück« zu versprechen, ist schierer Unsinn.
Reiche Leute sind keineswegs glücklicher als arme Leute. Im
Gegenteil, ihre Selbstmordrate liegt wesentlich höher als der
Durchschnitt, bei Filmstars etwa vier Mal so hoch.

Esoterische Verbrämungen

Die Erkenntnis, dass äußerlicher Reichtum nicht automatisch
inneren Reichtum schafft, hat zu einer erstaunlichen Umkehrung der esoterischen Grundformel »Wie oben so unten« in
die Reichtumsformel »Innerlich reich = äußerlich reich« geführt. Demnach gilt es, zuerst inneren Reichtum zu entwickeln, ein so genanntes Reichtumsbewusstsein. Diesem folgt
der äußerliche Reichtum ganz von selbst; und dann hat man
zwei Fliegen mit einer Klappe geschlagen. Man ist innerlich

reich, also glücklich, den äußerlichen Reichtum legt die Existenz als Bonus obendrauf. (Fragt sich allerdings, wozu jemand, der innerlich reich wäre, unbedingt äußeren Reichtum suchen sollte.)

Der esoterische Schlüssel zu Geld lautet also »Reichtumsbewusstsein«. Um dieses aufzubauen, muss man »Blockaden« im Denken und Fühlen auflösen, welche den natürlichen Fluss des Geldes verhindern. Denn Geld ist »Energie«, und wer davon abgibt, zu dem kehrt es wie in einen Sog zurück, selbstverständlich um ein Vielfaches vermehrt. Bei Schäfer finden wir etliche dieser esoterischen Gedanken wieder, beispielsweise in seiner Aussage, Leute mit Geldproblemen hätten die fünf Lebensbereiche nicht balanciert, oder in der Behauptung, Geld komme nicht zufällig in unser Leben; es handele sich bei Geld vielmehr um eine Form von Energie.[140] Auch Höller übernimmt zahlreiche Überzeugungen der Esoterikszene. »Zuerst muss die Persönlichkeit wachsen. Anschließend wächst das Vermögen!«[141] Und natürlich bläst auch Lejeune in das gleiche Horn: »Bedenken Sie: Schwierigkeiten, Engpässe und Finanzprobleme sind immer das Resultat einer mangelhaften Einstellung zum Geld.«[142] Diese tief schürfende Erkenntnis sollte Lejeune einmal den Flutopfern des Jahres 2002 vermitteln.

Derartige Ideologien haben in Seminaren zu teilweise erstaunlichen und für manche Geldgurus erfreulichen Vorkommnissen geführt. Den Leuten wurde erzählt, wer Geld loslasse und so ein Vakuum schaffe, zu dem flössen wahre Ströme neuen Geldes zurück. Sogleich übten sich einige Seminarteilnehmer im Loslassen, indem sie dem Seminarleiter ihr Gespartes schenkten. Mir ist ein Fall bekannt, in dem sich ein Mann auf diesem Weg von 7000 Euro Ballast befreite, in der sicheren Überzeugung, Platz für wesentlich mehr zu schaffen.

Reichtumsinvestitionen oder sinnvolle Aufgaben?

Vor kurzem wunderte ich mich, während ich entspannt im Sonnenstuhl lag, über das emsige Treiben der Schwalben in meinem Garten. Diese kleinen Tiere brüten bis zu drei Mal in einem Sommer. Verwunderlich fand ich in dieser Stimmung auch, warum Bäume Früchte wachsen lassen und wozu Gras wächst. Eine Freundin gab auf meine scherzhafte Frage nach dem Sinn dieser Tätigkeiten eine schöne Antwort: »Damit sie eine Aufgabe haben.« In der Tat ergäbe die Vorstellung reicher Schwalben, die sich in Sonnenstühlen bräunen und von Spatzen bedienen lassen, wenig Sinn. Auch Gras, das nur gegen Dividende wächst, und Bäume, die nur gegen Zinsen Früchte abgeben, kann man sich nicht sinnvoll denken.

Kann die Lebensaufgabe eines Menschen darin bestehen, Reichtum anzuhäufen? Wozu sollte das gut sein? Wichtiger, als sich mit Reichtum zu befassen, scheint es mir daher, sinnvolle und befriedigende Aufgaben zu finden. Dann bleibt immer noch Platz für die Frage, wie viele Prozente meiner Lebenskraft ich dafür aufwenden möchte, um mehr Geld zu verdienen, als ich jetzt verdiene.

Solche Fragen nach dem Sinn und Nutzen der Investition von Lebenskraft in das Ziel Reichtum sucht man bei Schäfer und Co. jedoch vergebens. Denn was Schäfer überhaupt nicht begreift, ist die innere Freiheit und Gelassenheit, die viele Menschen dadurch gewinnen, dass sie sich wenig oder gar nicht um Geld kümmern.

Fazit
Der Mythos Reichtum für jeden und um jeden Preis wird von den Machbarkeitspriestern beschworen, doch meist werden nur die Reichtumsgurus reich; und zwar an den Schülern, die

ihre Bücher kaufen und ihre Seminare besuchen. Lassen wir das Schlusswort dieses Kapitels deshalb den Reichen Dan Pena sprechen:

»Wir machen alle Fehler im Leben. Bodo Schäfer war einer meiner Fehler. Seminarredner wie Bodo Schäfer sagen ihren Zuhörern, die gutes Geld dafür bezahlen, dass es einfach ist, erfolgreich zu werden, dass es einfach ist, wohlhabend zu werden [...]. Das ist nicht wahr. Die große Lüge ist auch, dass die Leute nicht so handeln, wie sie reden. Sie leben nicht ihr Leben, wie sie es die Seminarteilnehmer lehren.«[143]

DREI INTELLIGENTE MACHBARKEITS-LÜGEN

Nachdem ich mich im vorigen Kapitel relativ leicht zu durchschauenden Heilsversprechen zugewandt habe, komme ich nun zu den intelligenten und schwerer zu durchblickenden und mit größeren Wahrheitsanteilen versehenen Machbarkeitslügen. Diese versprechen im Überblick:
- Jeder Mensch gestaltet seine Welt selbst.
- Du hast die Wahl, dein Wille entscheidet.
- Du hast dein Glück in der Hand.

Eine Realität nach Wunsch, Herr seiner Entscheidungen, Gestalter seines Glückes zu sein – all das ist nicht mehr länger Wunschtraum.

DIE ERSTE INTELLIGENTE LÜGE: JEDER MENSCH SCHAFFT SICH SEINE REALITÄT SELBST

»Jeder schafft sich also durch sein Denken, Tun und Handeln seine eigene Wirklichkeit.«[144]

»Unsere Wirklichkeit ist rein subjektiv und abhängig von den bisher gespeicherten Programmen.«[145]

»Sobald Sie die Welt aus einem anderen Blickwinkel sehen, haben Sie sich eine andere Welt geschaffen.«[146]

»Es gibt keine Probleme, es gibt nur Situationen, die Sie als problematisch einstufen! Diese problematische Deutung kann durch Programme ausgelöst werden oder durch Ihre Erwartungen.«[147]

»Sie sind ab sofort – mit dem Wissen, das Sie nun besitzen – der Schöpfer Ihrer eigenen Zukunft.«[148]

Solch lockeren Sprüchen begegnen arglos nach einem besseren Leben suchende Menschen pausenlos. In Büchern, in Zeitungsartikeln, in Firmenseminaren und in Fernsehsendungen. Den Leuten wird weisgemacht, sie könnten ihr Leben jederzeit verändern, ganz nach dem Motto: Gefällt es dir nicht, dann verändere es! Im Grunde wird so getan, als wäre jeder ein kleiner Gott, der Gestalter seines privaten Universums, der »Schöpfer seiner Zukunft«, und es läge einzig und allein an ihm, wie es in diesem Universum aussieht.

Die Hohepriester der Machbarkeit, die solches verkünden, berufen sich auf die Wissenschaft, vor allem auf die Erforschung der menschlichen Wahrnehmung, die in den letzten 50 Jahren große Fortschritte machte und wichtige neue Erkenntnisse hervorbrachte.

)) *Es war einmal ein armer Mann... der wanderte auf der Suche nach Strandgut an einer Küste entlang. Dort fand er eines Tages eine Flasche, in der eine Papierrolle steckte. Neugierig rollte er das Papier auf, entdeckte darauf jedoch nur Merkwürdiges. Es waren keine Worte und sicher auch keine Sätze, aber auch keine Bilder. Es waren keine Zeichen darauf zu finden, die er aus fremden Kulturen kannte oder von denen er sich vorstellen konnte, sie würden zu fremden Kulturen gehören. Am ehesten sah das Ganze nach Klecksen und den Schmierereien eines Kindes aus, das sich im Malen übte. Der Mann drehte die Rolle und betrachtete sie von rechts, von links, von oben und von hinten. Er zögerte so lange, bis er sicher war, dass sie zu nichts nutze sei. Also warf er die Rolle fort und lebte sein armes Leben weiter. Ein Jahr später fand ein anderer armer Mann das Papier. Der hatte solche Kleckse bereits einmal gesehen und erinnerte sich, dass sie eine Bedeutung bargen. Nachdem er einen Gelehrten konsultiert hatte, konnte er mithilfe der Rolle den Weg zu einer Höhle finden, in der ein Schatz vergraben lag. Er lebte fortan als reicher Mann weiter.* ((

Zur Konstruktion der Wirklichkeit

Mittlerweile hat sich herumgesprochen, dass eine Realität als solche, eine für alle Menschen gleichermaßen gültige Erfahrung der Wirklichkeit, nicht existiert. Es gibt lediglich individuelle Realitäten, und diese unterscheiden sich erheblich voneinander. Was der eine für real hält, kann ein anderer nicht nachvollziehen. Der eine behauptet beispielsweise, das Leben sei ein Geschenk, während sein Nachbar meint, es sei eine Strafe. Beide leben in der gleichen Welt, stammen aus gleichen sozialen Verhältnissen und sind gleich alt – und doch erleben sie die Realität derart verschieden, dass ihre Wahrheiten zu großen Teilen unvereinbar sind.

Jeder kennt die häufig gebrauchte Metapher vom Wasserglas. Für den einen ist es halb voll und er freut sich, für den anderen ist es halb leer und er reagiert betrübt. Für den einen bedeutet die Kündigung das Ende seiner Karriere, er steckt den Kopf in den Sand und erlebt das Leben fortan gleichgültig. Den gleichen Vorfall mag ein anderer als Chance zum Neuanfang begreifen. Er wird nun erst recht aktiv und führt fortan ein aufregendes Leben.

Supermarkt Realität

Was Menschen für real und wahr halten, ist nicht deshalb wahr, weil es tatsächlich so ist, sondern weil es so *wahr-genommen* wird. Insofern ist das Wort Wahrnehmung erstaunlich exakt. Man kann die Wahrheit nehmen, so scheint es. Oberflächliche Betrachter sehen die Realität daher als einen gigantischen Supermarkt, in dem sich jeder nach Lust und Laune bedienen kann. Träfe das zu, dann läge es tatsächlich am Einzelnen, wenn er ein unbefriedigendes Leben lebte, und es läge einzig an ihm, sich eine bessere Wirklichkeit aufzubauen.

Doch so schlicht gestaltet sich die Angelegenheit leider nicht. Denn im Supermarkt des Lebens kann der Mensch nur nach denjenigen Dingen greifen, die er zu erkennen vermag. Um ein Angebot aus dem Regal zu nehmen und in seinen Einkaufskorb zu legen, muss er dessen Bedeutung verstehen können. Im Regal liegen aber massenhaft Gegenstände, die er nicht zu deuten vermag, deshalb nicht erkennt, daher nicht wollen kann und die er demzufolge liegen lässt. Die schönsten Dinge mögen darunter sein, aber das nutzt nichts, denn solange sie ihm rätselhaft erscheinen, wird er sie als wertlos erachten und ignorieren.

Dieses Verhalten hat nichts, aber auch nicht das Mindeste, mit Dummheit zu tun. Es ist unvermeidliche Folge der Struktur individueller Wahrnehmung. Einige Beispiele mögen diesen wichtigen Zusammenhang beleuchten.

Deutungskontexte

Ein Iraner erzählte mir einmal, er sei zu Beginn seines Aufenthaltes in Deutschland auf Familienfesten meist hungrig geblieben. Das erscheint seltsam, schließlich wurde stets reichlich zu essen angeboten. Folgendes war geschehen: Der Gastgeber hatte seinem Gast etwas zu essen angeboten, woraufhin dieser höflich ablehnte. Nach einer Weile startete der Gastgeber einen zweiten Versuch, den der Gast erneut ablehnte, kurz darauf einen dritten, der ebenso erfolglos verlief. Nun unterließ der Gastgeber weitere Anläufe, entweder um nicht aufdringlich zu werden oder um sich nicht zu frustrieren, denn er war mittlerweile davon überzeugt, der Iraner habe entweder keinen Hunger oder er möge deutsches Essen nicht.

Auch aus Sicht des Gastes war eine frustrierende Wirklichkeit entstanden, der Hunger; und das kam so: Den Gastgebern war unbekannt, dass es im Iran zur höflichen Verpflichtung des Gastes gehört, ein ihm angebotenes Essen drei Mal abzulehnen. Da es zu einem vierten Angebotsversuch nicht kam, blieb der Gast hungrig. Da er mit den hiesigen Bräuchen nicht vertraut war, meinte er, am Wohl ihrer Gäste sei den Deutschen nicht gelegen.

Warum konnten Gastgeber und Gast sich nicht verstehen? Warum war ihre Realität derart verschieden? Weil sie das jeweilige Verhalten des anderen nicht zu *deuten* vermochten. Noch präziser gesagt: Sie konnten es nur im Zusammenhang der eigenen Kultur deuten, auch wenn diese Deutungen der »Wahrheit« nicht entsprachen.

Dies ist zentral zum Verständnis menschlicher Wahrnehmung. Kann der Mensch etwas nicht deuten, erscheint es sinnlos. Ergibt etwas keinen Sinn, kann der Mensch nichts damit anfangen. Das heißt: Es ist nicht eine Situation oder ein Ereignis, sondern die jeweilige Deutung davon, die darüber entscheidet, was man für wahr und real hält und wie man darauf reagiert.

Das wirft sogleich die Frage auf, wie Deutungen zustande kommen. Deutungen ergeben sich, wenn Wahrnehmungen in einen sinnvollen Zusammenhang zueinander gestellt werden können. Warum beispielsweise können Sie die Bedeutung der Worte »Sllil jonkoi dög« nicht erkennen? Weil Sie über keinen Zusammenhang verfügen, der Ihnen die Bedeutung dieser Worte verrät. Solch ein Kontext wäre eine Sprache, allerdings eine Ihnen unbekannte Sprache; und da Sie diese nicht zur Verfügung haben, lassen Sie die Worte unbeachtet.

Ein weiteres Beispiel: Stellen Sie sich vor, Sie wollen Aktien kaufen und erfahren, dass die Firma Arima ein weltweites Patent für computerdesignte Chips erhielt. Werden Sie nun Ihr Geld in diese Firma stecken? Wohl kaum, denn Sie können die Bedeutung dieser Meldung nicht erkennen. Sie können schlicht und einfach nicht wissen, was das bedeutet, und daher macht die Meldung keinen Sinn. Sie verpassen womöglich die Chance des Jahres und die Möglichkeit, große Reichtümer »zu gestalten«.

Um die Meldung über die Firma Arima deuten zu können, bräuchten Sie einen entsprechenden Kontext, einen Deutungszusammenhang, in dem sich Informationen über Computer, Chips, Patentrecht, Wirtschaftslage, Weltmarkt, Verbrauchertrends und so weiter zu einem sinnvollen Ganzen zusammenfügen. Über diesen Kontext verfügen Sie jedoch nicht, weil Sie Autos reparieren oder Gärten einrichten oder Schüler unterrichten. Nicht einmal die größten Börsenprofis verfügen letztendlich über derartig umfassende Zusammenhänge, sonst könnten sie einen Börsencrash oder ein Börsenhoch voraussehen.

Sich Deutungen basteln

Diese Erkenntnis bildet den Dreh- und Angelpunkt menschlicher Realität und ihrer so genannten bewussten Gestaltung. Sinnvoll erscheint dem Menschen stets nur das, was er in ihm bekannte Zusammenhänge unterbringen kann. Diese Zusammenhänge kann er nicht nach Bedarf »erfinden« oder spontan »erschaffen«. Er bringt sie mit. Er hat sie, oder er hat sie nicht. Er verfügt darüber oder nicht. Verfügt er nicht darüber, muss er sich entsprechende Kontexte mühsam aufbauen, was leicht zu einer Lebensaufgabe werden kann, vor allem, wenn es um kulturelle, soziale oder psychische Kontexte geht.

Stellen Sie sich vor, Sie befänden sich im Jahr 1810 und wären Gast bei einem Ehepaar einer fremden Kultur. Abends bietet ihnen der Mann seine Frau zum Beischlaf an. Dabei schaut er Sie prüfend an und hält ein Messer in der Hand. Was tun? Lehnen Sie ab, wird er womöglich beleidigt sein und Sie mit dem Messer malträtieren. Nehmen Sie an, könnte das Gleiche passieren. Wie werden Sie sich verhalten? Sie werden wie gelähmt dastehen. Ganz einfach deshalb, weil Sie in den Ihnen bekannten kulturellen Kontexten keine sinnvolle Deutung dieses merkwürdigen Angebots zustande bringen. Meint er das ernst? Will er mich testen? Was soll das Messer? Will er kochen oder mich zerstückeln?

Sie können sich spontan keine brauchbare Deutung basteln, weil Sie zwar die einzelnen Informationen – Beischlafangebot, Gastgeber, Mann, Frau, Messer und so weiter – auf die verschiedenste Weise zusammensetzen, aber Sie trotzdem den wahren Sinn nicht erfassen können. So erscheint die Situation als unlösbares Rätsel. Zumindest so lange, bis Sie erfahren, dass Sie sich bei Eskimos aufhalten und es dort als unhöflich gilt, das freizügige Angebot des Ehemannes abzulehnen. Dann aber stehen Sie vor einem neuen Problem, zumindest für den Fall, dass Ihnen die Frau nicht gefällt, denn der Eskimo hält das Messer noch in seinen Händen. Da fällt es schwer, die Realität erfolgreich zu gestalten, auch wenn der Anspruch in diesem Fall ein recht nachvollziehbarer wäre, nämlich zu überleben.

Fassen wir hier kurz zusammen: Menschliche Realität ist ein Produkt der Wahrnehmung, und diese Wahrnehmung entsteht aufgrund von Deutungen in vorhandenen Kontexten. Und woher stammen diese Begriffs- und Begreifenszusammenhänge? Sie entwickeln sich früh im Leben. Seine Deutungen bringt der Mensch ausnahmslos aus der Vergangenheit mit (deshalb ist die Vergangenheit auch nie vorbei, wie Machbarkeitspropheten es gern behaupten).

Herkunft individueller Deutungen

Am Anfang seines Lebens verfügt der Mensch über wenige Deutungsmöglichkeiten. Instinktiv kann ein Säugling beispielsweise die Bedeutung eines Lächelns richtig, nämlich als positive Botschaft, einordnen. Ebenso kann er Berührungen als angenehm oder bedrohlich erkennen. Weitere Zusammenhänge, die ihm Orientierung in seiner Umgebung ermöglichen, muss er in jahrelanger und mühsamer Arbeit aufbauen.

Ist ein Mensch dann erwachsen, hat er vieles gelernt, und man kann bei ihm eine Vielzahl unterschiedlicher Deutungszusammenhänge feststellen. Es gibt solche für das Verhalten in Bezug auf sich selbst oder andere Menschen, in Bezug auf das andere Geschlecht, auf Situationen, auf Ereignisse und auf bestimmte Lebensbereiche, etwa den privaten oder den beruflichen. Es gibt Kontexte für Frieden und Krieg, für Feste und den Alltag, für beinah jedes Ereignis und fast jede denkbare Situation.

Da ein Mensch nicht nur in eine Kultur, eine Epoche, ein Gesellschafts- und Wirtschaftssystem, sondern auch in eine konkrete Familie hineingeboren wird, erwirbt er neben sozialen und kulturellen auch familiäre und individuelle Kontexte. Man kann beispielsweise davon ausgehen, dass das Kind eines angesehenen Rechtsanwalts die größere Chance hat, einen

Kontext der Selbstwertigkeit aufzubauen, während das Kind eines Sozialhilfeempfängers wahrscheinlich eher den Kontext von Minderwertigkeit erwerben wird. Natürlich könnte das Kind eines reichen Elternpaars auch, durch Geschenke und Äußerlichkeiten verwöhnt, einen Kontext von Gleichgültigkeit kultivieren, während das Kind eines armen Paares womöglich Zielstrebigkeit entwickelt.

Diese Kontexte, man kann sie als »psychische Zusammenhänge« bezeichnen, steuern Wahrnehmung und Verhalten in zwischenmenschlichen Bereichen. Sie bilden den Charakter und erklären, wie Menschen, die unter vergleichbaren sozialen Bedingungen aufgewachsen sind, zu unterschiedlichen Lebenserfahrungen gelangen. Denn selbstverständlich wird beispielsweise ein Mensch, der im Kontext der Selbstwertigkeit deutet, vielfältigere menschliche Kontakte aufbauen als jemand, dessen Wahrnehmung vom Kontext der Minderwertigkeit geprägt ist. In der Tat wäre es demnach hilfreich, ein Mensch könnte einen sich negativ auf sein Leben auswirkenden Kontext wechseln.

Die Wirklichkeit umdeuten

Einen Kontext auszuwechseln würde andere Deutungen der Ereignisse produzieren; dementsprechend würde sich das Verhalten ändern und damit auch die Lebenserfahrung. Die wahrgenommene Wirklichkeit umzudeuten, darauf zielen die eindringlichen Appelle der Machbarkeitspriester ab. Beispielsweise die gebetsmühlenartig vorgetragene Aufforderung, selbstbewusst zu sein.

Allerdings kann solch ein Appell keine Verhaltens- und schon gar nicht die dies voraussetzende Kontextänderung bewirken. Man könnte einem Menschen, der beispielsweise im Kontext der Minderwertigkeit deutet, ebenso die Worte

»Sllil jonkoi dög« zurufen. Denn für jemanden, der glaubt, minderwertig zu sein, ergibt die Aufforderung »Seien Sie selbstbewusst« absolut keinen Sinn. Er kann nicht wie gefordert selbstbewusst sein, weil er nicht weiß, wie das geht, was man als selbstbewusster Mensch denkt, fühlt, was man tut, wie man sich bewegt. Einen solchen Kontext müsste er zunächst aufbauen, und dazu braucht es viel Zeit und große Bereitschaft zu lernen.

Weil seine Deutungsstrukturen nicht willkürlich zu ändern sind, kann der Mensch seine Realität auch nicht frei »wählen« oder bewusst »gestalten«; und daher sind besagte Appelle wie »Seien Sie selbstbewusst« qualitativ vergleichbar mit der Aufforderung: »Kaufen Sie die richtigen Aktien« oder »Vermeiden Sie Fehler«. All das geht an den tatsächlichen Möglichkeiten der Betroffenen völlig vorbei. Auch Stephan Lermers Einsicht »Sobald Sie die Welt aus einem anderen Blickwinkel sehen, haben Sie sich eine andere Welt geschaffen« nutzt da wenig. Denn so einfach es klingt, willkürlich zu einer veränderten Bewertung der Wirklichkeit zu kommen, so schwierig bis unmöglich ist es, worauf auch der Gehirnforscher Gerhard Roth hinweist:

»Bewertungs- und Gedächtnissystem hängen untrennbar zusammen, denn Gedächtnis ist nicht ohne Bewertung möglich, und jede Bewertung geschieht aufgrund des Gedächtnisses, das heißt früherer Erfahrungen und Bewertungen.«[149]

Anhand einer in unserem Kulturkreis sehr verbreiteten Reaktion, der Eifersucht, möchte ich veranschaulichen, wie fest und verlässlich eine einmal getroffene Bewertung sein kann. Eifersucht beruht, wie jedes Verhalten und Erleben, auf entsprechenden Deutungen und Bewertungen. Schon ein befürchteter Seitensprung des Partners mag für jemanden bedeuten: »Mein Partner liebt mich nicht mehr« oder »Er wird mich verlassen«. Diese Deutungen lösen Aggression oder Panik aus. Natürlich müssen sie nicht zutreffen, aber das davon hervorgeholte Verhalten wird sich trotzdem destruktiv auf die Partnerschaft auswirken. Eifersucht beruht relativ häufig auf Fehldeutung. Sogar wenn tatsächlich ein Seitensprung stattgefunden hat, können die Deutungen »Mein Partner liebt mich nicht mehr« oder »Er wird mich verlassen« völlig unzutreffend sein.

Derjenige, der den Seitensprung begangen hat, wird sich an dem Versuch, die Deutungen seines Partners zu verändern, allerdings die Zähne ausbeißen. Sein »Ich liebe dich trotzdem« wird mit einem »Dann wärst du nicht fremdgegangen« abgeschmettert. Springen wir dem leidenden Eifersüchtigen daher machbarkeitsprophetisch zur Seite, etwa mit Vera Birkenbihls Worten: »Es gibt keine Probleme, es gibt nur Situationen, die Sie als problematisch einstufen« oder denen Stefan Lermers: »Sobald Sie die Welt aus einem anderen Blickwinkel sehen, haben Sie sich eine andere Welt geschaffen.« Demnach sollte der Betroffene begreifen, dass er einen falschen Blickwinkel einnimmt; und die Erkenntnis, die Situation fälschlicherweise als problematisch einzustufen, sollte die Gefühle rasender Eifersucht auflösen und ebenso die heftigen körperlichen Reaktionen beruhigen.

Eifersüchtige wissen es besser. Auch wenn ihr Verstand sagt, dass sie noch geliebt werden, sagen ihre Gefühle etwas anderes, und ihr Körper spielt verrückt. Sie schwitzen, zittern und geraten außer sich. Ganz zu schweigen von dem Chaos, das sich in ihren nächtlichen Träumen abspielt. Natürlich wären die meisten Partner froh, sie könnten ihre Eifersucht beherrschen, indem sie ihre Deutungen veränderten. Die Er-

fahrung aber zeigt: Selbst wenn Betroffene Erkenntnisse im
Dutzend erwerben, eine wirkungsvolle »Umdeutung« wird
sich nicht willkürlich ergeben. Zu tief haben sich früh im
Leben erworbene Deutungsmuster in die Erinnerung einge-
graben.

Greifen wir daher in die Trickkiste und versuchen es mit
einer anderen Umdeutung, einem psychologischen *Refrai-
ming*, und erklären dem Eifersüchtigen: »Durch deine Eifersucht zeigst du, wie sehr du deinen Partner liebst. Das ist
doch sehr schön.« Diese Umdeutung mag den Eifersüchtigen
zwar etwas mit seinem Gefühl versöhnen, quälen wird es
ihn jedoch weiterhin. Wenn er Szenen macht oder den Partner im Extremfall sogar umbringt, hat er es eben »aus Liebe«
getan.

Wie wir sehen, versagt schon beim Problem Eifersucht die
von Machbarkeitspriestern allseits beschworene und angeblich leicht durchzuführende Umdeutung. Dabei stellt Eifersucht
nicht einmal die tiefste der Konditionierungen dar. Diejenigen,
die mit Macht und Geld verbunden sind und existenzielle
Lebensthemen abbilden, können noch tiefer reichen. Selbst
scheinbar nebensächliche Dinge, wie beispielsweise Gerüche,
können entscheidend in das Leben des Menschen eingreifen,
und zwar unabhängig von Verstand und Absicht. In meinem
letzten Buch beispielsweise beschrieb eine Frau, wodurch sie
sich zu Männern hingezogen fühlt:

»Was mir mein ganzes Leben lang bei meinen Sexualpartnern auf-
gefallen ist und immer sehr wichtig war, ist (abgesehen davon, dass
sie sich für mich gut anfühlen müssen) ihr Geruch!«[150]

Diese Frau führt serielle Beziehungen, ihr Ausschlusskriterium
für einen Partner war stets der Geruch. Wer schlecht roch,

hatte keine Chance, selbst wenn alles andere stimmte. Aus Sicht der Machbarkeitspropheten ist das ein Deutungsfehler. Denn die Bedeutung dieses Geruches ist ja erlernt! Da hat jemand die »Eisernen Türen zur Vergangenheit« (Carnegie) nicht geschlossen. Vielleicht roch ein ungeliebter Onkel aus Kindertagen ähnlich schlecht, aber kann der Traummann mit Villa und Rolls-Royce etwas für seinen Geruch? Er ist doch ganz anders als der Onkel, er ist liebenswert und sieht gut aus! Zweifellos, aber das nützt ihm nichts. Denn an ihrer geruchsbedingten Abneigung kann die Frau nichts ändern. Sie wird diesen Geruch niemals gut finden, und einen Mann, der ihrem Empfinden nach schlecht riecht, niemals lieben können.

So wenig kommt der Mensch gegen seine Deutungen und Bewertungen an. Umdeuten ist schwierig, und in vielen Fällen erweist es sich als undurchführbar. Schon deshalb, weil der Aufwand, eine neue emotionale oder körperliche Deutung zu entwickeln, oft um ein Mehrfaches höher liegt als die Vorteile der neuen Deutung es zu sein scheinen oder tatsächlich wären. Dazu später mehr.

Sich selbst erfüllende Prophezeiungen

Zeitgleich mit dem Wissen über die individuelle Gestaltung menschlicher Wirklichkeit hat sich die Kunde von den sich selbst erfüllenden Prophezeiungen verbreitet. Beides ist unter anderem auf die Schriften Paul Watzlawicks zurückzuführen, eines amerikanischen Psychologen, der die Theorie des Konstruktivismus bei uns bekannt machte. Der Konstruktivismus beschreibt, wie Menschen ihre Wirklichkeit konstruieren, nämlich durch Überzeugungen und Annahmen, also den hier beschriebenen Deutungen. Wird nun eine Überzeugung beziehungsweise Deutung in die Zukunft verlegt, ist sie in der Lage, die vorausgesagte Wirklichkeit tatsächlich zu erschaffen.

So eine sich selbst erfüllende Prophezeihung kann man beispielsweise beobachten, wenn Menschen einen Krieg heraufziehen sehen. Eine generelle Annahme lautet dann, dass die Lebensmittel knapp und teuer werden, woraufhin alle Leute die Supermärkte stürmen und sich große Vorräte zulegen. Dadurch entsteht die befürchtete Lebensmittelknappheit tatsächlich, die Preise steigen, und jeder kann sagen: »Siehst du, ich habe es ja gewusst!« Diese Wirklichkeit ist aufgrund von Voraussagen entstanden, die sich durch entsprechendes Verhalten selbst erfüllten.

Ähnliches spielt sich täglich in menschlichen Beziehungen ab. Wenn jemand beispielsweise unbewusst überzeugt ist, nicht liebenswert zu sein, wird er weder Kontakt suchen noch auf Menschen eingehen, die mit ihm Kontakte aufnehmen. Auch liebevolle Angebote wird er misstrauisch ablehnen und dahinter Nachteiliges vermuten, etwa: »Die meinen es nicht ernst« oder Vergleichbares, das seinem Kontext von Wertlosigkeit entspringt und diesen bestätigt. Die sich hieraus ergebende Isolation dieses Menschen kann tatsächlich als Ergebnis sich selbst erfüllender Prophezeiungen betrachtet werden.

Allerdings entsteht diese Realität nicht aus negativen Gedanken, wie es Positivdenker behaupten (dann wäre sie tatsächlich leicht veränderbar), sondern aus dem umfassenden Deutungszusammenhang der Minderwertigkeit. Dieser wurde auch keineswegs selbst geschaffen, sondern er ist im Kontakt mit anderen Menschen entstanden, mit den Eltern beispielsweise, welche dem Kind die Botschaft, nicht liebenswert zu sein, entweder über Jahre hinweg vermittelten oder eine solche wie auch immer entstandene Deutung nicht neutralisieren konnten.

Prophezeiungen verändern

Weil die Lebenserfahrung eines Menschen zu nicht unbeträchtlichen Anteilen über Vorwegannahmen konstruiert wird, wäre es tatsächlich hilfreich und befreiend, diese prophetischen Glaubenssätze verändern zu können. Gott sei Dank wissen Machbarkeitspriester, wie das geht:

> »Indem du dich auf die Aufnahme des Wissens konzentrierst! Denn nur das Wissen, das du aufnimmst, verändert deine Glaubenssätze. Die Erfahrungen hingegen, die du machst, sind lediglich eine Bestätigung deiner alten Glaubenssätze. Indem du also neues Wissen aufnimmst und diesen Vorgang permanent wiederholst (also verstärkst), werden sich dein Glauben, dein Verhalten und demzufolge auch dein Ergebnis verändern.«[151]

Durch das Wissen, objektiv nicht minderwertig zu sein, sollen sich entsprechende nachteilige Deutungen auflösen. Wenn es doch so einfach wäre! Doch das verlangt zu viel vom Denken und vom Wissen. Wissen ist im Vergleich zu gefühlter Erfahrung ein schwaches Instrument. Es ist ein Werkzeug des Verstandes, der vieles versteht und dennoch an der Bindungskraft der einmal eingegrabenen Lebenserfahrung wenig ändern kann.

Jeder Raucher *weiß* beispielsweise, dass Rauchen seiner Gesundheit schadet, und dennoch raucht er weiter. Weil es ihn seiner aktuellen und körperlichen *Erfahrung* zufolge entspannt und ihm gut tut. Eine wirkungsvolle Einsicht in die Folgen des Rauchens zu schaffen, dazu reichen Gedanken und Wissensvermittlung keinesfalls aus. Dazu braucht es die Hilfe des Körpers, etwa ein starkes Asthma, Migräne, ein Raucherbein, Kehlkopfkrebs, einen beginnenden Ekel oder andere, tiefere Einsicht schaffende Faktoren.

Nun mag man einwenden, viele Raucher würden auch ohne Krankheit von dieser Sucht lassen. Das mag sein, aber nicht ohne Hilfe des Körpers. Fragt man ehemalige Raucher, was sie zum Aufhören bewogen hat, bekommt man körperliche Erfahrungen präsentiert, etwa: »Es hat mich mittlerweile angeekelt, schon vor dem Frühstück zur Zigarette greifen zu müssen« oder »Ich hatte immer öfter Kopfschmerzen und merkte, dass diese mit dem Rauchen zusammenhingen« oder: »Ich bekam Angst vor Krebs.«

Der wesentliche Punkt zur Veränderung von Glaubenssätzen liegt also weitaus tiefer, als bloßes Wissen reichen kann; und deshalb lassen Machbarkeitspriester die Finger davon. Die eigentliche Frage lautet nämlich: Wie kann man die Erfahrungen der Menschen, die ihre Überzeugungen permanent bestätigen und festigen, verändern? Wie kann man Kontexte verändern? Dazu findet sich nichts bei den Propheten. Auch die wenigen von ihnen angebotenen Erfahrungen, beispielsweise der Feuerlauf, helfen hier nicht weiter, weil sie außerhalb der Kontexte stattfinden, in denen die Menschen Veränderung suchen. Zwar mag jemand, durch den Erwartungsdruck zuschauender Seminarteilnehmer unterstützt, über einen Haufen heißer Kohlen laufen. Ob er aber den Feuerlauf der Auseinandersetzung mit seiner Partnerin über das Thema Sexualität oder die Selbstbehauptung seinem Chef gegenüber besteht, wenn er ganz auf sich selbst gestellt ist und ohne neue kommunikative Fähigkeiten erworben zu haben, das steht auf einem anderen Blatt.

Winken mit der Keule

So bekommt der Veränderungshungrige nicht viel geboten, was ihn bei der Umdeutung unterstützen könnte. Ihm werden Brosamen hingeworfen, bruchstückhaftes Wissen, bestenfalls Halbwahrheiten, davon soll er satt werden. In ihrer Hilflosigkeit bleibt den Machbarkeitspriestern nur, mit der Keule zu winken, um durch Angst zu motivieren. Drohend orakeln sie:

»Alles Negative und Positive, das wir weggeben, kommt wie ein Bumerang wieder zurück!«[152]

Drohten die Priester früher: »Der liebe Gott sieht alles«, schlägt heute das eigene, von Machbarkeitspriestern aufgebrachte Gewissen zu, denn wir haben ja alles, was uns passiert, selbst herbeigeführt. Wir sind Opfer unserer eigenen negativen Prophezeiungen und tragen daher die volle Verantwortung für alles, was geschieht.

Auf solche Weise verstanden, bedeutet das Konzept der sich selbst erfüllenden Prophezeiung: Alles, was ich denke, wird geschehen. Daher darf ich um Gottes willen nichts Schlechtes denken, sonst erschaffe ich es. Dies führt unter anderem zu den absurden Beschwörungen des »positiven Denkens«, auf das ich noch eingehen werde. Doch schon Paul Watzlawick betont zum Komplex der sich selbst erfüllenden Prophezeiung:

»Die Alltagserfahrung lehrt uns, dass nur wenige Prophezeiungen sich selbst erfüllend sind.[153] [...] Wie wir gesehen haben, wird die erfundene Wirklichkeit zur ›wirklichen‹ Wirklichkeit nur dann, wenn die Erfindung geglaubt wird. Wo das Element des Glaubens, der blinden Überzeugung fehlt, bleibt sie wirkungslos.«[154]

Will jemand auf dem Wege der selbst erfüllenden Prophezeiung zu einer neuen Wirklichkeit finden, will er beispielsweise erfolgreich sein, müsste er demnach »blind« von der entsprechenden Wirklichkeitserfindung überzeugt sein. Dazu müsste es ihm gelingen, sein Unbewusstes auszuschalten. Aber was kann ein im Kontext der Minderwertigkeit lebender Mensch anderes glauben als das, was er unbewusst glaubt? Wie soll er selbstbewusst denken, wenn seine Gefühle und sein Körperempfinden dagegen stehen? Wie soll ein die Welt aus dem Sinnzusammenhang der Bedrohtheit wahrnehmender Mensch sich einreden, er könne plötzlich vertrauen? Solches ergibt in den konkreten, bestehenden und nur sehr schwer und sehr langsam zu verändernden Kontexten dieser Menschen keinen Sinn und kann daher nicht »blinde Überzeugung« werden, gedanklich kaum und emotional und körperlich unterlegt schon gar nicht. Der Schritt aus der einmal konstruierten Realität hin zu »ganz neuen« Überzeugungen wäre zu groß, die gewohnte Orientierung ginge dem Menschen verloren, und das kann er nicht wagen.

Fazit

Gestaltet sich ein Ausländer, der von Skinheads verfolgt wird, seine Realität selbst? Ist er lediglich Opfer negativer Selbstprogrammierung? Deutet er die Fußtritte in sein Gesicht ganz unnötig als Problem? Ist das Leben in Wirklichkeit leicht (wie Dr. Strunz es behauptet), sollte er eigentlich lächeln und das Wort »Nein« aus seinem Wortschatz streichen (wie Dr. Strunz es empfiehlt)?

Fassen wir zusammen: Es ist falsch zu behaupten, der Mensch habe seine Wirklichkeit selbst erschaffen und nur er selbst könne sie verändern. Das betont unter anderen auch Arist von Schlippe, ein bekannter Vertreter systemischer Therapie, einer Therapierichtung, die explizit mit Realitätskonstruktionen arbeitet:

»Eine Warnung: Die hier skizzierte Position sollte nicht dazu führen, Wirklichkeitskonstruktionen als willkürlich und in der Hand der Betroffenen selbst anzusehen. Manche ›Anleitung zum Unglücklichsein‹ (Watzlawick) könnte dies missverständlich unterstellen, wenn damit die implizite Botschaft verbunden ist, jeder sei ausschließlich seines Glückes Schmied. Wirklichkeitskonstruktion ist auch eine Qualität des gesellschaftlichen Umfeldes, nicht nur der Familie.«[155]

Unsere Wahrnehmung der Wirklichkeit ist im Zusammenhang mit der Kultur, der Gesellschaft, der Familie, den Freunden und Partnern entstanden, und nur in Verbindung mit diesen Bedingungen ist sie veränderbar. Wahrnehmungsfilter können nicht gewechselt werden wie ein Hemd oder eine Sonnenbrille, schon gar nicht willentlich und unabhängig von den Umständen und Reaktionen anderer Menschen. Das Gerede der angeblich selbst geschaffenen Wirklichkeit, die man auch selbst beliebig verändern könne, von schnellen Umdeutung und von neuen, diesmal genialen selbst erfüllenden Prophezeiungen, kann nur als Primitiv-Konstruktivismus angesehen werden und als Missbrauch der Wissenschaft.

Viele Machbarkeitspriester verfügen über ein reduziertes Verständnis des Konstruktivismus nach dem Motto: »Es ist nie zu spät, eine glückliche Kindheit gehabt zu haben.« (vgl. Interview mit Dr. von Schlippe)

Nun mag beim Leser der Eindruck entstehen, Veränderungsmöglichkeiten würden hier vollständig geleugnet und ich sei der Meinung, ein Mensch könne seine einmal erworbene Sicht der Wirklichkeit überhaupt nicht erweitern. Das ist jedoch nicht mein Standpunkt. Veränderung ist tatsächlich möglich.

Bevor ich später darauf eingehe, wie, möchte ich jedoch zwei weitere Machbarkeitslügen beschreiben.

DIE ZWEITE INTELLIGENTE LÜGE: DEIN WILLE ENTSCHEIDET, DU HAST DIE WAHL

»Die Entscheidung liegt bei dir!«[156]

»Erfahren Sie täglich den unschätzbaren Wert, ein entscheidungsfreudiger Mensch zu sein.«[157]

Allenthalben wird von Machbarkeitspriestern die Willens- und Entscheidungsfreiheit der Menschen beschworen. Weil darin eine der zentralen Täuschungen des Machbarkeitsglaubens besteht, ist dieses Thema ebenso wichtig wie jenes der gestalteten Realität. Die moderne Gehirnforschung hat zum Thema Willensfreiheit wichtige Erkenntnisse hervorgebracht. Einige ihrer bekannten Vertreter, etwa Gerhard Roth oder Wolf Singer, werde ich in diesem Zusammenhang daher häufiger zitieren.

Wollensfreiheit

Was soll man eigentlich unter Willensfreiheit verstehen? Die Freiheit, etwas zu wollen? So gesehen wäre der Wille selbstverständlich frei. »Ich will meine Traumfrau finden« oder »Ich will im Lotto gewinnen« oder »Ich will Karriere machen« – niemand kann daran gehindert werden, solche Wünsche und Absichten zu haben. Jeder kann wollen, was und so viel er will.

Ich möchte dies als »Wollensfreiheit« bezeichnen, als Freiheit der Planungen, Absichten und Vorhaben. Formulierungen wie »Dein Wille entscheidet« oder »Die Entscheidung liegt bei dir« suggerieren allerdings, der Mensch könne solche bewusst gefassten Absichten auch frei und ungestört umsetzen. Dass dem nicht so ist, liegt auf der Hand. Die so genannte Willensfreiheit der Machbarkeitspriester ist also nicht mehr als eine scheinbare Wollensfreiheit.

Die Beobachtung lehrt nur allzu deutlich, dass Menschen oft nicht fähig sind, ihre Absichten umzusetzen. Sie sind frei in ihren Absichten, aber nicht frei in ihren Entscheidungen und realen Handlungen. Wenn die Stunde der Wahrheit schlägt, sind sie oftmals gehemmt, trauen sich nicht, zweifeln an ihren Plänen oder geben ihre Absichten auf. Es existiert demnach eine, manchmal kleine oder mitunter unüberbrückbare Kluft zwischen Handlungsabsicht und Handlungsentscheidung. Das, was ich bewusst will, unterscheidet sich von dem, was ich tatsächlich tue.

Absicht und Handlung

Einer möchte Karriere machen, aber er schafft es nicht, die notwendigen Fortbildungen zu absolvieren. Eine möchte sich selbstständig machen, aber sie traut sich nicht, die nötigen Kredite aufzunehmen. Einer möchte eine Familie gründen, aber es gelingt ihm nicht, bei einer Partnerin zu bleiben. Eine möchte etwas für ihre Gesundheit tun, aber sie schafft es nicht, regelmäßig schwimmen zu gehen. Einer möchte eine Beziehung aufbauen, aber er schafft es nicht, auf Menschen zuzugehen. Endlos ließen sich Beispiele für die Kluft zwischen Absicht und Handlung aufzählen.

Die Leute wissen, was sie tun könnten, sollten oder müssten, aber sie kriegen die Kurve nicht. Praktiker, die sich beruflich mit Verhaltensänderungen befassen, wissen, wie schwierig es ist, willentliche Absicht in Verhalten umzusetzen. Beispielsweise weisen Psychoanalytiker wie Manfred Schmidbauer, deren Methode wesentlich auf der Vermittlung von Einsicht beruht, auf exakt diese Grenzen hin:

»Ein grundlegendes Problem in der psychoanalytischen Therapie ist die Verwandlung von Wissen in Einsicht. [...] Wissen [...] entfaltet keine dynamischen Wirkungen auf das Verhalten.«[158]

Das Wissen beispielsweise »Ich weiß, dass ich nicht selbstbewusst genug bin« allein schafft keine Verhaltensänderung.

Unbewusste Absichten

Die Kluft zwischen Wissen/Absicht einerseits und Entscheidung/Handlung/Verhalten andererseits ist unvermeidbar, weil Handlungen nur zum kleineren Teil auf bewussten Motiven und zum größeren Teil auf unbewussten Antrieben beruhen.

Akzeptiert man die Existenz eines Unbewussten, dann gibt es zahlreiche Einflüsse, von denen ein Mensch in der Situation, da er sich bewusst ein Ziel vornimmt, nichts weiß und von denen er vielleicht niemals etwas wissen wird. Der Mensch kann eben nur einen kleinen Teil seiner selbst »einsehen« und nur Ausschnitte seiner Umwelt »im Blick haben«. Unbewusste Motive sind zwar verborgen, sie fließen aber dennoch in Handlungen ein oder lenken diese sogar. Der Einblick in unbewusste Bereiche ist begrenzt, und damit auch die Wirkung von Wissen und Absicht.

Der Ehepartner möchte mit seinen ewigen Sticheleien aufhören, aber unbewusste Gefühle, über die er keine Auskunft geben kann, treiben ihn zu seinem destruktiven Verhalten an. Der Angestellte möchte seinem Chef widersprechen, aber seine Gefühle hindern ihn daran. Unbewusste Motive steuern das

Verhalten, und man kann zu diesem Zeitpunkt nicht einmal sagen, ob sich das positiv oder negativ auf das Leben auswirken wird.

In vielen Fällen und auf jeden Fall immer dann, wenn ein Mensch seinen Absichten nicht konsequent folgt, kann man davon ausgehen, dass dem geäußerten Wollen erhebliche und mächtige unbewusste Absichten entgegenstehen. Dann fällt es schwer oder ist unmöglich, sich entsprechend der bewussten Wollensabsicht zu verhalten. Es gibt demnach neben dem bewussten Wollen auch ein unbewusstes Wollen, und öfter, als uns recht ist, entscheidet nicht das bewusste Wollen, sondern das unbewusste. Handlungen sind zu großen Teilen unbewusst motiviert, auch das konnte die Gehirnforschung experimentell nachweisen:

»Zu häufig erfahren wir, dass unsere Wünsche, Gedanken und Pläne in Richtungen gehen, die wir nicht beabsichtigen, dass wir Dinge tun, die wir nicht beziehungsweise nicht so gewollt haben, dass uns Gefühle überwältigen. Aber auch bei Gedanken und Absichten, die wir uns selbst zuschreiben, gelingt es experimentell nachzuweisen, dass sie in aller Regel auf ›Einflüsterungen‹ des Unbewussten zurückgehen.«[159]

Gefühle contra Verstand

Bewusste und unbewusste Anteile der Persönlichkeit ziehen nicht immer an einem Strang, sie können ganz im Gegenteil sogar entgegengesetzte Ziele verfolgen. Lassen wir zur Verdeutlichung dessen bewusste und unbewusste Anteile einer Raucherpersönlichkeit in einen demonstrativen Entscheidungsdialog treten:

Bewusstsein: *Ich höre mit dem Rauchen auf.*
Gerade habe ich Bilder von Leuten gesehen, die durch

die Luftröhre inhalieren. Ekelhaft ist das. So will ich
nicht enden.
Unbewusstes: *Dein Großvater ist 90 Jahre alt ge-*
worden, obwohl er raucht. Deine Sorgen interessieren
mich nicht. Ich will entspannen, und das ist der
einzige mir bekannte Weg dazu.
Bewusstsein: *Entspannung ist in dieser Lebensphase*
nicht so wichtig. Erst muss das Haus bezahlt sein, und
ich will noch Abteilungsleiter werden.
Unbewusstes: *Du kannst mich mal, du Ignorant.*
Her mit der Fluppe. Zünd. Gier. Saug. Gut!

So ergeht es vielen bewussten Absichten, denen sich unbewusste Motive in den Weg stellen. Der Bauch ist stärker als
der Kopf, die Gefühle siegen über den Verstand. Die Gehirnforschung bestätigt auch dieses:

»Generell also können wir sagen, dass die Wirkungen von unten
nach oben stärker sind als die in umgekehrter Richtung. Wir kommen also aufgrund der hier ausgebreiteten Kenntnis über die
neuronalen Grundlagen affektiver Zustände zu der jedem Menschenkenner vertrauten Erkenntnis, dass Gefühle den Verstand eher
beherrschen als der Verstand die Gefühle.«[160]

Wir können daraus schließen, dass der Mensch nicht die
»Handlungseinheit« darstellt, die er zu sein glaubt. Wann immer er die Worte »Ich will« in den Mund nimmt, macht er die
Rechnung ohne sein Unbewusstes; und er muss sich anschließend davon überraschen lassen, ob unbewusste Motive seiner
Absicht zustimmen oder sich dieser in Form emotionaler Blockaden in den Weg stellen.

Unbewusste Absichten, halten wir das fest, sind in der

Lage, beinah jede bewusste Absicht zu vereiteln. Das durch Gedanken und Worte sprechende Bewusstsein zieht gegenüber dem emotional sprechenden Unbewussten oft den Kürzeren. Dahinter steckt durchaus ein tieferer Sinn.

Unbewusste Steuerung und das limbische System

Wenn der Mensch eine Absicht fasst, muss das Gehirn darüber befinden, wie sich diese voraussichtlich auf den Gesamtorganismus auswirken wird. Gelangt das Gehirn zu der Überzeugung, die beabsichtigte Handlung wäre schädlich, schiebt es ihr einen emotionalen Riegel vor.

Der Urlauber steht auf einer hohen Klippe, gerade hat er verkündet, er würde kopfüber ins Wasser springen, aber seine Angst hindert ihn daran. Der Partner will den Seitensprung beichten, aber er bekommt kein Wort über die Lippen. Das Gehirn blockiert die Absicht, wobei diese Voraussicht eigentlich einen Rückblick darstellt: Es glaubt aus Erfahrung an negative Folgen des beabsichtigten Verhaltens und verhindert es dementsprechend.

Gerhard Roth erklärt solche Hemmung durch den Einfluss des limbischen Systems, jener Gehirnbereiche, die als Sitz des Unbewussten betrachtet werden:

»Das limbische System [das Unbewusste] legt immer dann ein Veto ein, wenn die vom Bewusstsein vorgeschlagene Lösung zwar im Augenblick vernünftig erscheint, aber früheren Erfahrungen widerspricht oder emotional nicht erträglich ist. Emotionales Gleichgewicht ist dasjenige, dem in uns alles andere geopfert wird. Das ist genau dann der Fall, wenn ich auf vernünftigem Wege eine Einsicht gewonnen habe, sie aber nicht in die Tat umsetze.«[161]

Das Gehirn muss vor jeder Handlung zwischen bewussten und unbewussten Informationen abwägen und ein Urteil fällen. Diese Abwägung findet zumeist außerhalb des Bewusstseins statt, weil sie sonst zu lange dauern würde. Das Gehirn entscheidet blitzschnell, in Bruchteilen von Sekunden. Es bewertet innerhalb unglaublich kurzer Zeiträume Gedachtes, Gefühltes, Gesehenes, Gehörtes oder sonst Wahrgenommenes. »Aha, dieses Lächeln erscheint echt, ich kann der Person vertrauen« oder: »Vorsicht, diese Geste passt nicht zum Lächeln, dieser Mensch lügt.« Schon für kleinste Handlungsentscheidungen sind Dutzende und mehr Deutungen nötig. Das alles läuft unbewusst in den limbischen Bereichen des Gehirns ab.

Die einzigen verlässlichen Kriterien, auf die das Gehirn bei seiner Bewertungsaufgabe zurückgreifen kann, stammen aus der Lebenserfahrung des Menschen. Die Voraussicht des Gehirns ergibt sich aus dem Rückblick auf vergangene Erfahrungen, und das Ergebnis des unbewussten Bewertungs- und Entscheidungsprozesses wird nicht gedanklich, sondern vorwiegend emotional mitgeteilt. Das führt zu einer ganz bestimmten Handlung, beispielsweise zu Zurückhaltung oder Anpassung oder Angriff oder sonst etwas Gewohntem.

Handelt der Mensch schließlich, ist die Formulierung »Ich habe mich für diese Handlung entschieden« sehr ungenau, weil sie das »Ich« ins Spiel bringt und damit bewusste Entscheidung vortäuscht. Aber weniger sein Ich, sondern vielmehr sein Unbewusstes hat entschieden. Exakter wäre es daher zu sagen: »Meine Gesamtheit hat entschieden«, im Verhältnis 90:10 oder 80:20 oder 70:30 zugunsten des Unbewussten.

Nun mag der Einwand auftauchen, vieles geschehe aus freiem Willen, beispielsweise wenn jemand sich nicht nur entscheidet, den Partner zu verlassen, sondern es tatsächlich auch tut. Der Handelnde kann sich bei dieser konsequenten Umsetzung seiner Entscheidung allerdings nicht allein auf bewusste Absichten berufen, sondern darf sich der freundlichen Unterstützung unbewusster Motive sicher sein. Beispielsweise des Ärgers, der Aggression, der Enttäuschung, einer beginnenden Verliebtheit in jemand anderen und den damit verbundenen unbewussten Hoffnungen und so weiter. Fehlt ihm eine solche innere Deckung, wird sein Vorhaben misslingen. Ohne emotionale Unterstützung kommt man mit den besten Absichten nicht weit.

Gewollte Illusionen

Ist die Entscheidung im limbischen System gefallen, handelt der Mensch schließlich, doch er vermag seine Handlungen nicht als unbewusste Entscheidungen zu erkennen. Er kann nicht sagen: »Mein Unbewusstes hat entschieden«, weil das Unbewusste in seinem Bewussten nicht vorkommt und scheinbar nicht zu ihm gehört. Er müsste eigentlich korrekt sagen: »Es hat mich entschieden«, doch dann könnte er sich nicht hinter die betreffenden Entscheidungen stellen.

Das Gehirn greift daher zu einem Trick. Es gaukelt dem Menschen vor, vollzogene Entscheidungen und Verhaltensweisen gewollt und beabsichtigt zu haben. Diese Erkenntnis ist ebenfalls der Gehirnforschung zu verdanken:

»Das Gefühl, etwas zu wollen, kommt erst, *nachdem* das limbische System schon längst entschieden hat, was getan werden soll. Die Quintessenz ist, dass dieses System die letzte Entscheidung darüber hat, ob wir etwas tun oder nicht, und zwar aufgrund unserer gesamten, unbewusst vorliegenden Handlungserfahrung. [...] Das Bewusstsein kann [...] nicht herausbekommen, woher Gedanken, Gefühle und Antriebe kommen, und nimmt fälschlich an, dass sie von ihm

selbst stammen oder ›aus heiterem Himmel‹. Gleichzeitig stellt unser Bewusstsein fest, dass das Gehirn und unser Körper etwas tun,
und hält *sich* ebenso fälschlich für den wahren Verursacher.« [162]

Wozu sein Unbewusstes ihn veranlasst, das glaubt der Mensch
anschließend, gewollt zu haben. Der so genannte »freie Wille«
ist demnach eine Konstruktion des Gehirns, ist nicht mehr als
eine von Freiheitsempfinden begleitete Handlung.

Ein anschauliches Beispiel hierfür gibt ein Management-
Trainer, mit dem ich gemeinsam ein Seminar leitete. Der Mann
verkündete im hier beschriebenen Stil frohe Botschaften der
Selbstverantwortung, der Selbstgestaltung der Wirklichkeit und
natürlich des freien Willens. Nach der Veranstaltung wollte ich
wissen, ob er tatsächlich glaubte, was er im Seminar von sich
gegeben hatte. »Aber absolut!«, schallte es mir entgegen. Warum er rauche, bis zu 60 Zigaretten am Tag, wollte ich wissen.
»Weil ich mich dafür entschieden habe«, äußerte er im Brustton
der Überzeugung. Warum er Übergewicht habe, wollte ich als
Nächstes erfahren. »Weil ich Ja zum Genuss sage«, betonte er
in logischer Übereinstimmung mit seinen Thesen. Diese Diskre-
panz war schwer auszuhalten. Der Mann konnte keine Stunde
ohne Nikotin auskommen. Er aß tagsüber wenig, abends befiel
ihn die Gier und ließ ihn zwei oder drei Gänge bestellen. Sobald er die Eingangspforte eines Unternehmens betrat, geriet
er in Stress, spannte sich an und verdoppelte seine Schrittge-
schwindigkeit. Trotzdem glaubte er fest an die Kraft seines
Willens und war überzeugt, all dies freiwillig und absichtlich
zu tun. Er musste das wohl so sehen – ein Mechanismus, den
Wolf Singer folgendermaßen beschreibt:

»Wir tun sehr vieles aus Motiven, die uns nicht bewusst sind. Denn
vieles von dem, was verarbeitet wird und nicht ins Bewusstsein

gelangt, ist natürlich trotzdem wichtig für das Handeln. Deshalb erfinden wir häufig nachträglich Motive für etwas, was wir getan haben.«[163] Oder, wie Yves von Cramon sagt: »Das Gehirn legt sich ständig Erklärungen parat, damit es nicht entgleist.«[164]

Mit solchen Rechtfertigungen und Erklärungen verhindert das Gehirn, dass der Mensch ins Ungleichgewicht gerät. Das Ich kann durch diese nachträglichen Rechtfertigungen von ihm wahrgenommener, aber weder verantworteter noch beabsichtigter oder sogar ihm zuwiderlaufender Handlungen die Identität des Menschen wahren. Das Gehirn schafft eine sinnvolle Illusion von Einheit: das »Ich«. Übrigens spricht man im Zen oder in Religionen wie dem Buddhismus bereits seit Jahrtausenden vom Ich als einer Illusion. Das Ich ist demnach eine Ausführungs- und keine Leitungsinstanz, wie Gerhard Roth es betont:

»Unser bewusstes Ich ist – so der amerikanische Neurobiologe Michael Gazzaniga – ›die letzte Instanz, die erfährt, was in uns wirklich los ist‹. Es gleicht einem Regierungssprecher, der Dinge interpretieren und legitimieren muss, deren Gründe und Hintergründe er gar nicht kennt.«[165]

Gerhard Roth sieht im Ich kaum mehr als ein notwendiges Etikett:

»Wenn ›Ich‹ mir etwas vornehme, dann deshalb, weil unbewusst arbeitende Prozesse dies so beabsichtigen.«[166]

Die Qual der Wahl

Entscheidungen geraten problemlos, wenn Bewusstsein und Unbewusstes zu gleichen Auffassungen gelangen und am gleichen Strang ziehen. Als problematisch erweisen sie sich, wenn die beiden Persönlichkeitsbereiche unterschiedliche Absichten verfolgen. Sinnvoll wäre es daher, zwischen Wollen und Willen zu unterscheiden.

Das *Wollen* entspricht geäußerter Absicht, der *Wille* entspricht innerer Ermächtigung. Der Wille des Menschen ist eine innere Handlungsanweisung und Handlungsermächtigung, die sich aus der Auseinandersetzung zwischen bewussten und unbewussten Motiven ergibt.

Da das Unbewusste zumindest dann, wenn etwas scheinbar Nachteiliges getan werden soll, sein auf vergangenen Erfahrungen beruhendes Veto einlegt, befindet sich der Mensch oft in einer Zwickmühle. Er kommt nicht gegen sich selbst an, solange die »innere Deckung« für neues Verhalten nicht vorhanden ist. Er kann, umgangssprachlich ausgedrückt, nicht aus seiner Haut, zumindest nicht in der gewünschten Weise.

Eine fehlende innere Deckung lässt sich nicht herbeireden, wie das in Managementseminaren versucht wird. Dort bilden sich viele Trainer ein, sie könnten beispielsweise aus Angestellten dadurch »Unternehmer« machen, indem sie ihnen vermitteln, worauf es beim Unternehmertum ankommt. Unternehmer sind aber nicht zu dem geworden, was sie sind, weil sie sich dies rational überlegt und ausgewählt haben, vielmehr wurden sie von ihrer Persönlichkeit zu dieser Tätigkeit aufgefordert oder sogar in sie hineingetrieben. Sie verfügten über keine innere Ermächtigung dazu, Angestellte zu werden oder Angestellte zu bleiben.

Die Qual der Wahl entsteht demnach, wenn ein Mensch etwas anderes möchte, als er will: wenn sein Wollen nicht seinem Willen entspricht, wenn er etwas von sich verlangt, wozu er innerlich nicht ermächtigt ist, wenn er sich gewissermaßen gegen sich selbst wendet.

Welchen Sinn macht es daher, von »freier Entscheidung« und »freiem Willen« und der »freien Wahl« zu sprechen? Welche Wahl soll das Ich haben? Die Wahl, sich gegen innere Strukturen zu wenden, hat es jedenfalls selten. Seine Wahl, die darin besteht, überwiegend unbewusst getroffenen Entscheidungen zuzustimmen, mag man nicht ernsthaft als freie Wahl bezeichnen. Der Mensch ist nicht frei gegen sich selbst, er kann nicht tun, was er möchte; er tut vielmehr, was ihm möglich ist.

Diese Erkenntnis wird die wenigsten Menschen begeistern, brauchen wir doch das Gefühl, Herr unserer Entscheidungen zu sein, dringend zum Erhalt der personalen Einheit. Das heißt aber auch nicht, vonseiten des Bewusstseins gäbe es keine Möglichkeiten, in Entscheidungsprozesse einzugreifen. Wir können durchaus mit bewusster Anstrengung etwas tun. Was und wie, darauf möchte ich nicht vorgreifen und bitte noch um etwas Geduld.

Individuelle Autonomie

Nun könnte man meinen, der Mensch sei zwar nicht frei gegen sich selbst, aber er sei zumindest autonom, so wie Gerhard Roth es formuliert:

»Unsere bewussten Planungen gehen nur als eine von vielen Determinanten in unsere Handlungssteuerung ein, und oft sind sie keineswegs entscheidend [...]. Die Autonomie menschlichen Handelns ist nicht im subjektiv empfundenen Willensakt begründet, sondern in der Fähigkeit des Gehirns, aus innerem Antrieb Handlungen durchzuführen. Das Gehirn oder besser: der ganze Mensch ist also das autonome System, nicht das empfindende Ich.«[167]

Wäre der Mensch in solcher Weise autonom, könnte er sich mit der Überzeugung trösten, seine Entscheidungen selbst getroffen zu haben, ganz gleich ob auf bewusste oder unbewusste Art und Weise, und deshalb ein unabhängig entscheidender Mensch zu sein. Bei näherer Betrachtung bleibt von dieser Unabhängigkeit leider wenig übrig, weil der Mensch nicht im leeren Raum existiert und seiner Selbstbestimmung enge Grenzen gesetzt sind. Solche Grenzen individueller Autonomie möchte ich anhand einer kleinen Geschichte erläutern.

》 *Die Mitarbeiter eines Unternehmens kamen morgens zu spät zur Arbeit, was sich nachteilig auf den Auftragseingang auswirkte. Es wurde ein bekannter Motivator engagiert, der die »Selbstverantwortung«, das »Unternehmertum«, die »Wahlfreiheit« und die »Kraft des Willens« predigte. Fast alle Mitarbeiter wurden nachdenklich und nickten zustimmend. Sie unterschrieben auf einem Plakat die Selbstverpflichtung »Ja, ich will pünktlich sein!«. Verwunderlich war, dass eine Woche nach der Veranstaltung die positiven Effekte schwanden. Nach einem Monat war alles beim Alten. Nur hatten 50 000 Euro den Besitzer gewechselt. Irgendwer kam auf die Idee, das Problem strukturell anzugehen. Man sperrte einen Teil des Firmenparkplatzes ab, sodass weniger Parkplätze zur Verfügung standen, als gebraucht wurden. Die übrigen wurden gebührenpflichtig, und gleichzeitig wurden alle Reservierungen aufgehoben. Schon nach wenigen Tagen erschienen die meisten Mitarbeiter zwei Stunden früher, denn niemand wollte, seinen Parkplatz bezahlen.* 《

Das Beispiel widerlegt die Annahme, menschliches Verhalten beruhe auf autonomen Entscheidungen. Äußerliche Faktoren wie die Strukturen, in denen Menschen die verschiedensten Lebensbereiche organisieren, und die Regeln, die sie dabei aufstellen, spielen eine große, oft sogar eine wesentlich größere Rolle, als die Persönlichkeit des Einzelnen es tut.

Belege für den Einfluss äußerer Strukturen auf das Verhalten lassen sich auch anhand der Subventionspraxis der EU aufführen. Wird in der EU Butter subventioniert, wird auch Butter produziert, werden Oliven subventioniert, werden Oliven angebaut. Alle möglichen und unmöglichen Waren werden völlig unabhängig davon produziert, ob sie gebraucht werden oder nicht. Innerhalb der vorgegebenen Subventionsregelung wäre es sinnlos, Raps anzubauen, weil damit nichts zu verdienen ist. Verhalten, das sinnlos erscheint, hält aber kein Mensch durch. Deshalb werden weiterhin Kühlhäuser mit Fleisch und Butter voll gestopft, Obst für die Müllhalde produziert und Tiere mit Abfall gefüttert.

Äußere Strukturen und Bedingungen können Menschen sogar dazu veranlassen, nicht bloß unvernünftige, sondern unvorstellbare und ihrem Willen und ihrer (bisher bekannten) Persönlichkeit völlig widersprechende Dinge zu tun. Wissenschaftliche Feldversuche, wie sie dem Film *Das Experiment* zugrunde liegen, beweisen das. Im Stanford-Gefängnis-Experiment von 1971 teilte der Wissenschaftler Philip Zimbardo Studenten in Gruppen von Wärtern und Gefangenen ein und sperrte diese beiden Gruppen 14 Tage lang in ein simuliertes (!) Gefängnis. Dann geschah Folgendes:

»Kaum drei Tage dauerte es, dann herrschte ein Terrorregime im Keller der Fakultät – und Zimbardo fand, in weit drastischerer Form als von ihm selbst erwartet, seine Hypothese bestätigt: ›Nicht der Charakter, sondern die Umstände bestimmen darüber, zu welcher Form der Grausamkeit ein Mensch fähig ist‹, und der Wissenschaftler sagt deshalb: ›Macht ist ein Aphrodisiakum. Wenn man ganz normalen Menschen eine Machtposition gibt, wird sich ihr Verhalten dramatisch ändern. Die Studie zeigt, wie leicht es ist, aus guten Menschen Teufel zu machen.«[168]

Wie sind diese Vorgänge zu erklären? Hatten die Studenten ihr Verhalten frei gewählt? Verfolgten sie bewusst brutale Absichten? Wollten sie Teufel sein? Hatten sie alle einen verwerflichen Charakter? Wohl kaum. Andere, willentlich nicht steuerbare und charakterlich wenig zu beeinflussende Motive haben den Ausschlag gegeben und ihr Verhalten gelenkt.

Die Umstände und Bedingungen, denen Menschen ausgesetzt sind, beeinflussen – das ist nicht zu übersehen – ihr Fühlen und Denken und demzufolge ihr Handeln ganz außerordentlich. Besonders krass lässt sich das in Bürgerkriegszeiten beobachten, beispielsweise vor einigen Jahren in Jugoslawien. Da verhält sich der gleiche Mensch, dasselbe »autonome System«, das bisher als friedlich galt, übergangslos gewaltsam. Nachbarn, die friedlich nebeneinander lebten, bringen sich um, sobald die äußere Bedingung »Strafe« wegfällt. Unter veränderten Bedingungen wird derselbe Mensch »ein anderer«, und sowohl seine Umgebung als auch er selbst lernen ihn dann »anders« kennen.

Man sieht daran: Innere Strukturen wie Wahrnehmung, Gefühlswelt, Erfahrungen und Bewertungs- und Reaktionsschemata sind nicht allein für das Verhalten eines Menschen verantwortlich. Auf vergleichbare Weise ist er äußeren Bedingungen ausgeliefert, den Regeln und Strukturen von Gruppen und sozialen Systemen.

Die Schwäche des Willens und auch der Zwang zur Rechtfertigung eines den eigenen Absichten widersprechenden Verhaltens mag menschlich sein, allzu menschlich sogar. Umso unverantwortlicher ist es daher, diese Erkenntnisse zu ignorieren und ständig Wahlfreiheit beziehungsweise als Konsequenz davon die völlige Selbstverantwortung zu propagieren.

Gibt es Selbstverantwortung?

Der Hochschullehrer Bernd Otto weist auf den Philosophen Lichtenberg hin, der schon im 18. Jahrhundert die Freiheit des Willens anzweifelte:

»Dass wir glauben, wir seien frei [...], könnte das nicht auch Form des Verstandes sein? Es ist uns überhaupt unmöglich, die ersten Entstehungen zu bemerken, wir bemerken überall nur, was geschehen ist, nicht wie es geschieht, wenn wir also glauben, wir tun jetzt eine Sache, so ist sie schon getan.«[169]

Bernd Otto führt dazu aus:

»Nach Lichtenberg sind die meisten Dinge schon geschehen, wenn wir sie bemerken. Und es brächte nichts, von Ursache zu Ursache zurückzugehen [...]. So auch ist eine Handlung, wenn wir glauben, sie frei zu vollbringen, bereits geschehen, weil unser Wille von unserem Nichtwissen determiniert, nicht umhin kann, sie zu vollbringen.«[170]

Der Hirnforscher Wolfgang Prinz kommt ebenfalls zu dem Schluss:

»Wir tun nicht, was wir wollen, sondern wir wollen, was wir tun.«[171]

Deshalb kann man seine Reaktionen selten »wählen«, wie es die Machbarkeitspriester behaupten, beispielsweise Schäfer mit der folgenden Aussage:

»Stellen Sie sich vor, irgendjemand fährt aus heiterem Himmel in Ihr parkendes Auto [...]. Sie sind nicht für die Tat des Fremden verantwortlich, aber für Ihre Reaktion.«[172]

Wenn Sie nun dem Unfallfahrer ein blaues Auge schlagen, dann würde Bodo Schäfer behaupten, Sie hätten sich auch anders entscheiden können. Doch nicht Ihr »Ich«, sondern Ihnen unbewusste und möglicherweise bis zu diesem Ereignis unberührte Gefühle, beispielsweise der Bedrohtheit oder Aggression, haben sich für den Schlag entschieden. Sie waren möglicherweise »geladen« und konnten sich nicht zurückhalten. Deshalb ist es durchaus korrekt, wenn Sie später vor Gericht beschwören: »Ich wollte das nicht.« Ihr »Ich« wollte das tatsächlich nicht, aber der Rest von Ihnen, der wollte zuschlagen. Nur unterlag der leider nicht Ihrer Kontrolle.

Hatten Sie eine andere Wahl und sind somit für Ihre Tat verantwortlich? Hätten Sie sich an diesem Tag, unausgeschlafen wie Sie waren, nach dem Streit mit dem Ehepartner, in dieser Laune, bei dieser inneren Ladung, unter diesen Umständen, anders verhalten können? Sicherlich, an einem anderen Tag, in einer anderen Stimmung, nach der Versöhnung mit dem Partner, im Zustand der Entspannung, unter anderen Umständen, da hätten Sie sich anders verhalten. Aber auch das hätten Sie dann nicht »gewählt«. Wolf Singer, Frankfurter Hirnforscher, meint zum Thema Selbstverantwortung:

»Die Annahme zum Beispiel, wir seien voll verantwortlich für das, was wir tun, weil wir es ja auch hätten anders machen können, ist aus neurobiologischer Sicht nicht haltbar [...]. Könnten wir uns aus einer höheren Warte aus betrachten, würden wir feststellen: Wir tun dies oder jenes, weil diese oder jene Faktoren uns dazu veranlassen. Zu diesen Determinanten zählen natürlich auch unsere Erfahrungen, unsere Überlegungen, die aber allesamt ein neuronales Korrelat haben. Da wir – auf unserer Ebene – aber diese Vielzahl der uns beeinflussenden Parameter nicht überblicken können, uns dessen aber nicht bewusst sind, liegt es nahe, unseren Handlungen Absicht zu unterstellen, uns Intentionalität und somit Freiheit zuzuschreiben.«[173]

Im Lichte solcher Erkenntnisse erscheint der landläufige Schuldbegriff beinah antiquiert. Nehmen wir ein krasses Beispiel: Hätte sich ein Mörder willentlich anders entscheiden können? Hätte er sich gegen die Tat entscheiden können? Wohl kaum, denn seine Gesamtheit hat entschieden, und dazu gehören triebhafte Impulse, unkontrollierbare Gefühle, Erinnerungen, Ängste, Aggressionen, Erfahrungen, das Verhalten seiner Umgebung und seines Opfers sowie andere Motive, die sich der bewussten Steuerung entziehen. So wie man niemandem die Schuld gibt, der aufgrund einer Erkrankung oder eines Unfall unter Gehirnschäden leidet und seltsame oder kriminelle Dinge tut, so macht es wenig Sinn zu behaupten, ein Mörder hätte sich anders entscheiden können. Er konnte es eben nicht, sonst hätte er es sicherlich getan.

Hat ein mit Zangen, Feuer oder Strom körperlich Gefolterter die freie Wahl, ob er aussagt oder nicht? Das meint niemand ernsthaft. Wieso hat dann ein von Gefühlen gepeinigter Mensch sie angeblich? Wer da als Verfechter völliger Selbstverantwortung auftritt, verspricht nicht weniger als die Erlösung der Menschen von inneren und äußeren Abhängigkeiten und von unbewussten Steuerungen.

Um Missverständnissen vorzubeugen, möchte ich an dieser Stelle eines klarstellen: Indem ich Überlegungen zu den Grenzen der Selbstverantwortung anstelle, plädiere ich nicht dafür, Mörder frei herumlaufen zu lassen oder auf Strafen zu verzichten. Strafe ist selbstverständlich einer der Faktoren, die Verhalten beeinflussen. Dass aber selbst die Todesstrafe als massivste aller Strafen keinen Mord verhindert, weil das Wissen um die Folgen in den konkreten Umständen der Straftat untergeht, ist bekannt.

Der Psychologe Arist von Schlippe weist darauf hin, dass er auf den Begriff der »Selbstverantwortung« nicht verzichten möchte, weil es sonst keine persönliche Verantwortung mehr gäbe, und »das wäre in meinen Augen keine gute Beschreibung der Welt«[174]. Persönliche Verantwortung gibt es selbstverständlich, denn jeder ist selbstverantwortlich in dem Sinne, dass er die Folgen seines Handelns tragen muss.

Doch was ist Selbstverantwortung? Eine aus sich selbst entwickelte Verantwortung, wie der Name vermuten ließe? Wohl kaum. Eher bedeutet sie die im sozialen Kontext erworbene Vorwegnahme der Antwort der anderen, ist also eine soziale Funktion. Eine Antwort »der anderen« auf kriminelles Verhalten ist ohne Zweifel erforderlich. Sie wird auch dann noch erfolgen, wenn der Schuldbegriff eines Tages neu definiert wird und sich der Umgang mit kriminellen und aus dieser Sicht »schwachen« Menschen möglicherweise verändert hat.

Nebenbei könnte eine Sichtweise, welche die unbewusste Steuerung anerkennt, auch Schuldzuweisungen und Rosenkriege in Partnerschaften überflüssig werden lassen. Welchen Sinn hat es, dem Partner vorzuwerfen, dass er sich verliebt hat, wenn sein Unbewusstes diese Entscheidung traf? Er wollte es nicht absichtlich tun, es passierte ihm. Näher als Schuldzuweisungen läge es dann, nach den eigenen (unbewussten) Anteilen am Geschehen zu suchen. Etwa in diesem Sinn: Welche Umstände unserer Partnerschaft haben das Unbewusste meines Partners bewogen, diesen Schritt aus der Beziehung zu tun? Was sucht/findet er dort, was ihm unsere Beziehung nicht geben kann?

Fazit

Wir sind frei, alles zu wollen, aber wir sind nicht frei, alles zu tun. Eine auf bewusster Absicht beruhende Entscheidungs- und Handlungsfreiheit existiert nicht, nicht einmal eine Autonomie der Persönlichkeit. Das Unbewusste und die sozialen Verhältnisse steuern Handlungen weit mehr, als das Ich es zu tun vermag. Dabei verfolgt das Unbewusste durchaus eigene, dem Bewusstsein oft nicht entsprechende Ziele. An seiner Macht, so viel ist auch den Machbarkeitspriestern klar, führt kein Weg vorbei.

Nach dem Motto »Dann müssen wir eben das Unbewusste für uns einspannen« haben sich Machbarkeitspriester nun clevere Wege zu seiner Versklavung ausgedacht. Diese bestehen vor allem in den Techniken des positiven Denkens, der Imagination und der so genannten Neuprogrammierung, womit sich die nächsten Abschnitte befassen.

Die heile Welt des positiven Denkens

»Alles, was Sie denken oder sprechen, hat Einfluss auf Sie.«[175]

»Heute weiß ich mit unumstößlicher Gewissheit, dass das größte Problem – eigentlich beinahe sogar das *einzige*, mit dem Sie und ich uns herumschlagen müssen – die Wahl der richtigen Gedanken ist.«[176]

»Ändern Sie Ihre Gedanken, und Sie verändern die Welt.«[177]

»Wer aber lernt, öfter mal zu lächeln, wird zwangsläufig mehr positive und weniger negative Gefühle erleben.«[178]

»Positives Denken macht erfolgreich.«[179]

»Denken und Handeln Sie voll Heiterkeit, dann empfinden Sie auch heiter.«[180]

»Autosuggestion, also Selbstbeeinflussung, ist eine der besten, effektivsten und schnellsten Methoden, um sein Selbstwertgefühl positiv aufzubauen.«[181]

»Denken Sie die richtigen Gedanken, und Ihre Arbeit – jede Arbeit – wird weniger unerfreulich sein.«[182]

»Jeder Gedanke hat das Bestreben, sich zu verwirklichen. Durch die ständige Wiederholung und die unbegrenzte Speicherfähigkeit Ihres Unterbewusstseins werden Gedanken schließlich Wirklichkeit.«[183]

»Liebes Glück, komm zu mir, ich bin bereit für dich.«[184]

Positives Denken ist eine Form der Selbstbeeinflussung. In dieser autosuggestiven Technik sollen als negativ erachtete Gedankenaussagen positiv umformuliert und durch ständige Wiederholung dem Unbewussten gewissermaßen eingetrichtert werden. Das Ziel dieser Autosuggestion besteht darin, das Unbewusste den bewussten Absichten dienstbar zu machen und seine immense Kraft zu nutzen. Wer möchte nicht an die Veränderungskraft des positiven Denkens glauben, wie sie in obigen Zitaten beschworen wird?

Viel Kritisches ist zu dieser »Technik« veröffentlicht worden. Man muss daher nicht auf alle Einzelheiten des Themas eingehen; das ist auch vor dem Hintergrund der im vorigen Kapitel zitierten Erkenntnisse über die Grenzen von Wissen und Absicht unnötig. Gestatten Sie mir dennoch einige Hinweise, warum positives Denken nicht wie behauptet funktionieren kann.

Gedanken bewerten

Die ersten Schwierigkeiten dieser »Technik« tauchen schon vor Beginn ihrer Anwendung auf, wenn es darum geht, die Qualität von Gedanken zu bewerten. Wann ist ein Gedanke positiv, wann negativ? Kann ein Gedanke unabhängig von den Zusammenhängen, in denen er auftaucht, überhaupt positiv oder negativ sein?

Schließlich mag ein und derselbe Gedanke, zum Beispiel »Ich bin zu schwach«, je nach Situation Vorteile oder Nachteile bescheren. Wenn jemand körperlich bedroht wird, kann dieser Gedanke ihn zur Flucht verleiten und damit schützen. Wenn es jedoch um eine Auseinandersetzung mit den Arbeitskollegen geht, kann derselbe Gedanke jemanden zum Mobbingopfer werden lassen.

Derselbe Gedanke unter verschiedenen Umständen kann einen Menschen vor Überforderung bewahren oder ihn einschränken. Ebenso können verschiedene Gedanken unter denselben Umständen unvorhersehbare Wirkungen entfalten.

Stellen Sie sich als Extremsituation eine Geiselnahme vor. In solch einer Lage stehen verschiedene Verhaltensweisen zur Verfügung. Sie können versuchen, wegzulaufen, sich zu wehren, sich anzupassen, sich unauffällig zu verhalten, sich zum Wortführer zu machen und anderes. Wird sich nun der Gedanke »Ich muss mich zurückhalten« oder seine Umkehrung »Ich muss eingreifen« als lebensrettend erweisen? Das hängt davon ab, wie sich die Situation entwickelt, welche Absichten der Geiselnehmer verfolgt, welche Gewaltbereitschaft er mitbringt, wie sich die anderen Geiseln verhalten, was die Polizei tut und so weiter.

Man kann nicht wissen, wie sich die Umformulierung eines als negativ gekennzeichneten Gedankens auswirken wird. Es ist also weder möglich, die Qualität von Gedanken an sich noch ihre situativen Auswirkungen verlässlich zu beurteilen. Das lässt sich natürlich auch an einem alltagsnahen Beispiel verdeutlichen.

Gefühle verdrängen

Jemand möchte sich »eigentlich« ein Haus kaufen, wird aber von dem Gedanken »Ich schaffe das nicht« zurückgehalten. Nach der Lektüre entsprechender Ratgeber und einer Beratung in positivem Denken verfällt er in Begeisterung und ersetzt diesen »negativen« Gedanken durch die Autosuggestion »Ich schaffe das spielend«. Unterstellen wir, dieser »positive« Gedanke würde seinen Zweck erfüllen und die Person das Ziel, ein eigenes zu Hause kaufen, tatsächlich erreichen. Jetzt säße dieser Mensch in seinem Haus und nach und nach würde ihm klar: So ein Haus ist richtig teuer, es fordert viel Pflege, es macht nicht automatisch zufrieden und so weiter. Dann wäre die Sache dumm gelaufen, denn die Bankforderungen häufen sich gedankenunabhängig jeden Monat zu einem höheren Schuldenberg auf.

Derjenige befände sich in dieser schwierigen Lage, weil er auf dem Weg zum Traumhaus konsequent alle vermeintlich negativen Gefühle ignoriert hat. Der positive Denker wird zu solchen Verdrängungen geradezu aufgefordert, wie das folgende Zitat von Nikolaus B. Enkelmann belegt:

»Beachtung bringt Verstärkung. Nichtbeachtung bringt Befreiung.«[185]

Die Verdrängung angeblich negativer Gefühle gehört zu den folgenreichsten Nachteilen des positiven Denkens. Gefühle sind aber, wie im vorigen Abschnitt beschrieben, Botschafter unbewusster Absichten und Motive. Doch anstatt sich mit den als negativ empfundenen Gefühlshemmungen und ihren positiven Aspekten zu befassen, schiebt der Positivdenker die seinem Bewusstsein lästigen Gedanken lieber beiseite.

Gedankenquellen

Positives Denken, so wie Carnegie, Höller und andere es propagieren, findet deshalb nur an der Oberfläche statt. Es lässt nicht nur die Frage nach dem Sinn von Hemmungen, sondern auch die Frage, aus welcher Quelle die neuen und fruchtbaren Gedanken sprudeln sollen, außer Acht.

Wenn Gedanken die Welt erschaffen, wie von Positivdenkern behauptet wird, woher stammen dann Gedanken? Natürlich bilden sie sich in der Quelle der Wahrnehmung, aus deren Tiefe Erinnerungen und Erfahrungen entsprechende Gedanken nach oben steigen lassen. Um stets positiv zu denken, müsste man also durch und durch positiv fühlen. Und um stets positiv zu fühlen, müsste man einen entsprechenden, umfassend positiven Deutungszusammenhang aufgebaut haben, der sich auch durch Tragödien und großes Leid nicht auflösen ließe. In diesem Kontext müssten Schicksalsschläge wie Niederlagen, Krankheiten, Gewalt, Mord, Krieg und auch der Tod unterkommen und letztlich als positive Erfahrungen deutbar sein.

Mir ist zwar noch kein Mensch begegnet, der über eine solche Deutungsfähigkeit und Gefühlslage verfügt, aber durch entsprechende Autosuggestionen gerät das anscheinend zum Kinderspiel. Der Glücksprophet Höller bietet sich selbst zum Beweis hierfür an. Er ist nämlich durch und durch positiv und seine Gefühle folgen ihm auf den Gedanken:

»Ich freue mich, egal, was passiert, denn wenn ich mich nicht freuen
würde, würde es genauso sein.«[186]

Greifen wir diese Autosuggestion auf. Ich freue mich, dass
mein Auto kaputt ist, denn wenn ich mich ärgere, bleibt es
trotzdem kaputt. Ich freue mich, dass meine Frau mit einem
anderen schläft, denn wenn ich traurig bin, wird sie es trotzdem tun. Ich freue mich über meinen Krebs, denn wenn ich
mich nicht freue, ist er trotzdem da. Ich freue mich über die
Anschläge vom 11. September 2001 und so weiter.

Nach Höllers Logik soll man sich auch über Misserfolg
freuen. Denn wenn man sich ärgert, hätte man auch keinen
Erfolg. Freut man sich jedoch über Misserfolg, hat man ja
augenblicklich Erfolg und braucht dann keinen Erfolg mehr.
Genießen wir diese verzweifelte und verdrehte Logik, die das
Dilemma des positiven Denkens zeigt:

»Der Erfolg ist die Ernte Ihrer Gedanken. Deshalb gibt es eigentlich auch keinen Misserfolg. Denn alles, was passiert, wurde ja
von Ihnen verursacht. Wenn Sie aber etwas verursachen – ganz
gleich, ob bewusst oder unbewusst –, dann ist es eigentlich kein
Misserfolg, sondern ein Erfolg. Erfolg ist also nichts anderes
als die Wirkung ihrer Ursache. *Jeder Misserfolg ist also verdient!*
Ist das nicht bereits eine hervorragende Erkenntnis aus diesem
Buch?«[187]

Jeder Misserfolg ist verdient? Wirklichkeit ist stets zuvor
erdacht? Alles, was passiert, wurde vom Betreffenden verursacht? Da könnten leise Zweifel auftauchen. Wodurch beispielsweise hat eine Rentnerin den Diebstahl ihrer Handta-
sche verdient, die sie nicht festhalten konnte? Mit welchen
negativen Gedanken hat sie den Vorfall verursacht? Tragen

die missbrauchten Kinder dieser Welt selbst Schuld an den
Leiden, die ihnen widerfahren?

Im Grunde entspricht die Vorstellungswelt positiver Denker
kindlicher Weltsicht und beruht auf infantilen Allmachtsfan-
tasien. So wie das Kind wähnt sich auch der positive Denker
im Mittelpunkt der Welt und hält sich für den alleinigen Verursacher ihn betreffender Abläufe und Ereignisse. Er glaubt
ernsthaft, alles, was passiert, sei durch ihn verursacht. Sein
Denken entspricht daher dem kindlichen »Pfeifen im Walde«.
Wenn ich nur positiv genug denke, so hofft der Positivdenker,
kann mir nichts passieren.

Kausales Denken

Das positive Denken legt solche verqueren Rückschlüsse
nahe, weil es notwendigerweise immer kausal ist. Es ist auf
die Idee von einfachen Ursache-Wirkung-Mechanismen angewiesen. Diese sind allerdings heute kaum noch zu gebrauchen, weil sie einen Anfang und ein Ende suggerieren und
eine logische und lineare Kette von Ereignissen unterstellen. Erklären lässt sich mit dieser Vorstellung kaum noch
etwas.

Wenn jemand am Dienstag über eine rote Ampel fährt,
passiert nichts. Am Mittwoch jedoch rammt er dabei ein Auto.
Suchen wir nach der »Ursache« des Vorfalls, nach der einen
Sache, die für den Unfall verantwortlich ist. An der Ampel
liegt es nicht, denn die war am Dienstag auch schon da. Allerdings wäre der Unfall ohne Ampel wahrscheinlich nicht geschehen, denn dann hätte der unschuldige Fahrer vielleicht
angehalten, anstatt durchzufahren. Die Ursache liegt auch
nicht beim schuldigen Fahrer, denn der fuhr schon oftmals
unfallfrei über rote Ampeln, ohne dass er einen Unfall verursachte. Am hohen Verkehrsaufkommen kann es auch nicht

liegen, denn hätte der Fahrer bei Rot gehalten, wäre der Unfall nicht passiert. Schließlich und endlich wäre nichts passiert, wenn der unschuldige Fahrer fünf Sekunden später am Unfallort aufgetaucht wäre, weil er noch seinen Kaffee ausgetrunken hätte.

Was also ist die Ursache des Unfalls? Es gibt sie nicht, die ursächliche Ursache, es gibt nichts, was am Anfang des Ereignisses steht und wodurch es logischerweise zum Unfall kommen musste. Es gibt aber Zusammenhänge und Beteiligte. Viele, zuvor unüberschaubare und unvorhersehbare Faktoren mussten zusammentreffen, um zum Unfall zu führen.

Gedankenkontrolle

Gleichermaßen kompliziert verhält es sich mit Gedanken, gleich ob positiven oder negativen. Auch Gedanken haben keine sinnvoll so zu bezeichnende Ursache, sondern hängen von inneren und äußeren Bedingungen, von unvorhersehbaren Ereignissen, von unübersichtlichen Zusammenhängen und deren jeweiliger Interpretation durch die Wahrnehmung ab. Höller bestätigt dies unabsichtlich, indem er betont:

»Pessimismus ist also weitaus mehr als nur eine Denkweise – es ist eine Weltanschauung.«[188]

Wenn Pessimismus eine Weltanschauung ist, dann ist auch Optimismus nicht bloße Denkweise, sondern ebenfalls umfassende Weltanschauung. Positiv zu denken erfordert demnach eine veränderte Weltanschauung. Woher sollte die plötzlich stammen? Es ist wohl noch keinem Menschen gelungen, seine pessimistische Weltanschauung durch Denken grundlegend in eine optimistische umzuwandeln. Es sei denn, ihm gelänge das Kunststück, *ständig* positiv zu denken und alles

Negative dauerhaft zu verbannen. Dann tatsächlich würde ihm seine ganze Welt rosarot erscheinen:

»Du kannst in einer Situation immer nur an eine Sache gleichzeitig denken! Wer also positiv denkt, kann nicht gleichzeitig auch negativ denken.«[189]

Passiert das Furchtbare dennoch einmal und erwischt man sich bei so genannten negativen Gedanken, dann muss nach Höller sofort gehandelt werden:

»Durch die Erkenntnisse, die Ihnen dieses Buch vermittelt, wird Ihnen ein negativer Gedanke sofort bewusst auffallen, sobald er sich einschleicht. Ihre Aufgabe ist es dann zu handeln, das heißt, sofort einen positiven Gedanken zu formen.«[190]

Das ist Kleingedrucktes in Reinform. Negative Gedanken sogleich zu erkennen und umzuformulieren, das allein wäre ein vollendetes Kunststück wahrer Selbstkontrolle. Zudem müsste derjenige auf die reinigende und befreiende Wirkung vieler »negativer« Gedanken und Äußerungen, auf Fluchen und Schimpfen, verzichten. Er wäre sicherlich bald ein Kandidat für psychosomatische Erkrankungen.

Schließlich und endlich ist nicht einmal der positive Vordenker Höller stets in der Lage, seine negativen Gedanken zu kontrollieren, zu erkennen und umzuformulieren. In einer Situation, in der ihn kein Lektor vor sich selbst bewahren konnte, offenbart Höller die emotionalen Hintergründe seiner Gedanken. In der live ausgestrahlten Radiosendung *Parisius* entgleist er gegenüber dem Gesprächspartner:

»Menschen wie Sie, mit solchen Buchtiteln, müsste man eigentlich einsperren.«[191]

Sein Gegenüber war der Autor Günter Scheich, der mit dem Buch *Positives Denken macht krank*[192] den Zorn des Priesters auf sich gelenkt hatte.

Die Entgleisung beweist, wer über die größere Kraft verfügt: der Bauch, die Gefühle – und eben nicht die Gedanken. Deshalb ist alle Empfehlung zu positivem Denken letztlich Augenwischerei. Wer wahrhaft positiv denken will, der braucht positive Gefühle, ein positives Weltbild, gänzlich positive Deutungsmuster – und würde damit zugleich auf einem Auge blind. Dann bliebe zu hoffen, dass er beim angestrengten Rezitieren positiver Autosuggestionen der Art »Gott hält seine liebende Hand stets schützend über mich« oder »Liebes Glück komm zu mir, ich bin bereit für dich« die rote Ampel nicht übersieht.

Emotional fundierte positive Gedanken

Meine Ablehnung der Technik des positiven Denkens ist nicht gleichbedeutend mit der Ablehnung positiver Gedanken. Selbstverständlich sind positive Gedanken nützlich und wertvoll. Sie können längst überfällige Handlungen unterstützen. Um sich jedoch durchsetzen zu können, sind sie auf die Unterstützung positiver Gefühle angewiesen, auf eine innere Deckung vonseiten unbewusster Persönlichkeitsanteile. Wer diese innere Deckung nicht erhält, sollte sich näher mit seinen Hemmungen und deren Sinn und Ziel befassen.

Um in emotionale Tiefen zu gelangen, um die Quellen destruktiver Gedankenstrukturen zu erreichen und schließlich zu positiven Gefühlen zu gelangen, gehört mehr als ein guter Vorsatz. Die kognitive Psychologie demonstriert beispielhaft einen wirksamen Umgang mit der Materie. Auch sie greift Gedanken auf, hantiert dann aber nicht mit einzelnen Gedankenfetzen, sondern erforscht umfassende Denkstrukturen und bringt sie in größere Zusammenhänge:

»In einer zweiten Phase [der Therapie] werden die verzerrten Wahrnehmungen und fehlerhaften Denkweisen herausgearbeitet, und außerdem wird nach dahinter liegenden, allgemeineren Einstellungen gesucht. Die Wahrnehmungen, Denkweisen und Einstellungen werden sodann auf ihre Angemessenheit überprüft, und zwar durch eine Überprüfung ihrer logischen Struktur (logische Analyse), durch Vergleich mit der Realität (empirische Analyse) und durch Überprüfen der Konsequenzen solcher Denkgewohnheiten (pragmatische Analyse). Abschließend werden alternative Interpretationen und Einstellungen erarbeitet.«[193]

Mit emotional fundierten positiven Gedanken, die innere Deckung genießen, lässt sich in der Tat arbeiten, allerdings nicht auf die platte Weise, in der Carnegie (Denken Sie die richtigen Gedanken, und Ihre Arbeit – jede Arbeit – wird weniger unerfreulich sein.) und Höller (Ändern Sie Ihre Gedanken, und Sie verändern die Welt.) es empfehlen. Ich denke in diesem Zusammenhang auch an die Technik der Sonden, wie ich sie in dem Buch *Selbsterforschung*[194] beschrieben habe.

Sonden sind positive Aussagen, die durch einen Begleiter an einen Klienten gerichtet werden. Dabei wird nach denjenigen Aussagen geforscht, die körperlichen Eingang und emotionale Deckung beim Klienten finden. Schon kleinste Formulierungen können den Ausschlag dafür geben, ob man sich für eine Aussage öffnet oder vor ihr verschließt. Beispielsweise mag der Satz »Die Menschen mögen dich« emotional abgewiesen werden, was man am stockenden Atem und körperlicher

Verspannung des Klienten erkennt. So eine Aussage ist Unsinn, weil niemand von allen Menschen gemocht wird. Aber schon der Satz »Es gibt Menschen, die dich mögen« mag sich als annehmbar erweisen, Tränen der Rührung und Ansätze größerer Selbstliebe hervorbringen. Diese Aussage und ihre Wiederholung vermag echte Ansätze für positive Entwicklungen zu liefern, weil sie sich mit inneren Bedingungen deckt und die ganze Persönlichkeit sich dahinter stellen kann.

Fazit zum Thema Positives Denken

Positives Denken als Mittel, das Unbewusste gefügig zu machen und den Absichten des Bewussten anzupassen, funktioniert nicht. Wo es angeblich funktioniert, kann man davon ausgehen, dass eine entsprechende Gefühlslage bereits vorhanden war, es also nicht gebraucht wurde; und ohne entsprechende Gefühlsdeckung betrieben, mag es sich sogar schädlich auswirken.

Was also kann der Machbarkeitsgläubige tun, um sein Unbewusstes dennoch in den Griff zu bekommen? Er kann es, so empfehlen die Machbarkeitspriester, mit einer weiteren Technik der Selbstmanipulation versuchen: der Imagination.

Die bunte Welt der Imagination

»Die zweite Möglichkeit [das Unterbewusstsein zu programmieren] ist die Imagination.«[195]

»Geben Sie Ihrem Leben ein Ziel und eine Richtung!«[196]

»In dem Kloster war ein Mann [...], bei dem Sie geschworen hätten, dass er nicht über 35 sei [...]. In Wirklichkeit war er über 100 Jahre alt [...]. Wenn Sie diese Art von Wunder vollbringen wollen, müssen Sie zuerst das Verlangen haben, es zu tun. Dann müssen Sie die Vorstellung akzeptieren, dass es nicht nur wahrscheinlich, sondern absolut sicher ist, dass Sie es vollbringen werden.«[197]

»Die meisten Menschen verhalten sich wie Raupen. Sie können sich nicht vorstellen, einmal ein wunderschöner Schmetterling zu sein.«[198]

Auch wenn sich das Unbewusste der Manipulation durch positives Denken gegenüber resistent gezeigt hat, braucht der Machbarkeitsgläubige die Hoffnung, es in den Griff zu bekommen, nicht aufzugeben. Die nächste Wunderwaffe heißt Imagination.

Die von Machbarkeitspriestern empfohlene Technik der Imagination besteht darin, gedankliche/bildliche Vorstellungen einer erstrebenswert scheinenden Realität zu entwickeln. Diese vorweggenommene Zukunft soll dem Unbewussten dann vorgehalten werden, damit es sich an diesen Bildern orientiere. Angeblich kann sich das Unbewusste solchen Vorgaben nicht entziehen und stellt sich zukünftig in den Dienst dieser willentlichen Steuerung.

Magnetische Ziele

Damit wird so getan, als würden Imaginationen und Visionen ganz von selbst Wirklichkeit, wenn man nur fest und lang genug an sie glaubt und sie täglich erneuert, ganz nach der Devise: Materie folgt dem Geist. Angeblich haben alle herausragenden Persönlichkeiten das so gemacht. Daher sind die Bücher der Machbarkeitspropheten voller Beispiele verwirklichter großer Visionen. Gezielt wird der Eindruck erweckt, jedem könne Ähnliches gelingen, wenn er über entsprechend

großartige Ziele verfüge, in der Art, wie der Visionär Höller
sie einst hatte:

»Ziele sind Magneten: Sie ziehen den Erfolg an.[199] Die Inline-AG
geht an die Börse, und wir werden im Jahre 2016 zwei Milliarden DM Umsatz machen.«[200]

Diese Vision war in der Tat gewaltig, und es wäre in der Logik
der Machbarkeitspriester verwunderlich, wenn sie nicht wahr
würde. Wir sind jedoch in der glücklichen Lage, den Verlauf
dieser Vision in der Realität verfolgen zu können. Was ist daraus geworden? Um seine Vision umzusetzen, sammelte Höller
von begeisterten und gutgläubigen Anhängern tatsächlich die
nicht unerhebliche Summe von fünf Millionen DM ein. Der
Börsengang scheiterte jedoch unter undurchsichtigen Umständen, woraufhin Höller als Vorstand der Inline-Motivations-
AG-Gochsheim Insolvenz anmelden musste. Zusätzlich zu diesen fünf Millionen DM hatte die AG zu diesem Zeitpunkt schon
3,2 Millionen DM Verbindlichkeiten angehäuft.

Man sieht, große Visionen schaffen tatsächlich große Ergebnisse, in diesem Fall etwa vier Millionen Euro Schulden.
274 Anleger haben sich von dieser Vision leiten lassen, nun
sind sie ihr Geld los. Weil die Gelder als Darlehen an die Höl-
ler-Vermögens-Verwaltungs-GmbH gingen (die diese an die
Inline-AG weiterleitete) und weil eine GmbH lediglich mit
50 000 DM haftete, glaubte Herr Höller, fein raus zu sein. Zur
Vision des Positivdenkers gehörte es offensichtlich auch, sich
gegen mögliches Scheitern abzusichern.

Wer meint, solches Schicksal ließe den Visionär kalt, irrt,
denn dieser gestand betroffen: »Da hab ich auch mal Depres-
sionen, für zwei Tage, gehabt.«[201] Die Gefühle hinderten ihn
nicht daran, mit dem Motto »Höller gibt nie auf« gleich wieder

auf die Bühne zu springen. Diese Zuversicht wurde jäh unterbrochen. Nach einem Gerichtsurteil, dem zufolge der Motivationstrainer auch privat haftbar ist, hat er im September 2002 einen Offenbarungseid abgelegt.[202] Es kommt noch dicker: Im Herbst 2002 wurde der Erfolgstrainer wegen des Verdachts auf Insolvenzverschleppung und der Untreue verhaftet. Er stand im Verdacht, mindestens 900 000 Euro veruntreut zu haben.[203] Inzwischen ist der Visionär zu drei Jahren Haft wegen Untreue, vorsätzlichen Bankrotts und Meineids verurteilt. Man mag bezweifeln, dass diese Entwicklung auf einer freien Wahl oder der Kraft seiner Visionen beruht und er sich auf jeden Fall darüber freut, weil es, wenn er sich nicht freut, ja trotzdem passiert.

Unlautere Umkehrungen

Realität entsteht aus Visionen – diese durchaus zutreffende Erkenntnis liegt dem empfohlenen Prinzip der Imagination zugrunde. Sie ist nachvollziehbar und unstrittig, weil alles von Menschen Geschaffene zuvor von Menschen »gesehen« und erdacht wurde. Menschen, die ein ganz bestimmtes Ziel erreichen wollen, sind daher gut beraten, ihre Handlungen auf solche Vorstellung hin auszurichten. Dann haben sie zumindest eine Chance, dort anzukommen. Wer sich beispielsweise nicht vorstellen kann, im Lotto zu gewinnen, wird nie einen Lottoschein ausfüllen und natürlich nie einen Lottogewinn einstreichen. Wer im Lotto gewinnt, ist demnach stets dieser Vision gefolgt.

Umkehrbar ist dieser Zusammenhang jedoch nicht. Die Aussage »Realität entsteht aus Visionen« lässt sich keineswegs in die Aussage umwandeln, dass Visionen die ihnen entsprechende Realität schaffen. Nur weil man die Vision eines Lottogewinns verfolgt, gewinnt man noch lange nicht im Lotto.

Genauso selbstverständlich wird nicht jeder Bundeskanzler, mag er dieses Ziel auch noch so verbissen verfolgen.

Ratschläge zur Imagination der Art »Geben Sie Ihrem Leben ein Ziel und eine Richtung« suggerieren zudem fälschlicherweise, es wäre möglich, Lebensziele willkürlich auszuwählen. Auch bei den großen Visionären, die als Beispiele für die Imaginationstheorie herhalten müssen, kann man aus psychologischer Sicht davon ausgehen, dass sie ihre Lebensziele nicht bewusst auswählten. Wahrscheinlicher ist, dass eine Vision von ihrem Fühlen und Handeln Besitz ergriffen hat. Diese Menschen haben nicht ihr Unbewusstes gelenkt, vielmehr hat dieses sie zu seinem Ausführungsgehilfen gemacht. Ihre Vorstellungen haben ihnen keine Ruhe gelassen, und daher hatten sie keine andere Wahl, als dem Druck der inneren Aufforderungen nachzukommen. Diese Menschen haben ihrem Leben keine Ziele gegeben, sie haben diese vielmehr angenommen. Sie haben sich dem Drängen ihrer Gefühlswelt und damit dem Zwang unbewusster Vorgaben angepasst.

Aufforderungen wie »Schaffen Sie sich Visionen« oder »Geben Sie sich Ziele« unterstellen, über Tagträume und Lebensziele bestimmen zu können. Damit bräche ein neues Zeitalter an. Wurden Menschen bisher von Visionen heimgesucht, so stricken sie diese jetzt selbst. Haben bestimmte Träume bisher den Menschen ergriffen, so wählt er jetzt einfach bewusst ihm passende Visionen aus.

Das formbare Unbewusste
Die bunte Welt der Imagination eröffnet dem Menschen scheinbar jede mögliche Zukunft; und sein Unbewusstes wird bei alledem widerspruchslos mitmachen. Das scheint kein Problem zu sein, wie beispielsweise der Trainer Enkelmann behauptet, wenn man einige Tricks beachtet:

»Im Alpha-Zustand ist das Unterbewusstsein so formbar wie Wachs.«[204]

Der beschworene Alpha-Zustand stellt sich ein, wenn der Mensch entspannt ist und sich seine Gehirnströme verlangsamen. Um das Unbewusste mit Aufträgen auszustatten, werden Suggestionen und Imaginationen deshalb mit Vorliebe auf Audiokassetten gebannt, von wo aus sie, unterstützt durch entspannende Klänge, ins Unbewusste eindringen und dort die Herrschaft über die Person ergreifen sollen. Derart »ausgetrickst« soll das Unbewusste zum Diener des Ich und zum Ausführungsorgan des Bewusstseins umfunktioniert werden.

Die Vorstellung, das Unbewusste auf solche Weise einspannen zu können, ist schlicht vermessen. Denn das Ich und sein Wille sind, wie der Gehirnforscher Gerhard Roth sagt, in eine fertige Persönlichkeitsstruktur »hineingestellt«. Wahrnehmungsstrukturen und Gefühlswelt, die zum Unbewussten gehören, haben sich bereits in den ersten Lebensjahren entwickelt und im limbischen System des Gehirns organisch manifestiert. Erst zeitlich danach entstanden mit der Entwicklung des Kortex das physiologische Zentrum des Bewusstseins und damit die organische Voraussetzung dafür, ein Ich zu entwickeln.

Das Ich traf also auf eine in wesentlichen Zügen bereits festgelegte Persönlichkeitsstruktur und ist seither vorwiegend mit deren Ausführungsaufträgen befasst. Daher können weder Ich noch Wille der übrigen Persönlichkeit etwas Wesentliches vorgeben, erst recht keine Lebensziele, die der Persönlichkeitsstruktur zuwiderlaufen. Es bedarf vielmehr entsprechender Gefühle, einer emotionalen Basis, um wirksame Visionen entwickeln zu können, worauf Gerhard Roth ebenfalls hinweist:

»Emotionen greifen in die bewusste Verhaltensplanung und -steue-
rung ein, indem sie bei der Handlungsauswahl mitwirken und bestimmte Verhaltensweisen befördern. Hierbei spricht man von Motivation. Als Wille ›energetisieren‹ sie die einen Handlungen bei ihrer
Ausführung und unterdrücken als Furcht oder Abneigung andere.
Sie steuern Gedanken, Vorstellungen und insbesondere unsere Erinnerungen.«[205]

Es funktioniert also genau andersherum, als von den Machbarkeitspriestern behauptet wird. Nicht die Vorstellung steuert die Emotion, sondern die Emotion steuert die Vorstellung
in weit größerem Ausmaß. Deshalb kann man sich schwerlich
wirksame Zielvorstellungen machen, wenn Emotionen dage-
genstehen.

Willkürliche Visionen

Beispielsweise empfinden die meisten Menschen eine offene
Ehe deshalb »unvorstellbar«, weil ihre Gefühle gegen diese
Vorstellung rebellieren. Diese Gefühle blockieren die entsprechende Zielvorstellung, sie radieren die schönen Bilder sexu-
eller Freiheit einfach aus. Daran, sich so etwas nicht vorstellen zu können, vermögen diejenigen kaum etwas zu ändern.
Wollen sie diese Vorstellung ermöglichen, werden sie sich intensiv mit ihren Gefühlen befassen müssen, oder sie stellen
eines Tages fest, dass sich ihre Gefühle zum Thema grundlegend verändert haben. So lange aber können sie nicht »gegen sich an«.

Weil sie unbewusst gespeist werden, ist es sinnlos, Visionen willentlich festlegen zu wollen. Wenn sich eine Vorstellung nicht mit unbewussten und emotionalen Motiven deckt,
wird sie alsbald verblassen und dementsprechend wirkungs-

los bleiben. Wenn sie sich allerdings mit dem Unbewussten deckt, hat man dem Leben weder Ziele noch Richtung gegeben, vielmehr hat man diese Ziele angenommen.

Gerade wenn es um etwas so Großes und Wichtiges wie Lebensziele geht, bleibt dem Ich letztlich nur, sich vor dem Unbewussten zu verbeugen und dessen Aufträge anzunehmen. In diesem Nachgeben liegt, nebenbei erwähnt, meiner Meinung nach die beste Möglichkeit, wirksam und nachhaltig in Übereinstimmung mit sich selbst und damit zu Erfüllung zu gelangen.[206]

Selbsterkenntnis durch Visionen

Dass man Lebensziele und entsprechende Visionen nicht bewusst wählen kann, bedeutet wiederum nicht, in der Beratung oder Therapie auf die Arbeit mit Imagination zu verzichten. Im Gegenteil, sich mit Visionen zu befassen ist eine großartige Möglichkeit, zu echter Selbsterkenntnis zu gelangen.

Diese Selbsterkenntnis ergibt sich, wie bereits betont, jedoch nicht aus der Vorgabe, sondern aus der Entdeckung von Visionen. Die hilfreiche Unterstützung lautet dann: »Entdecken Sie klarer, welche Sehnsüchte in Ihnen schlummern und in den Bildern Ihrer Tagträume auf Verwirklichung drängen – und lassen Sie sich gegebenenfalls davon überraschen.« Solch eine Überraschung könnte etwa dann eintreten, wenn Lebensträume völlig unspektakulär sind oder den bewussten Vorstellungen sogar entgegenlaufen, wie die eines Rechtsanwaltes, der Bauer werden wollte.

Sehnsüchte sind die unerfüllten emotionalen Wünsche eines Menschen. Sie drücken sich bildlich aus. Mit dieser Verbindung von Gefühl und Bild gehen beispielsweise Therapieformen wie das katathyme Bilderleben um. Dort wird über Bilder ein Zugang zum Unbewussten geschaffen mit dem Ziel,

Informationen über sich zu sammeln und auf diese Weise zu echter, innerlich gedeckter Selbsterkenntnis zu finden. Das eigentliche Ziel dieser Arbeit mit Bildern und Visionen besteht jedoch darin, nicht am Bild selbst hängen zu bleiben, sondern dessen tiefere Bedeutung zu erfassen. Bleibt diese Suche nach der Bedeutung von Visionen aus, können sie falsch verstanden werden.

Äußert jemand einem Machbarkeitspriester gegenüber etwa die Vorstellung, »selbstständiger Unternehmer« werden zu wollen, wird dieser sich sogleich begeistert auf dieses Bild stürzen und denjenigen mit »Du schaffst es«-Parolen dazu ermutigen, Kredite aufzunehmen und eine Firma zu gründen. Dabei mag es bei der ursprünglichen Vorstellung weder um Selbstständigkeit noch um materielle Unabhängigkeit gehen. Sie kann als tiefere Botschaft den Wunsch transportieren, sich als sein eigener Herr zu fühlen. Es geht also möglicherweise um ein Gefühl und nicht eine Firmengründung. Dieses Gefühl kann sich jedoch schon einstellen, wenn man die eigene Meinung den Ansichten der Arbeitskollegen entgegenstellt und sich deutlicher als bisher von ihnen abgrenzt.

Psychologen wissen: Der wahre Kern bestimmter Vorstellungen ist oft nicht das, worum es scheinbar geht. Deshalb greift der seriöse Berater Visionen auf und sucht nach den darin enthaltenen Sehnsüchten. Die sich daraus ergebenden, konkretisierten Ziele und Bilder sind dann vielleicht weniger spektakulär, dafür aber authentisch und von der ganzen Persönlichkeit getragen.

Fazit zum Thema Imagination

Die destruktive Wirkung nicht hinterfragter Ziele und Visionen, die Grenzen des Ich und seiner Absichten, die Macht des Unbewussten, die emotionale Steuerung von Visionen, die verborgene Bedeutung bildlicher Mitteilungen des Unbewussten – das und andere Kleinigkeiten findet bei Machbarkeitspriestern keine Beachtung, weshalb ihre Imaginationsrezepte nicht viel bringen.

Was nun? Wenn der Machbarkeitsgläubige eines Tages feststellt, dass sein Unbewusstes auch mit Imaginationen nicht zu überlisten ist, bleibt ihm eine letzte Hoffnung: die Neuprogrammierung.

Die Wunder der Neuprogrammierung

»Unsere Glaubenssätze können wir jederzeit ändern.«[207]

»Wenn irgendein Mensch irgendetwas kann, [könnt] ihr es auch. Alles, war ihr braucht, ist die Intervention eines Modellierers.«[208]

Hat sich positives Denken als wenig erfolgreich erwiesen und hat sich sein Leben auch durch Imagination nicht den Wünschen des Machbarkeitsgläubigen angepasst, bleibt ihm eine letzte Hoffnung, dem Einfluss unbewusster Steuerung zu entgehen: die Neuprogrammierung des Unbewussten.

Die Neuprogrammierung der Wahrnehmung ist, folgt man den Machbarkeitspriestern, ein im Grunde einfaches Vorhaben. Denn es geht »lediglich« darum, unbewusst ablaufende Programme neu aufzubauen. Dazu müssen allerdings festgeschmiedete Wahrnehmungsketten verändert werden, die von Deutungsgebung über Sinnfindung zur Verhaltensanweisung verlaufen, wie ich sie im Kapitel *Jeder Mensch schafft sich seine Realität selbst* (Seite 103 ff.) geschildert habe. Dieses bescheidene Vorhaben wäre vergleichbar damit, die Grundmauern eines Hauses auszutauschen, ohne die darüber liegenden Wände, Decken und das Dach zum Einsturz zu bringen.

Rationale Selbstverkenntnis

Dieses Problem lösen die Machbarkeitspriester durch eine einfache Konstruktion, der man von Carnegie über Lejeune bis
Höller und Csikszentmihalyi immer wieder begegnet, und zwar
die der Selbsterkenntnis – Höllers Ausführung sei hier exem-
plarisch aufgeführt:

»Doch lässt sich jeder Charakter, jede Speicherung durch einen Prozess verändern, der eine ungeheure Neuprogrammierung auslöst:
die Selbsterkenntnis!«[209]

Nähme man diese Aussage ernst, könnten Psychologen ihre
bisherigen Arbeitsmethoden über Bord werfen und die Menschen einfach neu programmieren, indem sie ihnen zur Selbsterkenntnis verhelfen. Ganz nebenbei würden sie den Charakter ihrer Klienten wunschgemäß verändern. Aus Duckmäusern
würden Überflieger und aus Triebtätern fromme Lämmer –
einfach, indem sie sich selbst erkennen!

   Bei dieser »ungeheuren Neuprogrammierung« wird unterstellt, dass ein Verhaltensmuster allein durch seine Erkenntnis – womit immer rationale Erkenntnis gemeint ist – auflös-
bar wäre. Bezogen auf das Beispiel des Hauses würde die
Erkenntnis, welcher Teil seiner Grundmauer vom Schwamm
befallen ist, diesen gleichzeitig beseitigen. Natürlich ist diese
Verklärung der Selbsterkenntnis eine weitere Form von Augenwischerei. Denn Selbsterkenntnis meint, Bewusstsein zu
entwickeln, und Bewusstsein stellt ein sehr komplexes, viel-
dimensionales Gebilde dar. Bewusstsein bedeutet: Ich weiß!
Selbsterkenntnis meint demnach: Ich kenne mein Selbst,
meine gesamte Persönlichkeit, ich weiß um ihre Ecken und
Winkel und was darin verborgen liegt.

   Kann ein Mensch sich derart umfassend kennen? Kann er

seine Gedanken und darüber hinaus seine Gefühle in ihrer ganzen Breite und Tiefe erfassen? Kann er sich innere Beweggründe derart umfassend bewusst machen? Wohl kaum, denn der Mensch vermag nur einen kleinen Ausschnitt seiner inneren und äußeren Welt zu erkennen.

Beispielsweise mag jemand sagen: »Ich weiß, dass ich keine Angst vor meiner Führerscheinprüfung zu haben brauche, schließlich habe ich alle Fragen gelernt.« Trotzdem aber kann er Angst empfinden. Sein Kopf ist beruhigt, seine Gefühle sind es nicht, was bedeutet, dass Gefühle existieren, die er bisher nicht erkannte. Sein Bewusstsein enthält in diesem Fall Verstandesbewusstheit und nicht Gefühlsbewusstheit. Selbst dann aber, wenn er keine emotionale Angst fühlt, könnte sein Körper solche spüren. Seine Hände würden feucht, er würde schwitzen, und Blutdruck und Pulsfrequenz wären womöglich derart erhöht, dass ihm in der Prüfung jegliche Konzentration abhanden käme. Obwohl sein Verstand und sein Gefühl um die Harmlosigkeit der Situation wüssten, wäre sich sein Körper derer nicht bewusst und würde ein unbewusstes Angstreaktionsprogramm ablaufen lassen.

Umfassendes Bewusstsein und damit Selbsterkenntnis erfordert gleichzeitige und tief reichende Verstandes-, Gefühls- und Körperbewusstheit. Wenn diese drei Faktoren zusammenkämen, könnte man von einer tief wirkenden Selbsterkenntnis sprechen.

Am Verstand orientierte Selbsterkenntnis, wie sie von den Machbarkeitspriestern gemeint ist, erweist sich oft als rationale Selbst*ver*kenntnis. Sie trägt nichts Wesentliches zur Veränderung der Persönlichkeitsstruktur bei. Sie kann bestenfalls Absichten produzieren.

»Wenn dir einer auf die rechte Wange schlägt, halte ihm die linke hin.« Hinter dieser Empfehlung verbirgt sich eine sinnvolle Deutung, die Aggression als Hilflosigkeit begreift. Aber wem ist es bis heute gelungen, dieser Erkenntnis gerecht zu werden? Schlägt man einen Christen auf die Wange, wird man seine Antwort wahrscheinlich anders zu spüren bekommen – weil auch seine »Programme« und Deutungsmuster emotional und nicht verstandesmäßig fundiert sind.

Emotionale Dominanz

Bezeichnend für die relative Schwäche rationaler Selbsterkenntnis ist, was beispielsweise Vera Birkenbihl empfiehlt: »Schaffen Sie sich Ihre Wirklichkeit selbst« – und meint: »Nicht die Dinge sind positiv oder negativ, sondern unsere Einstellungen machen Sie so!«[210] Dann aber folgt die Einschränkung: »Wir wissen allerdings aus den Forschungsergebnissen der modernen Psychologie (zum Beispiel P. Watzlawick), dass eine Änderung des Denkens kaum ohne Beteiligung der emotionalen Ebene erreicht wird.«[211]

Diese im Nebensatz versteckte Relativierung bedeutet: Je tiefgreifender die erforderliche Denkveränderungen sein soll, desto tiefgreifender müsste sich die entsprechende emotionale Beteiligung darstellen. Wie diese emotionale Unterstützung erreicht werden soll, verrät Birkenbihl aus gutem Grund nicht. Denn gegen die Dominanz menschlicher Gefühle kann sie auf dem Wege rationaler Selbsterkenntnis – andere Wege stehen den Machbarkeitspriestern im Unterschied zu qualifizierten Therapeuten nicht zur Verfügung – nichts ausrichten.

Darüber hinaus ist der Widerstand der Gefühle gegen ausgedachte Veränderungsideen nicht bloß hinderlich. Der Hirnforscher Gerhard Roth beschreibt die emotionale Dominanz, die sich schneller Veränderung in den Weg stellt, als ein sinnvolles Phänomen:

»Diese Dominanz der Emotionen gegenüber der Vernunft ist biologisch sinnvoll, denn sie sorgt dafür, dass wir dasjenige tun, was sich in unserer gesamten Erfahrung bewährt hat, und das lassen, was sich nicht bewährt hat, Gefühle sind sozusagen diese Gesamterfahrung in konzentrierter Form; sie könnte in entsprechenden Details niemals bewusst repräsentiert werden.«[212]

Gefühle machen die Gesamterfahrung des Menschen deutlich, sie sind konzentrierte Erinnerungen und zugleich Handlungsanleitungen. Weil er seine Gefühle nicht zu ignorieren vermag und nur schrittweise zu neuen Lebenserfahrungen (Erfahrungen, die diese Bezeichnung verdienen) gelangt, kann der Mensch willentlich keine Neuprogrammierung herbeiführen. Will er sich »umbauen«, wird er die Grundmauer seiner Wahrnehmung Stein für Stein abtragen und durch neue ersetzen müssen, und auch das wird ihm nur teilweise möglich sein. Diese schrittweise Veränderung ist sinnvoll und notwendig, damit das Haus der Persönlichkeit nicht in sich zusammenfällt.

Körperliche Fundierung

Grundlegende Programmierungen, auf die sich der Wunsch nach Neuprogrammierung bezieht, reichen indes noch tiefer als Gefühle, nämlich bis in körperliche und organische Ebenen menschlicher Existenz hinein.

Wenn man mit einer extrem feinen Pipettenspitze versucht, die äußere Hülle eines Einzellers zu durchdringen, zieht sich die Zelle schreckhaft zusammen. Sie verengt sich, was so viel bedeutet wie: Der Einzeller bekommt Angst. Entfernt man die Spitze, dehnt sich die Zelle wieder aus. Wir können aus diesem Verhalten ableiten, dass sogar Einzeller über Bewusstsein verfügen, über Körperbewusstsein nämlich, und da sie kein

Gehirn besitzen, ist dieses Bewusstsein im wahrsten Sinne
»eingefleischt«.

Ähnlich verhält es sich beim Menschen. Alle grundlegenden Lebenserfahrungen sind körperlich gespeichert, unter anderem im Muskeltonus, in Organspannungen, der Herzfrequenz,
dem Knochenbau, den Sehnen und so weiter. Ein ängstlicher
Mensch beispielsweise nimmt eine ängstliche Körperhaltung
ein, in der seine psychische Programmierung sozusagen körperlich umfasst ist. Solche körperlichen Prägungen gehören ebenfalls zu den so genannten Programmierungen.

Diese körperlich und emotional eingegrabenen Strukturen
sind entstanden, bevor rationale Erkenntnis möglich war – und
sie sind willentlich (Halten Sie sich stets gerade! Seien Sie
selbstbewusst!) nicht aufzulösen. Für praktizierende Körper-
psychotherapeuten ist es daher eine wohltuende wissenschaftliche Bestätigung ihrer von vielen Seiten bisher bezweifelten
Berufserfahrung, wenn der Hirnforscher Roth den Geburtsvor-
gang als entscheidend für die charakterliche Prägung einer
Person beschreibt:

»Die Geburt und die Erlebnisse der ersten Stunden, Tage, Wochen
und Monate danach wirken als Umweltreize zutiefst auf diese Kon-
ditionierungsebene ein und formen dadurch das Grundgerüst unserer Persönlichkeit [...]. Das sich entwickelnde Gehirn saugt förmlich
die Einwirkungen der (engeren) Umwelt in sich auf.«[213]

Bereits durch die Geburt können individuelle Lebenshaltungen entstehen und sich fest in das Deutungssystem des Menschen »einfleischen«. Lassen Sie mich einen entsprechenden
Vorgang am Beispiel eines Klienten veranschaulichen, der
in einer therapeutischen Sitzung seine Geburt »wieder erlebte«.

Das Baby befand sich damals in einer Steißlage und wurde mit der Zange geholt. Dieser schmerzhafte Empfang in der Welt verankerte die körperlich erfahrene Überzeugung, die der Klient mit den Worten »Ich bin nicht willkommen, die Menschen wollen mir wehtun« ausdrückt. Dieser unbewussten, aus Schmerzen entstandenen Deutung des Geburtsvorgangs folgten die Verhaltenszwänge »Ich muss aufpassen« und »Ich muss Abstand halten«. In diesen Aussagen zeigen sich lebensgestaltende Grundüberzeugungen, die das Verhalten des Mannes auch im Erwachsenenalter mitbestimmen, was sich vor allem in Misstrauen und Distanz seinen Mitmenschen gegenüber zeigt.

Nun hat der Mann den Ursprung seiner Isolation und seiner Angst vor menschlicher Nähe in der Therapiesitzung erkannt. Diese Erkenntnis ist zudem nicht bloß rational, sondern wurde durch damit einhergehende körperliche Dynamik und emotionales Erleben ungemein vertieft. In der Sitzung hatte der Mann die Schmerzen, die Angst und das Entsetzen jener frühen Erfahrung erinnert und mit seinen Gedanken über die Menschen und seinen Überzeugungen und Verhaltenszwängen verbinden können.

Ist er jetzt von seinen Programmierungen befreit? Hat sich sein Charakter nun verändert? Kann er seine alten Überzeugungen aufgeben? Geht er fortan offen und unbekümmert auf Menschen zu? Natürlich nicht. Vor dem Mann liegen noch Jahre des Lernens. Es wird ihm zwar leichter fallen, seine »destruktiven« Überzeugungen zu erkennen und infrage zu stellen. Die Erkenntnis des Alten stellt jedoch das Neue nicht automatisch her. Zu neuen Lebenserfahrungen wird er gelangen, indem er sein Verhalten verändert, öfter sein Schneckenhaus verlässt, neue Kontaktmöglichkeiten entwickelt, Bedürfnisse äußert und mit Zurückweisung und seelischem Schmerz

umzugehen lernt. Indem er also nach und nach und Schritt
für Schritt einen Kontext von Verbundenheit aufbaut. In dem
Maße, in dem dieser neue Deutungskontext »funktioniert«, ist
er dann in der Lage, den alten Kontext der »Getrenntheit« aufzugeben.

Wie man sieht, ist es alles andere als ein Kinderspiel,
Grundüberzeugungen und Deutungsmuster zu verändern. Daher ist es fahrlässig, Menschen weiszumachen: »Unsere Glaubenssätze können wir jederzeit ändern«[214], wie beispielsweise
Bodo Schäfer es tut.

Die Realität eines Menschen wird sich in dem Maße verändern, in dem alle Elemente, aus denen sie sich zusammensetzt, angesprochen werden. Dazu gehören neben Gedanken,
Gefühlen und dem Körper auch menschliche Beziehungen
und die Beziehung zur Welt, also zwischenmenschliche, soziale und politische Bereiche. Alles ist mit allem verbunden,
Gedanken mit Gefühlen und Gefühle mit dem Körper, das Individuum mit anderen Menschen und alle Menschen mit der
Welt. Daher wird eine Änderung grundlegender Programme
die Beteiligung emotionaler und körperlicher Prozesse und
gegebenenfalls die Übereinstimmung mit gesellschaftlichen
Entwicklungen erfordern.[215]

Vergebens sind daher die Beschwörungen der Machbarkeitspriester, ihre Überbewertung rationaler Erkenntnis und
ihr Versprechen umfassender Neuprogrammierung. Sie näh-
ren zwar Hoffnungen, lassen die Gläubigen dann aber mit
den tieferen Elementen ihrer Programmierungen, mit emotionalen, körperlichen und sozialen Strukturen, im Regen stehen.

Menschliche Software

Um ihre Versprechen dennoch glaubwürdig erscheinen zu
lassen, vergleichen Machbarkeitsapostel das Neuprogrammie-

ren des Unbewussten gern mit dem Programmieren von Software. Schließlich kann man Computerprogramme neu programmieren; und angeblich gilt Gleiches für unbewusste Programme und Wahrnehmungsstrukturen. Das liest sich bei einem Werbetext im Internet beispielsweise so:

»Wir garantieren durch einfache und äußerst effektive Übungen ein Drehen von Einstellungen und Überzeugungen auf der Ebene der Freiwilligkeit des Einzelnen. [...] Denn ähnlich wie Microsoft ein Betriebssystem für Computer entwickelte, so entwickelten wir ein Betriebssystem für das Bewusstsein.«[216]

Dort wurde in aller Bescheidenheit ein Betriebssystem für das Bewusstsein entwickelt. Vielleicht sollte man es dem lieben Gott anbieten, damit dieser endlich die Mängel der Schöpfung beseitigen kann.

Wie verhält es sich nun mit der menschlichen Software? Zwar mag man den Prozess, in dem Deutungskontexte entstehen, mit dem Programmieren von Software vergleichen. Auch der Mensch ist zuerst ein »unbeschriebenes Blatt« und später gewissermaßen »programmiert«; und sind seine Deutungsprogramme einmal geschrieben, lassen sie nur bestimmte Deutungen – bei der Software »Optionen« genannt – zu. Doch um ein Computerprogramm wie beispielsweise Windows zu schreiben, müsste ein einzelner Programmierer Tausende Jahre arbeiten. Hunderte Programmierer arbeiten jahrelang an der richtigen Anordnung von Bits und Bytes. Selbst kleine Teile solch einer gigantischen Konstruktion umzuschreiben erfordert erneut Dutzende Arbeitsjahre. Dann braucht es weitere Jahre, bis die so genannten »Bucks«, die versteckten Softwarefehler, die erst dem Anwender auffallen, beseitigt sind. Bei Windows ist das bis heute nicht gelungen.

Noch komplexer müsste man sich eine Neuprogrammierung menschlicher Wahrnehmung vorstellen, weil hier erschwerend hinzukommt, dass diese nicht durch beliebig auswech-
selbare Speichermedien stattfinden kann, sondern durch tief
in das menschliche System eingegrabene Erfahrungen gelöscht
und mit neuen Deutungen überschrieben werden müssten. Auf
physiologischer Ebene geht es um den Neuaufbau nicht Tau-
sender, sondern Millionen neuronaler Netze. Deshalb wird es
immer Jahre oder gar Jahrzehnte dauern, bis grundlegende
Programmierungen teilweise verändert sind, bis eine zurück-
haltende Angestellte gelernt hat, sich durchzusetzen; bis eine
schüchterne Partnerin ihre Vorzüge offen zur Schau trägt; bis
sich ein aggressiver Partner zum frommen Lamm wandelt.

Therapeutische Trickkisten

Die Erforschung von Wahrnehmungsstrukturen und die daraus entstandene Idee der Neuprogrammierung hat vor allem
die an schnellen Verhaltensänderungen interessierten Berufs-
gruppen wie Psychologen, Pädagogen und Managementtrainer beschäftigt. In Mode gekommen ist dabei die Methode des
NLP, des Neuro-Linguistischen Programmierens, eine Methode, die den Begriff »Programmierung« sogar als Namens-
bestandteil trägt. Auch der Hohepriester Höller ist davon begeistert:

»Manches, was ich in meinen Seminaren lehre, stammt aus dem
NLP-Bereich. [...] Doch was ist NLP? [...] NLP ist die fantastische
Fähigkeit, mit unserem Gehirn richtig umzugehen.«[217]

NLP entstand Mitte der 1970er-Jahre in den USA, dem Eldorado der Machbarkeit. Zwei Professoren[218] wollten die Funk-
tionsweise erfolgreicher Therapien allgemein nutzbar machen.

Dazu beobachteten sie bekannte Therapeuten, vor allem Virgina Satir, Fritz Perls und Milton H. Erickson, bei der Arbeit. Aus deren Arbeitsweise destillierten sie anschließend Strategien, wie das Unbewusste effektiv zu beeinflussen und auf diesem Wege menschliches Verhalten zu verändern sei. Beachtliches wurde dabei versprochen:

»Wir respektieren eure Fähigkeiten und Wahlmöglichkeiten. Wir sagen einfach: ›Na gut, lasst uns zu denen, die ihr schon habt, noch andere Wahlmöglichkeiten hinzufügen, damit euer Repertoire größer wird‹ – genau wie ein guter Mechaniker eine volle Werkzeugtasche hat.«[219]

NLP versprach alsbald schnelle und einfache Neuprogrammierungen und stellte sich dadurch als professionelles Rundumsorglos-Paket dar. Beinah alles schien machbar, man musste lediglich richtig »ankern«, exakt »paisen« und akribisch den Schritten des »Reframings« folgen, dann waren Erfolg und Veränderung sozusagen vorprogrammiert.

Prüfungsangst? Phobien? Eifersucht? Einsamkeit? Kein Glück bei den Frauen? Mit NLP war das in den Griff zu bekommen, auf dem direkten Weg über das Unbewusste. Man konnte die Nachwuchsmeister dieser Technik bei ihrer Selbstprogrammierung beobachten, wie es mir in mehreren Fällen vergönnt war. Einer dieser in Schnellkursen ausgebildeten »NLP-Master« beispielsweise wollte eine Partnerschaft aufbauen und programmierte sich auf den entsprechenden Erfolg bei Frauen. Leider mochte die Realität seinen Anweisungen nicht folgen, die Traumfrau tauchte nicht auf. Angestrengt suchte er nach falsch gesetzten Ankern. Hatte er einen Schritt des »8-Step-Reframings« vergessen? Sollte er besser ein »12-Step-Reframing« verwenden? Hatte er den »Moment of Bliss« verpasst? Oder nicht richtig »kalibriert«?

Wie zu erwarten, entwickelte sich das NLP zur Fundgrube für Machbarkeitspriester und Machbarkeitsgläubige. Was es für diese so interessant machte und noch immer macht, ist das Versprechen, mit seiner Hilfe auf das Unbewusste einwirken und es kontrollieren zu können, wie es die Gründer dieser Methode behaupteten:

»Wir stellen sehr nachdrücklich eine Behauptung auf: Wir behaupten, dass, wenn irgendein Mensch irgendetwas kann, ihr es auch könnt. Alles, war ihr braucht, ist die Intervention eines Modellierers, der über die erforderlichen sinnlichen Fertigkeiten verfügt, um zu beobachten, was ein talentierter Mensch tatsächlich tut, [...] und der das dann so verpackt, dass ihr es lernen könnt.«[220]

Neuprogrammierung dieser Art ist auf instruktives Vorgehen angewiesen. Der Neuprogrammierer gleicht dabei einem Architekten, der einen Umbauplan entwirft und diesen umsetzen möchte. Heute, fast dreißig Jahre später, hat sich in der Therapie allerdings die Erkenntnis durchgesetzt, dass man Veränderung in komplexen Systemen (ohne Zweifel ist auch das Individuum ein komplexes System) zwar anstoßen, keineswegs aber kontrollieren kann. Die Ergebnisse eingeleiteter Veränderungsprozesse sind nicht planbar, der Wille kann die Persönlichkeit nicht auf Schienen legen. NLP konnte seine Machbarkeitsversprechen nicht einlösen, folglich ist es aus der Mode gekommen. Seine zahlreichen brauchbaren Ansätze sind von anderen Methoden, beispielsweise den systemischen, aufgenommen worden.

Fazit zum Thema Neuprogrammierung
Neuprogrammierung löst verständlicherweise große Hoffnungen aus, ist aber ein langwieriger und schwieriger Vorgang,

der großer Motivation und Anstrengung bedarf und doch nur teilweise möglich sein wird.

Denn der Auftrag, das Fundament seiner Persönlichkeit umzubauen, führt den Menschen ins Dunkle seines Unbewussten, wo sein Bewusstsein wie der schmale Strahl einer Taschenlampe umhertastet. Auf dem Auftragszettel steht »Neuprogrammierung von Deutungskontexten«, doch im Licht der Taschenlampe erscheinen meist nur Bruchstücke und Einzelheiten. Das Licht der Selbsterkenntnis kann kaum umfassende Zusammenhänge, sondern meist nur Ausschnitte erfassen. Hinzu kommt, dass für den Umbau der Persönlichkeit weder Pläne noch Anleitungen zur Verfügung stehen. Wie das neue Fundament der Persönlichkeit aussehen soll, aus welchem Material es beschaffen sein muss, wie tief es in den Untergrund ragen soll, dafür gibt es keine vorgefertigten Konstruktionspläne, all das muss der Mensch durch Versuch und Irrtum, durch Trial und Error, herausfinden.

Sind wir demnach unseren gespeicherten Erfahrungen und einmal entstandenen Deutungskontexten für immer hilflos ausgeliefert? Oder besteht doch eine Chance zur Veränderung? Um nicht zu sehr vorzugreifen, möchte ich an dieser Stelle lediglich andeuten, wie grundlegende Verhaltensänderung tatsächlich erreicht wird. Nicht durch Einsicht, nicht durch Willen, nicht durch Absicht allein. Wesentlich mehr wird dazu benötigt.

Dem Individuum muss etwas zustoßen, was es in seine bisherigen Deutungszusammenhänge nicht einordnen kann. Der Mensch muss eine »unbegreifliche« Erfahrung machen, etwas erleben, auf das er in gewohnter Weise nicht reagieren kann, weil er es im Lichte seiner bisherigen Deutungen nicht versteht. Solche Situationen erfordern den Aufbau neuer oder erweiterter Deutungskontexte, also eine Neuprogrammierung, an der dann tatsächlich das Bewusstsein beteiligt ist.

Dieses »Überraschende«, »Unfassbare« oder »Unbegreifliche« kann jedoch nicht erzwungen werden; man kann es nicht herbeipredigen, den Leuten nicht einhämmern und dem Unbewussten durch Manipulation auch nicht vorgeben – und deshalb sind die Werkzeuge der Machbarkeitsprediger, seien es Positives Denken, Imagination oder Neuprogrammierung, zumeist stumpf und nutzlos.

Dass das Überraschende trotzdem geschieht und wie es Veränderungen auch grundlegender Programmierungen ermöglicht, werde ich in einem späteren Abschnitt schildern. Zuvor möchte ich mich noch dem Thema Glück und dessen angeblicher Machbarkeit zuwenden.

DIE DRITTE INTELLIGENTE LÜGE:
DU HAST DEIN GLÜCK IN DER HAND

»Unglück kann man kontrollieren, Glück lernen.«[221]

»Glück ist tatsächlich reine Gewohnheitssache.«[222]

»Glück ist kein Zufall.«[223]

»Menschen, die lernen, ihre inneren Erfahrungen zu steuern, können ihre Lebensqualität bestimmen.«[224]

Zahlreich sind die Publikationen, Bücher und wissenschaftlichen Abhandlungen zum Thema Glück. Sie beschreiben unzählige »Methoden«, wie man diesen Zustand zuverlässig erreichen kann. Liest man diese Wegweiser, fragt man sich unwillkürlich, wie vergangene Kulturen und noch bestehende Stämme, die nicht über solche Anleitungen verfügten und verfügen, eigentlich zu ihrem offensichtlich meist glücklicheren Dasein fanden.

Da gesellschaftliche Anleitungen zum Glück anscheinend verloren gegangen sind, ist das Glück heute privatisiert und der Verantwortung des Einzelnen übergeben worden. Der Glaube an seine individuelle Verfügbarkeit ist ein wesentlicher Bestandteil des Machbarkeitsglaubens. Dies zeigt sich in Begriffen wie »Glücksfähigkeit« oder »Wachstum zum Glück«.

Da drängen sich viele Fragen auf. Was ist eigentlich Glück? Wodurch wird man glücklich? Kann Glück andauern? Kann man Glück überhaupt herstellen?

Glück als Wunscherfüllung

Ich werde hier nicht versuchen, den Glücksbegriff zu definieren. Das ist Philosophen seit Jahrtausenden und Psychologen seit Jahrzehnten nicht zufrieden stellend gelungen. Unterschiedlichste Beschreibungen dieses Zustands gelangen jedoch zu der nachvollziehbaren Übereinstimmung, dass sich Glück durch Wunscherfüllung einstellt. Glück würde demnach durch das Ende eines sehsuchts- oder leidvollen Erlebens ausgelöst, ähnlich des Empfindens »wenn der Schmerz nachlässt«, in diesem Fall der Schmerz des Sehnens und Wünschens.

Diese Sicht widerspricht nicht einer anderen Beschreibung, die Glück als einen Zustand der Wunschfreiheit definiert. Denn wessen Wunsch erfüllt ist, der ist – zumindest für Augenblicke oder eine bestimmte Zeitspanne – frei von Wünschen. So lange zumindest, bis neue Wünsche auftauchen.

Weil jeder Mensch unterschiedliche Wünsche zu erfüllen sucht, gibt es kein allgemein gültiges Glückskriterium. Eine Mutter, die ein Kind geboren hat, ein Angestellter, der befördert wurde, ein Politiker, der eine Wahl gewonnen, ein Diktator, der einen Putsch siegreich geführt hat, ein Einbrecher, dem ein Coup gelungen ist – sie alle mögen sich als glücklich bezeichnen. Zumindest für eine Weile.

Doch wie lange mag das Glück der Wunscherfüllung währen? Wenn ein Wunsch erfüllt ist, drängen bald schon neue, bisher unerkannte Wünsche auf Verwirklichung, und es nagen neue Sehnsüchte am Glücksempfinden. Wer sich heute als glücklich bezeichnet, wird das nicht ohne weiteres bleiben, schon deshalb, weil sich innere oder äußere Umstände mit der Zeit verändern.

Das Glück, so scheint es, ist auf Wunsch und Bedürfnis sowie – als deren Quelle – auf Mangel angewiesen. Es bestünde demzufolge nicht in der dauernden Auflösung eines Mangels, sondern im vorübergehenden Stillen des Verlangens danach. Um das Verlangen immer wieder stillen und dadurch glücklich sein zu können, muss der Mangel immer wieder neu entstehen. Vielleicht verhält es sich mit dem Glück ähnlich wie mit der Sattheit. Wir streben an, satt zu werden, und brauchen dazu den Hunger. Da niemand »dauernd satt« sein will, können wir davon ausgehen, dass ein wesentlicher Gewinn beim Essen in der lustvollen »Befriedigung des Hungers« besteht, also ebenfalls in der Auflösung eines Mangelempfindens.

Durch die Dynamik von Mangel und Wunscherfüllung erweist sich das Glück als vergänglich. Trotzdem wird von einer Heerschar von Beratern unverdrossen behauptet, Glück sei nicht nur zeitweise, sondern ganz im Gegenteil dauerhaft und lebenslang machbar. Die Wissenschaft legt solches nahe, vor allem die so genannte Glücksforschung.

Fragwürdige Glücksforschungen

In den USA haben sich Professoren verschiedener Universitäten mit der Machbarkeit des Glücks befasst.[225] Ihre Erkenntnisse wurden ganzseitig und ausführlich in einer großen deutschen Tageszeitung beschrieben. Der Autor des Artikels hatte sich die Bücher besagter Professoren angesehen und betreffende Passagen übersetzt. Schon die Einführung seines Artikels lässt Großes hoffen:

»Niemand muss mehr vom Neid zernagt auf jene Mitmenschen schauen, die immer nur glücklich sind. US-Forscher haben nämlich herausgefunden, was jeder selbst tun kann, um einem unglücklichen Leben tschüss! zu sagen.«[226]

In den USA gibt es anscheinend Leute, die einem unglücklichen Leben entsagt haben. Die Professoren haben diese rundum Glücklichen erforscht. Daher kann jetzt jeder auf einfache Weise sein Glück erschaffen, indem er 13 Wege zum Glück beherzigt. Dazu muss er, so fasst der Autor D. Bittrich die Forschungsergebnisse zusammen, lediglich:
- lösungsorientiert denken,
- hingebungsvoll arbeiten,
- körperlich fit sein,
- innerlich und äußerlich Ordnung halten,
- aufs Fernsehen verzichten,
- Freundschaften schließen und pflegen,
- auch Frust, Angst, Ärger als Motivation nehmen,
- jeden Tag dankbar sein,
- immer wieder die Komfortzone verlassen,
- wissen, wie er seinen Energiespeicher schnell wieder auffüllt,

- im Augenblick leben,
- Visionen haben, die ihn morgens aus dem Bett springen lassen,
- und schließlich religiös sein.

Diese scheinbar unfehlbare Glückstechnologie muss sich aus der Beobachtung wahrer Übermenschen ergeben haben. Irgendwie haben diese Leute alles richtig gemacht. Lassen Sie mich aus dem besagten Artikel zu den 13 Glückswegen zitieren.

– Glückliche Menschen fragen, so Martin Seligman von der Universität Pennsylvania, nicht »Warum?«, sondern »Wozu?«. Statt in Problemen und Zweifeln zu versinken, konzentrieren sie sich auf Lösungen und fragen: »Wie kann ich das Problem lösen?«

– Glück entdeckte der Forscher Prof. David Myers vor allem bei »hingebungsvollen Arbeitern«. Er empfiehlt daher, intensiv zu arbeiten, denn »Unterforderung macht unglücklich« und »konzentrierte Aktivität mobilisiert das körpereigene Glückshormon Serotonin«. Auch körperliche Bewegung hält er für wichtig, denn »Niedergeschlagenheit, Leeregefühl, Konzentrationsstörungen werden durch Bewegung beiseite gefegt«. Ein weiterer Effekt: Ganz nebenbei werde das Selbstwertgefühl durch Fitness gesteigert.

– »Wer aufräumt und Liegengebliebenes anpackt, fühlt sich nicht als Opfer, sondern als Gestalter seines Schicksals, und das gehört wesentlich zum Glück«, sagt Professor Ed Diener. Deshalb müssten die Wohnung und das Innere immer aufgeräumt sein.

– Professor Leon Kaplan ist überzeugt: »Fernsehen leert sukzessive den körpereigenen Speicher des Wohlfühlhormons Endorphin. Wer drei Stunden ferngesehen hat, kann sich unmöglich leicht und fröhlich fühlen – egal, was er gesehen hat.«

– Da allen glücklichen Menschen das Talent zur Freundschaft gemein ist, rät Professor Seligman: »Das bedeutet Regelmäßigkeit, bedeutet Pflege, bedeutet Initiative.«

– »Die glücklichen Leute nehmen auch Frust, Angst, Ärger als Motivation«, erklärt Professor David Myers. »Sie sehen, dass hinter jeder Schwäche eine Stärke steckt.«

– Glückliche Menschen sind glücklich, »weil sie dankbar sind [...]. Die Glücklichen haben ihren Blick trainiert für die Dinge, die erfreulich sind«, meint Professor Mihaly Csikszentmihalyi und empfiehlt: »Wer sich jeden Tag aufzählt, wofür er dankbar sein kann, schärft seine Wahrnehmung für die angenehmen Seiten des Lebens, denkt, fühlt, lebt immer fröhlicher.«

– »Medizinisch nachweisen« konnte Professor David Myers: Wer Probleme meidet, schrumpft. »Vierzehn Tage reiner Relaxurlaub senken die geistige Wachheit und damit die Glücksfähigkeit um 20 Prozent.«

– Professor Seligman fand heraus: »Leute, die leichter leben, machen es sich nicht bequem. Im Gegenteil: Sie verlassen immer wieder die Komfortzone«, denn »Wachstum zum Glück findet außerhalb der Komfortzone statt. Wer nie scheitert, entwickelt sich nicht und kann auch nicht glücklich werden.«

– »Die meisten Leute sacken ab, wenn sie erschöpft und frustriert sind. Die Glücklichen wissen, wie sie ihren Energiespeicher schnell wieder auffüllen können«, sagt Professor Ed Diener von der Universität Illinois. Etwa indem sie Mozart hören, etwas Schönes kaufen, Wasser trinken und so weiter. Die Forscher raten daher, sich eine schriftliche »Akku-Liste« anzulegen, »damit sie da ist, wenn die Gedanken im Düsteren kreisen«.

– Glückliche Menschen leben mehr im Augenblick, weil sie sich gut konzentrieren können. »Wer in dem aufgeht, was gerade dran ist, bewegt sich in einer Sphäre der Zeitlosigkeit.« Der Rat von Professor Csikszentmihalyi: »Alle anderthalb Stunden für neunzig Sekunden fühlen, wie der Atem geht, wie die Haltung ist, was sich im Körper tut.«

– Professor Ed Diener weiß, dass glückliche Menschen über Visionen verfügen. Sie haben etwas, »was sie morgens aus dem Bett springen lässt«. Daher sollte man sich »langfristige Ziele setzen und diese schriftlich formulieren«. Am besten in einem Tagebuch.

– »Es lässt sich nicht leugnen: Religiöse Menschen sind glücklicher. Und obendrein auch gesünder.« Das kann der Chef des U. S. Health Research Institute, David Larson, statistisch nachweisen, »jedenfalls dann, wenn die Religion keinen Zwang ausübt und keine Schuldgefühle hervorruft.«

So weit die »13 Wege zum Glück« – eine Sammlung bruchstückhafter Erkenntnisse und der sinnlose Versuch, sie zu einem Rezept zusammenzustellen. Was soll der bereitwillige Leser mit den gesammelten Erkenntnissen anfangen? Er muss glauben, es gäbe Menschen, die derart diszipliniert und kontrolliert zu leben in der Lage sind, die »Wachstum zum Glück« praktizieren, und wird sich selbst notgedrungen für einen Versager und zurückgeblieben halten.

Wir finden solche amerikanischen Rezepte in deutschen Glückskochbüchern wieder. Etwa bei Stephan Lermer. Im ersten Kapitel seines Buches *Die neue Psychologie des Glücks* lässt er in wohltuender Weise den Begriff Glück und dessen Erreichbarkeit offen und zeigt in Form eines philosophischen Streifzuges, dass Menschen seit Jahrtausenden keine Glücksrezepte fanden. Dann aber verfällt er in die übliche Strategiemasche und verkündet unvermittelt forsch: »Glück ist machbar.« Dazu gehört auch bei ihm nicht viel. Zu beachten sind lediglich:

– 3 Entwicklungsstufen zum Glück;

– 12 Einstellungen, von denen man sich lösen wird;

- 12 Einstellungen, die man entwickeln wird;
- 3 Ebenen des Glücks;
- 7 goldene Regeln zum Glück;
- 12 Merkmale glücksfähiger Menschen;
- 5 Strategien für Selbstvertrauen;
- 5 Strategien für Freundschaft;
- 7 Alltagsregeln des Glücks.

Daneben gilt es, eine Reihe kleiner Aufgaben zu erfüllen, nämlich:

- Erkennen Sie sich selbst!
- Reisen Sie zu den verborgenen Seiten Ihres Ichs!
- Entdecken Sie Ihr wahres Selbst!
- Pflegen Sie die Schönheit, die von innen kommt!
- Bleiben Sie jung durch engagierte Lebensfreude!
- Trainieren Sie Ihre Intelligenz durch Herausforderungen!
- Seien Sie dankbar!
- Nehmen Sie sich vor, bei all den kleinen und großen Entscheidungen, aus denen sich der Alltag beim Sprechen und Handeln zusammensetzt, voll dahinter zu stehen.
- Öffnen Sie sich dem natürlichen Chaos.
- Seien Sie spontan!
- Reinigen Sie Ihre Sprache und Ihr Denken!
- Weinen Sie ruhig mal öfter!
- Sagen Sie sich öfter am Tag: »Liebes Glück, komm zu mir, ich bin bereit für Dich!«
- Und beachten Sie zu guter Letzt, dass in Aktivität wahrscheinlich »der zentrale Schlüsselbegriff zum Glück« liegt.[227]

Fazit auch hier: Glück ist einfach herzustellen, fangen Sie gleich damit an.

Rundum glückliche Menschen

Wie findet die Glücksforschung eigentlich zu solchen Rezepten? Nun, die Forscher suchen nach glücklichen Menschen. Dafür müssen sie eine erste, recht hohe Hürde nehmen. Wer ist als glücklich zu bezeichnen, und wie wählt man glückliche Menschen aus? Fragt man sie einfach danach? Stellt man »objektive Kriterien« für Glück auf? Wenn die Glücksforscher mit viel Glück einige scheinbar besonders glückliche Menschen gefunden haben, beobachten sie diese akribisch und notieren sogleich: Was tun glückliche Menschen? Was denken sie? Wie fühlen sie? Wie verhalten sie sich in Beziehungen? Gehen sie in die Kirche? Haben sie Sex? Wie oft? In welchen Stellungen? Sehen sie fern? Streiten sie? Die Ergebnisse dieser Beobachtungen werden zusammengefasst, ausgewertet, bewertet und schließlich präsentiert. Dann folgt der unvermeidbare Rückschluss: Die Glücksforscher unterstellen, das beobachtete Verhalten erzeuge Glück.

Auf diese Weise wird Verhalten, das Glück ausdrückt, zum Glück erzeugenden Verhalten erhoben und anschließend konsequent zur Nachahmung empfohlen.

Glückliche Menschen fluchen nicht. Also fluche nicht, dann wirst du glücklich. Glückliche Menschen lachen viel. Also lache viel, dann wirst du glücklich (Es gibt bereits Lachkurse!). Glückliche Menschen arbeiten viel. Also arbeite viel. Glückliche Menschen beten. Also bete.

Absurde Anwendungen

Betrachten wir einmal kurz, wie Machbarkeitspropheten solche Forschungsergebnisse anwenden. Nachdem einer der oben erwähnten Wissenschaftler den so genannten »Flow«, dem ich mich gleich zuwenden werde, als Grundlage des Glücks beschrieben hatte, konnte Vera Birkenbihl verkünden:

»Nachdem Csikszentmihalyi dies erkannt hatte, wurde ihm klar: Eigentlich können wir jede Tätigkeit zu einer Flow-Tätigkeit machen, wenn wir wollen.«[228]

Jede Sekunde des Tages kann zum Glücksmoment werden, jede Minute, vierundzwanzig Stunden am Tag, ein Leben lang. Wenn wir nur wollen! Die passende Übung, die derartige Wunder bewirkt, wird gratis mitgeliefert:

»Wählen Sie eine Tätigkeit, die Ihnen vertraut ist (z. B. Gehen), und wandeln Sie sie leicht ab, sodass Sie ›es‹ sehr AUF-MERK-sam tun müssen, z. B. indem Sie rückwärts gehen [...]. Dabei sind Sie total im Hier und Jetzt. Ihr Gehirn ist extrem wach, weil es neue Nervenbahnen suchen/aufbauen muss. Hier kann Flow passieren.«[229]

Nähmen Menschen solche Anregungen ernst, würden sie, um neue neuronale Netze zu knüpfen, rückwärts zur Arbeit gehen und die U-Bahn im Handstand besteigen. Glück muss eben trainiert werden, weshalb die Zeitschrift *Marie-Claire* euphorisch von der Glücksforschung berichtet:

»Gewiss, diese Hochstimmung zu erreichen ist nicht einfach – Flow lässt sich nicht auf Knopfdruck abrufen. Aber je stärker die Motivation, je besser man seine Tätigkeit beherrscht und je öfter man die Bedingungen schafft, desto eher stellt sich Flow ein. Und wer einmal Flow erlebt hat, der wird ihn auch ein zweites Mal erleben. Und immer wieder.«[230]

Flow, Flow und immer wieder Flow. Der zitierte Forscher Mihaly Csikszentmihalyi gilt als der Glücksexperte schlechthin. Befasst man sich mit dem Thema Glück, kommt man um ihn nicht herum. Deshalb und weil sich die meisten Glückpropheten auf seine Forschung berufen, werde ich die Ausführungen dieses Wissenschaftlers ausführlicher untersuchen. Ich lade Sie zu einem Streifzug durch das Buch *Flow – das Geheimnis des Glücks* von Mihaly Csikszentmihalyi ein.

Die Jagd nach dem Flow

Der Forscher beginnt sein Werk mit dem Hinweis auf einen grundlegenden Widerspruch, den er jedoch sogleich elegant zu umgehen versucht:

»Doch wir können das Glück nicht erreichen, indem wir bewusst danach suchen. [...] Wie also können wir dieses flüchtige Ziel erreichen, das nicht auf direktem Weg verfolgt werden kann?«[231]

Seine Antwort lautet zusammengefasst: Indem man die Bedingungen herstellt, in denen Glück geschieht. Damit ist der Widerspruch aber nur scheinbar aufgehoben, denn wozu sonst sollte man diese Bedingungen schaffen als einzig und allein zu dem Zweck, das Glück herzustellen? Wir sollen also absichtlich die Bedingungen für Glück schaffen und dabei vergessen, wozu wir das tun. Daraus ließe sich ein flotter Management-Spruch kreieren: Machen durch lassen!

Worin bestehen diese absichtlich unabsichtlich gestalteten Glücksbedingungen? Glück wird erlebt, so Mihaly Csikszentmihalyi, wenn Flow passiert, ein Zustand, in dem der Mensch im Leben aufgeht und mit seiner momentanen Tätigkeit eins wird. Das klingt recht anspruchsvoll, doch der Flow beschreibt eigentlich Erfahrungen, die jeder kennt:

»Es ist das, was ein Segler auf richtigem Kurs hält, wenn der Wind sein Haar peitscht und sein Boot wie ein junges Pferd durch die

Wellen prescht [...]. Es ist das, was ein Maler fühlt, wenn die Farben auf der Leinwand eine magnetische Spannung aufbauen [...]. Solche Erlebnisse finden jedoch nur statt, wenn die äußeren Bedingungen günstig sind.«[232]

Ein Flow beschreibt Gipfelerlebnisse. Ein Gärtner mag sie erleben, während seine Hände in der Erde graben, ein Jogger oder Bergsteiger, während er Fuß vor Fuß setzt, ein Liebender, während er mit der Partnerin in Küssen und Berührungen verschmilzt.

Derartige Flow-Erfahrungen sind deshalb optimal, weil sie das Bewusstsein des Menschen ausfüllen und in solchen Momenten für nichts anderes Platz darin lassen – weder für Ängste noch für Sorgen noch für Zweifel noch für Erinnerungen oder Zukunftsgedanken. Das berühmte und oft missbrauchte Hier und Jetzt eben.

Die Droge Flow
Menschen brauchen und suchen solche Flows. In der Sexualität, in der Liebe, in der Arbeit, in zum Teil extremen Freizeitsportarten, in Hobbys und sonstwo. Da liegt es nahe, diese Glücksmomente ständig erleben zu wollen. Da ihre auffälligste Eigenschaft darin besteht, das Bewusstsein ganz und gar auszufüllen, kommt Mihaly Csikszentmihalyi zu dem Schluss:

»Menschen, die lernen, ihre inneren Erfahrungen zu steuern, können ihre Lebensqualität bestimmen.«[233]

Die Aufgabe eines Glück Suchenden lautet daher schlicht: Fülle dein Bewusstsein ganz mit einem Erleben aus. Die einfachste Möglichkeit, das zu erreichen, war seit jeher der Drogenkonsum. Auf die Gefahr, durch Flow-Suche einer Flow-Sucht zu erliegen, geht Mihaly Csikszentmihalyi übrigens in seinem Buch selbst ein. Und der Psychologe Siegfried Brockert warnt:

»Abkürzungen auf dem Weg zum Flow sind bekannt und werden gern genommen. Winterswyl: ›Das biochemische Äquivalent eines Flow kann auch durch Drogen erreicht werden oder [...] durch körpereigene Opiate (Endorphine).‹ Winterswyl warnt aber, dass das ›biochemische Glück‹ ein flüchtiges Phänomen sei: ›Die Halbwertzeit liegt bei etwa fünf Minuten.‹«[234]

Das Innenleben kontrollieren

Weil er nicht das chemische Glück, von Dr. Strunz als »Hormonkästchen im Gehirn« gepriesen, sucht, will der ernsthafte Forscher Csikszentmihalyi den Lesern Wege vermitteln, wie sie ein drogenfreies, selbst gemachtes und zugleich dauerhaftes Glück erlangen können:

»Dieses Buch wird den Prozess untersuchen, wie man Glück durch die Kontrolle über das eigene Innenleben gewinnt.«[235]

Weil ihn die Vorstellung, Kontrolle über das Bewusstsein zu erlangen, fasziniert, meint Csikszentmihalyi, man könne »die östlichen Religionen als Anleitung betrachten, wie man Kontrolle über das Bewusstsein erlangen kann«[236], und findet es »nicht unsinnig, Yoga als einen der ältesten und systematischsten Wege zur Flow-Erfahrung zu beschreiben«[237].

Zweifellos stellen Meditation und Yoga vergleichbare Techniken dar, die eine Kontrolle über die Inhalte des Bewusstseins gewährleisten sollen. Der Meditierende konzentriert sich beispielsweise auf ein Mantra und schließt auf diese Weise störende Inhalte aus seinem Bewusstsein aus. Diese Art der Bewusstseinskontrolle durch willentliche Konzentration ist aber weder neu noch konnten Millionen Menschen im Alltag etwas damit anfangen. Zudem erfordern sie günstige äußere Bedingungen, weshalb Yogis und Mönche abgeschirmt in Klöstern leben, wo sie täglich meditieren können.

Da aber keineswegs bewiesen ist, dass Geistliche östlicher Gesellschaften und westliche Mönche glücklichere Menschen wären, spornen Yoga und Meditation kaum zu massenhafter Nachahmung an und taugen wenig als allgemeine Glücksrezepte. Sonst würden wir alle auf Kissen sitzen. Der Wissenschaftler Csikszentmihalyi, dem das nicht verborgen bleibt, schlägt deshalb an den westlichen Lebensstil angepasste Lösungen des Glücksproblems vor:

»Wenn man jedoch persönliche Kontrolle über die Qualität von Erfahrungen erlangen will, muss man lernen, wie man das mit Freude füllen kann, was man tagein, tagaus erlebt.«[238] [...] »Ein Ziel dieses Buches ist es, Wege zu erkunden, wie man Routineangelegenheiten in persönlich sinnvolle Spiele umwandeln kann, die optimale Erfahrungen vermitteln. Den Rasen mähen oder im Wartezimmer des Zahnarztes sitzen kann erfreulich werden, wenn man die Aktivität neu strukturiert, indem man sich Ziele, Regeln und die anderen Elemente der Freude verschafft.«[239]

Glückstechnisch optimierter Alltag

Auf diese Weise wird der Alltag glückstechnisch optimiert. Staubsaugen gerät zur Meditation, Rasenmähen bringt den Flow, Fensterputzen wird zur Freude, Arbeit zur Quelle andauernder Erfüllung. Diese Segnungen werden jedermann zuteil, der die Bedingungen des Flow erfüllt. Denn Flow zeichnet sich

durch eine Reihe von Merkmalen aus, die seine Reproduzier-
barkeit scheinbar nahe legen. Er erfordert:

1. hohe Konzentration,
2. die Herausforderung von Fähigkeiten, und er soll
3. autotelisch sein, also um seiner selbst willen geschehen.

Sobald diese drei Voraussetzungen erfüllt sind, so legt die
Forschung nahe, sind die Bedingungen des Glücks hergestellt
und es kann sich im Bewusstsein des Menschen ungehindert
ausbreiten.

So einfach scheint das aber nicht zu sein. Denn obwohl die
Menschen auch ohne wissenschaftlich fundierte Anleitung
ständig dabei sind, die Bedingungen des Flow herzustellen,
können sie ihn doch nicht willkürlich produzieren. Sie klet-
tern auf Berge, segeln auf dem Meer, spielen Golf oder Tennis,
joggen oder fahren Autorennen, doch dadurch allein geschieht
kein Flow. Denn Flow hat einen Gegenspieler: den Gewöh-
nungseffekt. Hält sich jemand ständig in den Bergen oder
auf dem Meer auf, weil er dort Flow erlebte, wird sich dieser
Zustand seltener einstellen und schließlich der Normalität
weichen. Ich erinnere daran: Glück stellt sich durch Wunscherfüllung ein und braucht den Mangel. Wo aber wäre Mangel, wenn Rasenmähen und andere alltägliche Tätigkeiten zu
dauernd sprudelnden Glücksquellen umfunktioniert worden
sind?

Dem Unglück keine Zeit lassen

Da der westliche Mensch an autotelischen Tätigkeiten wie
Straßenkehren zudem wenig Gefallen findet und nahe liegende Glücksquellen wie Fensterputzen und Rasenmähen
lieber der Putzfrau oder dem Gärtner überlässt, wird ihm
Besseres angeraten. Er soll sich Ziele wählen, die die Bedingungen des Flow erfüllen, die also seine ganze Aufmerksam-

keit beanspruchen und seine Fähigkeiten herausfordern und somit psychische Entropie, die Unordnung im Geist, die Mihaly Csikszentmihalyi als Gegenspieler des Glücks ausgemacht hat, verhindern. Besonders wichtige Ziele müssen es daher sein, die:

»[...] so umfassend sind, dass sie Anstrengungen auch dann rechtfertigen, wenn unsere Hilfsmittel erschöpft sind und das Schicksal uns gnadenlos jede Chance auf ein angenehmes Leben verweigert. Wenn die Ziele gut gewählt sind und wir den Mut haben, sie auch gegen Widerstände zu verfolgen, werden wir uns derart auf die Handlungen und Ereignisse konzentrieren, dass wir keine Zeit haben, unglücklich zu sein.«[240]

Die Formulierung lässt stutzen. Sind wir in Wahrheit nicht glücklich, weil wir zu viel Zeit zum Unglücklichsein haben? Man sollte darüber nachdenken. Die Sklaven Roms hatten bestimmt keine Zeit, unglücklich zu sein, trotzdem waren sie es, wie ihr Aufstand beweist. Spinnen wir das weiter. Eine zeitgemäße Förderung des persönlichen Flow im Sinne Mihaly Csikszentmihalyis bestünde darin, dass der Professor Arbeit, Lohn und Gehalt aufgibt, sodass er auf der Straße leben muss. Sogleich würden sich alltägliche Tätigkeiten wie Nahrung finden in konzentrierte autotelische Aktivitäten verwandeln. Vor allem aber hätte er, dem klug gewählten Ziel des Überlebens folgend, keine Zeit mehr, unglücklich zu sein.

Psychisches Chaos vermeiden

Wie aber gelangen weniger entschlossene Menschen an ähnlich lohnende Ziele? Wie trennen sie im großen Topf möglicher Ziele die Spreu vom Weizen? Wieder einmal muss hier die Selbsterkenntnis aushelfen, denn »Selbsterkenntnis [...]

heißt der Prozess, mit dem man im Widerstreit liegende Wahlmöglichkeiten organisieren kann«[241].

Mit dieser eleganten Formulierung hebt der Professor den
Widerstreit von bewussten und unbewussten Motiven, der es
so schwer macht, Lebensziele zu wählen, scheinbar mühelos
auf. Um Irrtümer auszuschließen und unbewusste Motivatio-
nen mit in die bewusste Lebensplanung einzubeziehen, empfiehlt er sorgfältiges Nachdenken. Jeder solle sich vor der
Wahl eines Lebenszieles fragen: »Will ich das wirklich tun?
Werde ich Freude daran haben? Werde ich es auch in abseh-
barer Zukunft erfreulich finden? Ist der Preis, den ich – und
andere – bezahlen, die Sache wert?«[242]

Glaubt der Forscher tatsächlich, solche Fragen ließen sich
durch bloße Überlegung zufrieden stellend beantworten? Niemand kann sich Lebensziele einfach auswählen. Um sich für
authentische Ziele entscheiden zu können, bedürfte es klarer
Bewertungskriterien. Woher aber sollten die stammen? Man
kann sich schließlich nur auf die in der Vergangenheit entstandenen Kriterien verlassen; und die haben das Glück bisher
nicht geliefert. Der Aufforderung »Wähle unter den 100 Speisen dieses Büfetts die richtigen« kann folgen, wer alle Speisen
bereits probiert hat und ihren Geschmack kennt. Jeder andere
kann lediglich raten und greift natürlich oft daneben.

Die Erkenntnisfrage »Will ich das wirklich tun?« ist nicht
zweifelsfrei zu beantworten, weil viele Entscheidungskriterien
unbewusst sind und es, wie schon ausgeführt, gegen das Unbewusste keine Wahlfreiheit gibt. Der Mensch kann sich Lebensziele nicht aussuchen, auch das habe ich schon ausgeführt. Er träumt von diesen Zielen seit seiner Kindheit, und
er träumt davon in äußerlichen Bildern, in Zielvorstellungen,
deren Bedeutung er nicht kennt und in denen er ebenso gut
verloren gehen kann.

Eine psychische Entropie, ein gewisses Chaos bei der Wahl von Lebenszielen, ein Vorgehen nach Versuch-und-Irrtum-Prinzip, ist unvermeidbar, weshalb die eigentliche Lebensaufgabe darin besteht, im Laufe von Jahren und Jahrzehnten nicht authentische Ziele und Projekte zu identifizieren und auszusortieren, sodass man sich nach und nach auf authentische Projekte und Ziele konzentrieren kann. Über diesen Prozess, der übrigens nicht einmal nach bewusster Steuerung verlangt, wird man leicht 50 und mehr Jahre alt.[243]

Beim Thema »authentische Lebensziele«, die zu authentischen Projekten zusammengefasst werden, sind wir im Kern von Csikszentmihalyis *Geheimnis des Glücks* angelangt. Es lautet im Grunde schlicht und einfach: Finde dein authentisches Lebensprojekt, verfolge es mit ganzer Kraft, dann wirst du glücklich. Das ist natürlich akzeptabel, aber beim besten Willen kein Geheimnis und schon gar nichts Neues. Es lässt den Glückssucher nach der Lektüre des Buches so schlau zurück als wie zuvor.

Aktives Glücksmanagement

Mihaly Csikszentmihalyi formuliert die Aufgaben auf dem Weg zum Glück jedoch auch wesentlich konkreter, was den Leser dann vollends unter der Last von Ansprüchen und mühevoller Glücksarbeit zusammenbrechen lässt. Die von ihm aufgeworfene Frage »Wie können wir alle unseren Alltag bereichern und jeden Tag wie ein aufregendes, neues Wunder erleben?«[244] beantwortet er in seinem Buch *Kreativität* folgendermaßen:

- Versuchen Sie, jeden Tag über irgendetwas erstaunt zu sein.
- Versuchen Sie, mindestens einen Menschen pro Tag in Erstaunen zu versetzen.

- Schreiben Sie täglich auf, worüber Sie erstaunt waren und wie Sie andere Menschen in Erstaunen versetzten.
- Wenn Sie einen Funken Interesse verspüren, folgen Sie dem Gefühl.
- Beginnen Sie jeden Morgen mit einem konkreten Ziel, auf das Sie sich freuen können.
- Alles, was Sie gut tun, bereitet Freude.
- Um die Freude an einer Tätigkeit zu bewahren, müssen Sie die Komplexität der Aktivität erhöhen.
- Bestimmen Sie selbst über Ihre Zeiteinteilung.
- Nehmen Sie sich Zeit für Reflexionen und Entspannung.
- Gestalten Sie Ihren Raum.
- Finden Sie heraus, was Sie am Leben lieben und was Sie daran hassen.
- Tun Sie mehr von dem, was Sie lieben, und weniger von dem, was Sie hassen.
- Fördern Sie Ihre wenig entwickelten Seiten.
- Wechseln Sie häufig zwischen Offenheit und Gelassenheit.
- Streben Sie nach Komplexität.
- Bringen Sie zum Ausdruck, was Sie bewegt.
- Betrachten Sie Probleme aus möglichst vielen Blickwinkeln.
- Ermitteln Sie die Implikationen des Problems.
- Setzen Sie die Lösung um.
- Produzieren Sie so viele Ideen wie möglich.
- Entwickeln Sie möglichst viele unterschiedliche Ideen.
- Versuchen Sie, ausgefallene Ideen zu produzieren.[245]

Man sieht, den Alltag zu bereichern und »jeden Tag wie ein aufregendes, neues Wunder zu erleben« kann ganz schön anstrengend sein. Denn in dieser Gebrauchsanweisung verbirgt sich massenhaft Kleingedrucktes. Wer beispielsweise seine wenig entwickelten Seiten fördern möchte, sollte sich auf ein Projekt von 5 bis 15 Jahren Dauer einstellen. Und wie bringt man zum Ausdruck, was einen bewegt, wenn man es in frühen Jahren und familiären Zusammenhängen nicht gelernt hat? Drei bis zehn Jahre Therapie könnten hier helfen, ohne sich am Ende mit der gleichen Leichtigkeit äußern zu können, wie das extrovertierten Menschen mühelos gelingt. Und wie, bitte, versetzt man sich selbst in Erstaunen? Soll man Ostereier verstecken und diese überrascht wiederfinden? Versuchen Sie doch gleich einmal, sich selbst zu kitzeln, und stellen Sie fest, ob Sie dabei herzhaft lachen können.

Fazit zu Mihaly Csikszentmihalyi

Flow, Bewusstseinskontrolle, die Wahl authentischer Lebensziele, Selbsterkenntnis, Persönlichkeitserweiterung – diese und andere Glücksanleitungen von Mihaly Csikszentmihalyi gehören zum Standardrepertoire der Machbarkeitspriester. Sie bieten keine neuen Anhaltspunkte, es stecken im Gegenteil jede Mengen Haken und Ösen darin, vor allem weil so getan wird, als könne man diese Rezepte tatsächlich in Gänze und einfach umsetzen.

Neurophysiologisch gesicherte Glücksformeln

Scheinbar neue Anhaltspunkte, das Glück verfügbar zu machen, liefern moderne neurophysiologische Forschungen, wie sie Stefan Klein in seinem Buch *Die Glücksformel* anführt. Dankbar haben die Medien dieses Werk aufgegriffen und die darin enthaltene Verheißung – Glück ist lernbar – bejubelt. In Kleins Schrift findet sich wirklich alles, was der Glück suchende Machbarkeitsgläubige lesen will; weshalb

eine nähere Betrachtung dieses Buches lohnt. Was hat der
Autor zu bieten?

Isoliertes Glück

Kleins Thesen lassen sich in etwa folgendermaßen zusammenfassen: Er betont, Glück sei keineswegs das Gegenteil
von Unglück. Daraus schließt er, es sei nicht nötig, zuerst das
Unglück zu beseitigen, um Platz für Glück zu schaffen. Vielmehr könne man das Glück direkt ansteuern, indem man sich
auf die guten Gefühle konzentriere. Da das Gehirn formbar sei
und es einfach sei, schlechte Gefühle zu kontrollieren, könne
Glück eingeübt werden.

Dazu lässt sich viel Kritisches sagen. Klein macht sich daran,
das Glück aus seinen Zusammenhängen und Kontrastempfin-
dungen zu lösen. Er isoliert das Glück von anderen Zuständen,
von Langeweile, Schmerz und Leid, um sich mit negativen Gefühlen nicht befassen zu müssen. Dieses Bemühen erscheint
besonders paradox, weil Klein selbst das Schicksal von Schlag-
anfallpatienten schildert, bei denen ein Blutgerinnsel im Vorder-
hirn die Wahrnehmung negativer Zustände unterband:

»Die Patienten verfallen in dauernde Fröhlichkeit. Das wäre nicht
schlimm, käme ihnen nicht auch der Bezug zur Wirklichkeit abhanden. Die Betroffenen blenden einfach aus, was nicht in ihr Konzept
von der Welt als Wolke sieben passt.«[246]

Stefan Klein scheint es ähnlich ergangen zu sein – auch seinen
Wirklichkeitsbezug sucht man vergebens. Er fordert schlicht
und einfach zur Verdrängung auf. Folgt man seinen Empfeh-
lungen, lässt man die negativen Gefühle einfach links liegen
und berücksichtigt stattdessen die Resultate angeblich neuester wissenschaftlicher Untersuchungen darüber, wie man sich

gute Gefühle verschafft. Diese »neuesten« Erkenntnisse produzieren wahrhaft umwerfende Resultate:

»Bewegung – und Sex – sind nachweislich die sichersten Mittel, die Stimmung zu heben.« – »Aktivität macht glücklicher als Nichtstun.« – »Tätigkeit führt daher fast automatisch zu guten Gefühlen.« – »Genuss durch Aufmerksamkeit kann man trainieren.« – »Am wichtigsten für das Wohlbefinden aber ist unser Verhältnis zu anderen Menschen.«[247]

All das stellt Klein als neurophysiologisch erforscht dar, und daher können wir mit gutem Gewissen Sex haben, aktiv sein, genießen und Freundschaften pflegen. Leider unterscheiden sich diese Erkenntnisse nicht im Mindesten von anderen Glückskochbüchern – sie sind weder neu noch weitreichend.

Kontrollierte Emotionen

Was fängt man also mit seinen negativen Emotionen an, die ja nicht aus der Welt zu schaffen sind? Die beherrscht man am besten, denn »zu einer klugen Lebensführung ist nur fähig, wer seine Emotionen wahrnehmen, steuern und voraussehen kann«.[248] Und: »In der Kontrolle der negativen Gefühle liegt eines der Geheimnisse des Glücks.«[249]

Die beschworene Gefühlskontrolle, so Klein, sei eine Kleinigkeit, denn negative Gefühle lassen sich spielerisch leicht kontrollieren oder einfach ausschalten:

»Wir haben also einen natürlichen Aus-Schalter für die schlechten Gefühle. Und mehr noch: Mit etwas Training können wir ihn willentlich betätigen.«[250]

Diese Betrachtung von Emotionen kann man getrost als naiv
bezeichnen, was nicht wundert, denn bei Klein gibt es noch
reine, von Gedanken unverdorbene Gefühle:

»Wenn wir Emotionen bemerken, sobald sie entstehen, sind sie durch
Vergleiche, Gedanken und Gedächtnis noch nicht verzerrt.«[251]

Reine, unverzerrte Gefühle? Gefühle, die den Filter der Wahrnehmung und Deutung nicht passiert haben? Solche Gefühle,
die nicht vom Gedächtnis berührt wären, könnten wir gar
nicht erkennen, nicht einmal als gute oder schlechte Gefühle.
Es gibt sie schlicht nicht, schon gar nicht in der bewussten
Wahrnehmung.

Das formbare Gehirn

Nun kann auch Klein die enorme Formung von Charakter
und Gehirn nicht übersehen, die in der Kindheit geschieht. Er
gesteht diese sogar ein, um sogleich zu betonen, dass »Menschen auch nicht durch ihre frühe Kindheit ein für alle Mal
geprägt sind«[252]. Diese These beweist er folgendermaßen: Ein
Neuropsychologe namens Davidson hatte die Hirnströme
von Babys gemessen. Zehn Jahre später untersuchte er die
inzwischen zu Schulkindern herangewachsenen Personen
noch einmal und stellte fest, dass die Hirnströme seiner Probanden mittlerweile anders verliefen als damals. Hieraus
schließt Klein:

»Auch im Erwachsenenalter kann sich das Gehirn noch wandeln.
Mitunter kommt der Anstoß dazu von außen, neue Erfahrungen
verändern oft unser Erleben. Aber das Gehirn vermag noch Erstaun-
licheres: Es kann sich sogar selbst umprogrammieren.«[253]

Für Klein sind Zehnjährige bereits erwachsen, und die Tatsache, dass Hirnströme sich verändern, beweist ihm die Wandlungsfähigkeit von Menschen. Wir sind demnach nicht emotional konditioniert, unser Gehirn folgt keineswegs unbewussten Deutungsprogrammen, ganz im Gegenteil:

»In Wahrheit ist das menschliche Gehirn so wandlungsfähig wie kein anderes System, das die Natur hervorgebracht hat.«[254]

Diese beschworene Wandlung herbeizuführen ist wiederum keine komplizierte Angelegenheit, dazu braucht es lediglich etwas Übung und ein wenig guten Willen.

Lockere Übungen
Eine einfache Übung besteht darin, sich glücklich zu lächeln. Das ist wiederum nicht neu, aber diesmal wissenschaftlich erforscht und um wesentliche Erkenntnisse erweitert, denn:

»Lächeln macht glücklich – aber eben nur das richtige Lächeln. Das Gehirn lässt sich nicht so leicht foppen.«[255]

Wie lächelt man richtig? Indem man die Augenringmuskulatur zu beherrschen lernt und nicht nur mit den Mundwinkeln, sondern auch mit den Augen lächelt! Um den von Mihaly Csikszentmihalyi beschriebenen Flow zu erreichen, gehört ebenfalls nicht viel:

»Damit sich der angenehme Zustand des ›Flow‹ einpendeln kann, muss man sich anfangs oft zu etwas Aufmerksamkeit zwingen.«[256]

Aber sicher nur anfangs, danach läuft alles wie von selbst. Und wenn sich negative Gedanken und Gefühle einmal nicht kontrollieren lassen, greift man zu massiveren Mitteln. Man schreibt, sofort wenn diese unerwünschten Zustände auftauchen, gegenteilige Annahmen auf ein Stück Papier. So einfach führt man umfassende Perspektivänderungen herbei, und das Beste ist:

»Niemand muss befürchten, fortan für immer mit Stift und Block seinen depressiven Vorstellungen auflauern zu müssen. [...] Schnell wird die Kontrolle der dunklen Gedanken und Empfindungen zur Gewohnheit. Bei dieser Neuprogrammierung der grauen Zellen wird offensichtlich das Vermögen der linken Stirnhirnhälfte trainiert, negativen Emotionen innerhalb einiger Zehntelsekunden nach ihrem Auftreten Herr zu werden.«[257]

Wenn die Therapeuten dieser Welt doch nur von solch einfachen, schnellen und wirksamen Methoden und der sagenhaften Möglichkeit wüssten, Emotionen innerhalb von Zehntelsekunden zu kontrollieren! Die Krankenkassen könnten die Milliarden einsparen, die sie für Psychotherapien verschwenden. Wer dann noch ein »Glückstagebuch« führt, der erkennt ganz einfach, wie glücklich er schon ist, ohne es bisher bemerkt zu haben.

Schädliche Aussagen
Niedlich erscheinen solche Thesen, aber es findet sich auch äußerst Fragwürdiges in Kleins Buch. Bedenklich erscheint beispielsweise seine Aussage:

»Negative Emotionen wie Wut oder Trauer verschwinden nicht, wenn wir sie ausleben, sondern wir verstärken sie dadurch sogar noch [...]. Dagegen ist es möglich – und für das seelische Gleichgewicht weit besser –, solche Emotionen bewusst zu kontrollieren.«[258]

Solche Aussagen können grob missverstanden werden, wie der Auszug aus einer Leserrezension bei amazon.de zeigt. Der Leser fasst Kleins oberflächliche These zu der Aussage zusammen: »Ausweinen und Wut rauslassen ist schädlich, das ist inzwischen wissenschaftlich erwiesen.« Wir können also in Zukunft auf Tränen und Trauer verzichten und uns nur noch den guten Gefühlen widmen. Dem erfahrenen Therapeuten dreht sich ob solcher Thesen der Magen um.

Das Positive im Negativen

Insgesamt gesehen erscheint mir Kleins Handhabung der so genannten »schlechten Gefühle« als ein Meisterstück an Oberflächlichkeit und Ignoranz. Denn was man unter »schlechten Gefühlen« verstehen soll, sagt er beispielsweise nicht; ebenso wenig wie er begreift, dass so genannte schlechte Gefühle ebenso gute Auswirkungen haben können.

Nehmen wir als Beispiel einen Angestellten, der gerade einen Schritt auf der Karriereleiter erklommen hat. Der Mann müsste eigentlich zufrieden sein, erlebt aber staunend, wie sich seine Stimmung von Monat zu Monat trübt. Er wird zunehmend unzufrieden, was er als negativ erlebt.

Was soll er nun mit seinen schlechten Gefühlen anfangen? Folgt er Stefan Klein, wird er ein Glückstagebuch führen, um einen Perspektivwechsel herbeizuführen und das Gewohnte aus immer neuen Perspektiven zu sehen. Zugleich wird er versuchen, die »negativen« Gefühle zu missachten. Doch kann ihm das überhaupt gelingen – und wäre es gut?

Wahrscheinlich wäre es klüger, nach den Informationen zu suchen, die sich hinter den störenden Gefühlen verbergen, und der Frage nachzugehen: »Welche aus dem Bewusstsein geratenen Anteile meiner Persönlichkeit sind unzufrieden und womit?« Schließlich ist der Mann nicht nur Angestellter, sondern auch Mensch, Vater, Ehepartner und noch einiges mehr. Diese Persönlichkeitsanteile brauchen der beruflichen Entwicklung keinesfalls zuzustimmen; und sie zu ignorieren hilft auch nicht. Vielleicht bekommt der Mann einfach Angst, seine Partnerschaft durch die neue berufliche Belastung und den damit verbundenen zusätzlichen Zeitaufwand zu ruinieren; und wahrscheinlich wäre diese Angst sogar berechtigt.

Halten wir uns vor Augen: Vieles davon, was »aus seinem Bewusstsein geraten« ist, zählt der Mensch automatisch zum so genannten Negativen. Es wird immer dann als negativ empfunden, wenn es seine vorherrschende Sichtweise und gegenwärtigen Zielvorhaben stört. Trotzdem kann es für eine authentische Lebensführung unerlässlich sein, die Zusammenhänge dieser lästigen Störungen wahrzunehmen und die darin enthaltenen (noch) verborgenen Absichten der Person zu erforschen und wo nötig zu integrieren. Das gilt für den Einzelnen ebenso wie für ganze Nationen.

Beispielsweise verbrauchen die Menschen gegenwärtig, was die Ressourcen dieses Planeten betrifft, etwa das 1,2 fache dessen, was die Erde wieder zur Verfügung stellen kann. Würden alle Menschen den gleichen Lebensstil pflegen, den US-Bürger praktizieren, verbrauchten wir etwa das Siebenfache. Den Bürgern der Vereinigten Staaten ist die Tatsache, dass sie ihre eigene Lebensgrundlage zerstören, allerdings aus dem Bewusstsein geraten (falls es jemals dort enthalten war); sie wollen davon nichts wissen. Deshalb empfinden sie die Kritik der Weltgemeinschaft als störend und überaus negativ. Doch würde sich ihr Standpunkt und Verhalten ohne dieses oder anderes Negative – wie Kritik vonseiten der UNO oder Ölkrisen – jemals ändern? Wohl kaum.

Wir sehen also: Was aus dem Bewusstsein eines Organismus geraten ist und wieder dort hineinwill, wird auch dann als negativ empfunden, wenn es positive Zielrichtungen für den Gesamtorganismus verfolgt.

Auch wenn Klein empfiehlt, die guten Gefühle anzustreben und sich nicht mit Negativem zu befassen, ändert das nichts an der Tatsache, dass Menschen ihren Weg nicht finden, indem sie direkt auf das zugehen, was sie für positiv halten. Vielmehr brauchen sie das so genannte Negative zur Korrektur ihrer Richtung.

Das verbundene Glück

Um seine Thesen vom machbaren Glück zu stützen, versucht Klein, wie schon beschrieben, den Glückszustand von anderen Zuständen zu entkoppeln. So ruft er den Eindruck hervor, als gäbe es ein »Glück an sich« und als ständen die guten Gefühle nicht in Zusammenhang mit den schlechten Gefühlen.

Doch so einfach ist das alles nicht. Gute Gefühle sind die Belohnung des Organismus für kleine oder große Anstrengungen. Deshalb nehmen abhängige Menschen Drogen: weil sie die Belohnung wollen, nicht aber die Anstrengung. Wenn es nun gelänge, gute Gefühle nicht chemisch, sondern aufgrund psychischer Tricks zu erzeugen, dann wäre das ebenfalls eine Belohnung ohne Anstrengung; und wir würden damit genauso wenig glücklich werden wie mit Drogen. Glück existiert nicht als solches. Es ist vielmehr verbunden mit anderen Zuständen, beispielsweise der Sehnsucht und ihrer zeitweisen Erfüllung.

Fazit zur Glücksformel

Klein reiht sich in die Reihe der Glückstechnokraten ein, indem er davon schwärmt, Glück sei lernbar und trainierbar. Dabei erweist sich sein Buch als Produkt eines Scheinriesen.

Je näher man herankommt an seine Thesen und Rückschlüsse,
desto weniger bleibt davon übrig. Ein Paradebeispiel an Oberflächlichkeit ist seine Handhabung des Themas Glück, wie
das folgende Zitat belegt:

»Die wichtigste Übung auf der Suche nach dem Glück ist darum die,
sich selbst kennen zu lernen. Dazu bedarf es keiner besonderen Vorkehrungen. Es genügt, aufmerksam seine Reaktionen auf die Reize
des Alltags wahrzunehmen und mit seinen Gewohnheiten ein wenig
zu experimentieren.«[259]

Klein erweist sich als extremer Verharmloser und Vernebler,
weil er die Komplexität der von ihm behandelten Themen leug-
net. Bei ihm genügen für die Veränderung selbst grundlegender Lebensumstände »etwas« Aufmerksamkeit, »ein bisschen«
guter Wille und »ein wenig« Experimentierfreudigkeit.

Wissenschaft auf der Höhe der Vergangenheit

Die Glücksforscher dieser Welt machen reihenweise Entdeckungen, aber sie finden nichts Neues. Der Wissenschaftler Ogilvy
beispielsweise entdeckt, dass Wunschlosigkeit glücklich macht.
Also schreibt er eine Studie mit dem Titel *Living without a
goal* und empfiehlt, ziellos zu leben. Ziellos leben – kann man
sich eigentlich ein größeres Ziel vorstellen? Professor Barry
Neil Kaufmann aus Massachusetts meint: »Dankbarkeit ist der
schnellste Weg zum Glück. Immer wenn wir uns unwohl fühlen, können wir die Aufmerksamkeit auf etwas lenken, wofür
wir dankbar sein dürfen.« Susan Assman erklärt: »Unsere
Studien zeigen, dass glückliche Menschen in hohem Maße
aufrichtig sind« und empfiehlt, diese abzulegen. Jean Claude
Kaufmann, Soziologieprofessor an der Pariser Sorbonne, be-

tont: »Machen Sie es sich zur Gewohnheit, Ihre Aufmerksamkeit abzukoppeln von Vergangenheit und Zukunft, wann immer Sie Vergangenheit und Zukunft nicht brauchen.« Er
empfiehlt einfache Tätigkeiten wie putzen, essen, gehen. Wieder andere Wissenschaftler, wie Byron Katie, finden heraus,
dass Glück durch die Übereinstimmung mit der Realität, »mit
dem, was ist«, entsteht und empfehlen daraufhin, jedes Urteilen und Unterscheiden in richtig oder falsch aufzugeben.[260]

Mit diesen Ergebnissen nähert sich die Glücksforschung
den Erkenntnissen der alten Religionen an: Wunschlosigkeit
entwickeln, im Augenblick leben, die Einheit allen Seins wahrnehmen – all das wird seit Jahrtausenden gepredigt und ist
sicherlich auch möglich. Für Augenblicke, aber eben nicht
andauernd. So mag man sich mit Recht fragen, wem diese Art
der Glücksforschung eigentlich nutzt, die Altes als Neues
darstellt.

Aber was fängt man mit dieser Kritik der Glückssuche nun
an? Ist es demnach sinnlos, nach dem Glück zu streben? Die
Frage ist eigentlich überflüssig, denn Menschen können gar
nicht aufhören, das Glück zu suchen. Jedoch ist das keine
Frage von Glücksfähigkeit und richtiger Technologie. Man
muss unglücklich sein, um das Glück ernsthaft suchen zu können; und das sind wir (erfreulicherweise) von Zeit zu Zeit alle.
Dazu später mehr. Zuvor möchte ich mich noch kurz Dale
Carnegie, dem Mann, der ein Leben frei von Sorgen führte,
zuwenden.

Dale Carnegie sorgte sich nie

Aus der Masse der Rat- und Glücksgeber ragt, wegen seines
immensen Langzeiterfolges, das in den Vierzigerjahren des

letzten Jahrhunderts von Dale Carnegie geschriebene Buch *Sorge dich nicht, lebe!* hervor. Es befindet sich seit Jahrzehnten auf den Bestsellerlisten und stellt sozusagen eine »Mutter der Ratgeberliteratur« dar, wobei es zugleich deren grundlegendsten Widerspruch enthält. Es lohnt daher der Betrachtung.

Was birgt das Buch des Oberpriesters Carnegie? Um es vorwegzunehmen: das schon Bekannte. Carnegie benutzt jene Blendungen, die sich heutige Machbarkeitspriester bei ihm abgeschaut haben. Um zu zeigen, dass jeder ein »von Ängsten befreites Leben« führen könne, hat er die klügsten, reichsten, berühmtesten, besten und so weiter Köpfe seiner Zeit befragt. Seine Interviewpartner sind stets »große Männer«, oft Nobelpreisträger, sie leiten »weltbekannte Unternehmen«, sind »anerkannte Kapazitäten« auf ihren Gebieten oder »berühmte Stars«.

Diese Leute erscheinen in seinen Schilderungen als fehlerfrei und perfekt in ihren Handlungen. Menschen wie in Filmen. Beispielsweise Benjamin Franklin. Dieser unterzog sich, um seine Fehler auszumerzen, »jeden Abend einer gestrengen Selbstprüfung. [...] Kein Wunder, dass er einer der beliebtesten und einflussreichsten Männer wurde, die dieses Land je besaß.«[261] Bewundernswert. Oder ein Bremsklotzverkäufer, der sich mit »Energie und Begeisterung auf den Verkauf dieser Bremsklötze« konzentrierte. Natürlich war er »nach ein paar Jahren [...] Generaldirektor der Firma«[262].

Es sind die bekannten amerikanischen Märchen. Vom Verkäufer zum Generaldirektor, vom Angestellten zum Millionär. Es sind Interviews mit Ameisen, die oben in der Kiste krabbeln, dazu aber ein dickes Polster von Ameisen unter sich brauchen. Und natürlich hat jeder dieser hervorragenden Menschen einen todsicheren Tipp, ein erprobtes Rezept, eine kluge Erkenntnis, eine einzigartige Weisheit zu bieten – und die verrät er Dale Carnegie.

Mit der Schilderung ihrer Geschichten und Rezeptchen konstruiert Carnegie jedoch einen grundlegenden und nicht aufzulösenden Widerspruch. Seine Helden durchleben ausnahmslos schwere Phasen oder stehen vor scheinbar unlösbaren Aufgaben – und finden schließlich ihre Lösung. Es werden also Prozesse geschildert, in denen individuelle Lebenserfahrungen entstehen. Ob diese Anekdötchen wahr oder erfunden sind, spielt eigentlich keine Rolle, wichtig ist vielmehr, dass es sich dabei um errungene Erfahrungen handelt, nicht bloß um Ratschläge.

Ihre Lebenserfahrung war für die Betreffenden aber nur deshalb hilfreich, weil sie mühsam und durch große Phasen von Angst und Unsicherheit errungen wurde. Keiner von Carnegies Helden bekam irgendeine Erkenntnis geschenkt oder frei Haus geliefert, vielmehr durchliefen sie schmerzhafte Erfahrungsprozesse. Hier einige Kostproben:

»[...] Stattdessen stürzte ich mich in einen Strudel von Sorgen. Monatelang war ich völlig durcheinander.«[263]

»[...] Bittere Erfahrungen haben mich gelehrt, dass...«[264]

»[...] In jenen entsetzlichen fünfzehn Stunden im Bauch des U-Bootes lernte ich mehr über Lebenskunst als in allen vier Jahren zusammen, die ich an der Universität studierte.«[265]

Solche Zitate, sie ließen sich endlos aufreihen, legen Folgendes offen: Zwar haben selbst die klügsten Köpfe Amerikas lange, frustrierende und mühevolle Prozesse voller Leid und Sorgen durchleben müssen, um individuelle Lösungen zu erringen, doch Dale Carnegies Leser können sich solch unnötige Umwege sparen. Sie lernen durch freundliche Empfehlung!

Das kann allerdings nicht funktionieren, denn geliehene
Weisheit ist bestenfalls Information, mit der das Individuum
jedoch persönlich nichts anfangen kann. Gerhard Roth formuliert diese Erkenntnis der Gehirnforschung folgendermaßen:

»Wissen und Einsicht können nicht vermittelt werden, sie müssen in
jedem Gehirn neu geschaffen werden.«[266]

Geschaffen werden Wissen und Einsicht durch eigene Lebenserfahrung; und die kann nun einmal nicht gehandelt und
rational vermittelt werden. Beispielhaft für diesen grundlegenden Widerspruch etwa ist die Aufforderung Carnegies:
»Finden Sie zu sich selbst und stehen Sie zu sich selbst«, bevor er selbst feststellt: »Sich zu sich selbst zu bekennen, ist
ein Problem, so alt wie die Menschheit [...] und so komplex
wie das menschliche Leben selbst.«[267]
   Wie dann, Mister Carnegie, soll der Leser dieses uralte und
komplexe Problem lösen und nebenbei noch all die anderen
Vorschläge umsetzen? Auch dazu hält der Altmeister Rezepte
bereit. Sie müssen das Buch zweimal lesen, in schwierigen
Situationen zur Hand nehmen und sich an dessen Regeln halten, die da wären:
   – 9 Ratschläge, wie Sie das meiste aus diesem Buch heraus-
     holen können;
   – 3 Regeln über Sorgen und Ängste;
   – 4 Methoden zum Analysieren der Angst;
   – 6 Regeln, wie man mit der Gewohnheit bricht, sich Sor-
     gen zu machen;
   – 7 Möglichkeiten zur Entwicklung einer geistigen Hal-
     tung, die Glück und Frieden bringt;
   – 3 Regeln, wie Sie es schaffen, keine Angst vor Kritik zu
     haben;

- 5 Tipps, wie man Müdigkeit vermeidet und immer jung aussieht;
- 4 gute Arbeitsgewohnheiten gegen Müdigkeit und Sorgen;
- 6 Methoden, Müdigkeit und Sorgen fern zu halten und voll Energie und in gehobener Stimmung zu bleiben.[268]

Wer diese 47 Ratschläge befolgt, braucht sich keine Sorgen mehr zu machen. Er hat sicherlich auch keine Zeit mehr dazu. Wer sie allerdings ignoriert, lebt gefährlich, denn: »Wer nicht weiß, wie man Angst und Sorgen bekämpft, stirbt früh.«[269] Das wollen wir keinesfalls.

EIN KAMPF GEGEN DAS LEBEN

Wir wollen 120 Jahre alt werden. Wir wollen reich sein. Wir wollen Erfolg haben. Wir wollen glücklich sein. Wir wollen die Inhalte des Bewusstseins kontrollieren. Wir wollen Kontrolle über das Leben erlangen. Wir wollen Sorgen für immer los sein. Wir wollen erlöst werden. Wie all das möglich wird, schnell, einfach und umfassend, das zeigen uns die Priester der Machbarkeit. Doch möglicherweise drängt sich dem Leser allmählich ein Verdacht auf. Sind die Ratschläge der Machbarkeitspriester, ist der ganze Machbarkeitswahn vielleicht nicht mehr als Teil eines »Kampfes gegen das Leben«?

Glück, Erfolg, Reichtum, Jugend, Gesundheit, Kontrolle – das sind die magischen Begriffe des Machbarkeitsglaubens. Auf welchem Boden gedeihen solche Hoffnungen? Wer braucht so etwas dringlich? Zur Beantwortung dieser Fragen lohnt ein Blick dorthin, wo der Machbarkeitswahn besondere Blüten treibt. Das sind beispielsweise der Management-Bereich und das Land der unbegrenzten Möglichkeiten, die USA, woher auch die meisten Glücksratgeber stammen.

»90 Prozent der Führungskräfte gehen jeden Tag mit großer Angst zur Arbeit«, melden deutsche Wissenschaftler aufgrund einer Erhebung.[270] Die Manager leiden unter der nachvollziehbaren Angst, sie könnten den Arbeitsplatz verlieren, indem sie Fehler machen, einen Unfall erleiden oder erkranken und während ihrer Abwesenheit von Kollegen ausgestochen werden. Ihre Ängste sind den Managern selbst jedoch kaum bewusst. Sie leugnen sie, und allein das Wort Angst ist im Management völlig verpönt. Umso ausgeprägter ist der Wunsch nach Kontrolle, der sich vor allem im inflationären Gebrauch des Wortes »managen« verbirgt.

Auch im Land der unbegrenzten Möglichkeiten ist die Angst verbreitet. Dort existiert eine gigantische Drogenszene und eine hohe Kriminalitätsrate. Millionen Menschen fühlen sich derart bedroht, dass sie ständig Waffen tragen und ihre Häuser bewachen lassen. In keinem anderen Industriestaat gibt es so viele Obdachlose, ja sogar Millionen arbeitende Obdachlose, die sich kein Dach über dem Kopf leisten können. Zugleich sitzen in den USA etwa drei Prozent der Bevölkerung in Gefängnissen, mehr als anderswo auf der Welt, mehr sogar als im kommunistischen und diktatorischen China.

Aufgrund dieser Umstände ist in den USA der Wunsch nach Kontrolle und Sicherheit besonders ausgeprägt. Die Angst vor der Angst gipfelt dort in dem absurden Bemühen, das so genannte »Böse« innerhalb des Landes durch drakonische Strafen und außerhalb der Landesgrenzen durch Bomben (in Strategieplanung der Militärs sogar durch »Mini-Atombomben«) ausrotten zu wollen.

Es fällt auf: Dort, wo am eindringlichsten Machbarkeit und Kontrolle beschworen werden, herrscht besonders große Unsicherheit und Angst. Wo die Ohnmacht gegenwärtig ist, da wächst der Wunsch nach Macht und Kontrolle. Die Gefühle von Angst und Ohnmacht sind die Wurzeln des Wunsches, Kontrolle über sich selbst und den Verlauf seines Lebens zu erlangen.

Eingangs habe ich den Machbarkeitswahn als eine Religion des 21. Jahrhunderts bezeichnet. Hier wird eine weitere Parallele des Machbarkeitsglaubens zu den großen geschichtlichen Heilslehren deutlich. Wie jede Religion soll er einen Schutzwall gegen die Ungewissheit des Lebens aufbauen.

Gelänge es, das eigene Schicksal im Sinne des Machbarkeitsglaubens zu lenken, wäre das Unwägbare, das Unvorhersehbare, das Zufällige – zumindest aus der eigenen, individuellen Wirklichkeit – verbannt. Dies würde den Sieg des Bewusstseins über das Unbewusste bedeuten und käme somit der Abschaffung des Unbewussten gleich.

VON DER ABSCHAFFUNG DES UNBEWUSSTEN

»Wohlstand entsteht, indem wir den Bereich ausdehnen, über den wir Kontrolle haben.«[271]

»Sie müssen sich eine Situation schaffen, die Sie zum Erfolg zwingt.«[272]

»Die beste Möglichkeit, sich auf die Zukunft vorzubereiten, ist, sie zu gestalten.«[273]

Nach dem Versprechen, es sei möglich, die Herrschaft über das Unbewusste zu erlangen, braucht man nicht lange zu suchen. Auf das folgende Zitat stieß ich beim Online-Buchhändler Amazon.de im Rahmen der Buchbesprechung von Reinhard K. Sprengers *Die Entscheidung liegt bei dir*:

»Des Autors Hauptthese: Glück ist keine Glückssache. Glück ist das Ergebnis von selbstverantwortlichem, entschiedenem Handeln [...]. Diese Publikation ist deshalb zur Pflichtlektüre (an der erew-Akademie für Führungskräfte, Viersen) geworden [...]. Da viele erew-Kollegianten anfangs sich als Weltmeister im Nachrücken entpuppen, erfahren sie über den Autor, wie sie durch aktives Tun ihre alltägliche Unzufriedenheit aufarbeiten und wieder Kontrolle über ihr Leben gewinnen. Die erew-Kollegianten verstehen sich dann [...] als

Täter ihrer Umstände, als Gestalter ihres Lebens und somit als Akteure ihrer Zufriedenheit. Sie lernen jede Situation, in die sie sich hineinbegeben, als selbst ausgesucht und werden zum Schöpfer ihrer Wahlfreiheit.«[274]

Der Mensch ist Täter seiner Umstände, Gestalter seines Lebens, Akteur seiner Zufriedenheit, Schöpfer seiner Wahlfreiheit. Er kann alles tun und verändern, was er will. Er kann völlige Kontrolle über sein Leben gewinnen, wenn er nur bewusst genug ist!

Mythos Bewusstsein

Gelänge es, das Unbewusste derart zu beherrschen, wäre es damit zugleich aufgelöst. Denn wo nur noch Licht ist, da bleibt kein Schatten. Wo völlige Kontrolle herrscht, ist kein Raum für Unbewusstes. Um also Kontrolle über das Unbewusste zu erlangen, muss das Bewusstsein erweitert werden. Im Glauben daran ist heute ein Bewusstseins-Mythos entstanden, den es in dieser Ausprägung bisher nicht gab. Bewusstsein und Wissen sind zum Schlüssel für Macht und Glück verklärt, sie ersetzten nach und nach Bibelglauben und Besitzstreben. Sei bewusst! Erkenne dich selbst! Werde immer bewusster! Und das Leben gehört dir!

Leider ist die Wahrnehmungsinstanz Bewusstsein durch die Anforderung, sie beliebig zu erweitern und auszudehnen, restlos überfordert. Das zeigt schon ein Blick auf die Definition des Begriffes:

»Bewusstsein umfasst alle Zustände, die von einem Individuum erlebt werden und von denen – im Prinzip zumindest – sprachlich berichtet werden kann.«[275]

Aus dieser Beschreibung leitet sich gleichzeitig die Definition des Unbewussten ab, jenes Bereiches, der bewusster Kontrolle unterstellt und dadurch aufgelöst werden soll. Zum Unbewussten eines Menschen gehört per Definition alles, was zwar erlebt wird, wovon der Einzelne aber nicht berichten kann, weil es entweder am Rande seiner Aufmerksamkeit abläuft oder dieser entgeht. Zusätzlich gehört zum Unbewussten, was nicht erlebt wird und trotzdem geschieht.

Unbewusst ist demnach jede Information, die außerhalb der Aufmerksamkeit eines Menschen liegt. Dabei ist es gleichgültig, ob unbewusste Informationen innerlich oder äußerlich vorhanden sind. Sie werden allein dadurch unbewusst, dass jemand zu diesem oder einem anderen Zeitpunkt von ihnen nichts weiß.

Das Nichtwissen

Das Unbewusste erscheint unbegrenzt, vergleichbar allenfalls dem unendlichen Weltraum, während das Bewusstsein begrenzt erscheint und eher einer Taschenlampe entspricht, die in diese Unendlichkeit hineinleuchtet. Taucht im winzigen Kegel dieser Lampe eine Wahrnehmung auf, sprechen wir davon, etwas sei plötzlich klar oder aufgetaucht, aus dem Dunkel ins Licht geraten, aus der Unaufmerksamkeit in die Aufmerksamkeit gelangt – und damit bewusst geworden.

Eine sinnvolle Definition des Unbewussten, vielleicht die sinnvollste überhaupt, lautet daher schlicht und einfach: »das Nichtwissen«.

Zum Nichtwissen gehören vergessene Ereignisse ebenso wie zukünftige. Zu ihm gehören Gefühle, Gedanken, Begriffe, Körperempfindungen, Prozesse auf Zellebene, Vorgänge der Körperchemie und unendlich viel mehr Dinge, die sich im Organismus und in der Psyche des Einzelnen abspielen. Ebenso

gehört die permanente Gleichzeitigkeit allen Geschehens auf
der Erde dazu. Was nebenan geschieht, was andere Menschen
bewegt, was in anderen Ländern und Kontinenten passiert,
was womöglich gerade (von innen oder außen) auf uns zu-
kommt, das alles bleibt dem Bewusstsein verborgen.

Das Nichtwissen ist unendlich groß, und sein Einfluss und
seine Macht sind gewaltig. Die eigene Persönlichkeit, die Persönlichkeiten anderer Menschen und die Zusammenhänge
der äußeren Welt sind derart komplex, dass sich jederzeit Informationen aus dem Bereich des Nichtwissens, des Unbewussten, ins Bewusstsein hineinschieben oder über es hereinbrechen können, sei es durch positive Ereignisse, wie eine
plötzliche Verliebtheit, eine überraschende Erbschaft oder etwas anderes Unerwartetes, oder durch negative, wie einen
Autounfall, eine Krankheit, eine Ehe- oder Sinnkrise oder ein
politisches Geschehen. Es existieren im Bereich des Nichtwissens also unendlich viele Informationen, von denen viele dem
Bewusstsein missfallen. Diese latente Bedrohung macht die
Versuche, das Unbewusste abschaffen zu wollen, zwar verständlich, dennoch ist dieses Vorhaben zum Scheitern verurteilt.

Grenzen des Bewusstseins

Denn kein Mensch kann sich ständig kontrollieren, sich seiner Gefühle, Motive und Handlungen bewusst sein, noch deren Folgen im riesigen Kosmos innerer und äußerer Welten
bedenken. Niemand kann den Bereich des Nichtwissens ver-
kleinern, auch nicht, indem er sein Bewusstsein auszudehnen
versucht.

Denn die Aufnahmefähigkeit des menschlichen Bewusstseins ist begrenzt, da es maximal sechs bis acht Informationen gleichzeitig festhalten kann. In diesem Augenblick sind
Sie sich bestimmter Vorgänge bewusst. Ihre Atemfrequenz

gehörte allerdings nicht dazu, bis ich Ihre Aufmerksamkeit mit diesem Hinweis darauf lenkte. Jetzt befindet sich diese Information in Ihrem Bewusstsein und hat zugleich eine andere Information, etwa einen Gedanken oder eine Gefühlswahrnehmung, daraus verdrängt.

Die Aufmerksamkeit des Bewusstseins gleicht dem Fokus einer Kamera. Wenn der Mensch diesen Fokus scharf stellt, verkleinert sich sein Sichtfeld auf zwei bis drei Wahrnehmungen. Lässt er den Fokus seiner Aufmerksamkeit verschwimmen, kann er zwar sechs bis acht Informationen aufnehmen, doch werden diese zugleich unschärfer. Der Mensch kann also immer nur weniges zugleich »wissen«. Das Bewusstsein ist nicht beliebig erweiterbar. Was nun?

Metabewusstsein

Die Machbarkeitspriester schlagen vor, ein Metabewusstsein zu installieren, das die übrigen Persönlichkeitsanteile (Körper, Gefühle, Gedanken, Bewusstsein) und zusätzlich die Beziehungen zu Menschen und zur Welt beaufsichtigt. Ein verlockender Gedanke. Doch wer würde dann auf das Metabewusstsein aufpassen? Ein Ultrabewusstsein? Wer würde dieses beaufsichtigen? Ein Gigabewusstsein vielleicht? Eine Spirale ohne Ende macht sich auf. Nein, das funktioniert nicht. Wir sollten stattdessen erkennen:

Es gibt keinen automatisierbaren Mechanismus dafür, bewusst zu sein oder bewusster zu werden.

Bewusstsein ist vielmehr ein Phänomen, das bei der Lösung neuer und komplexer Aufgaben entsteht und das einzig zu diesem Zweck gebraucht wird, wie Gerhard Roth es beschreibt:

»Ich behaupte also, dass das Auftreten von Bewusstsein wesentlich mit dem Zustand der Neuverknüpfung von Nervennetzen verbunden ist [...]. Bewusstsein ist das Eigensignal des Gehirns für die Bewältigung eines neuen Problems und des Anlegens entsprechender neuer Nervennetze.«[276] [...] »Bewusstsein entsteht also unter Beteiligung der verschiedensten, das gesamte Gehirn durchziehenden Systeme und ist keineswegs ein ›corticales‹ Phänomen [...]. Der Cortex kann nicht von sich aus [...] Bewusstsein erzeugen.«[277]

Bewusste Handlungsplanung findet im Cortex statt, das konnten Gehirnforscher nachweisen. Allerdings kann sich das Bewusstsein nicht selbst einschalten, denn der Cortex wird erst aktiv, wenn das Gehirn feststellt, zur Lösung einer Aufgabe oder zur Bewältigung einer Situation nicht auf bereits vorhandene neuronale Netze zurückgreifen zu können. Dann, wenn das Unbewusste keine fertigen Wahrnehmungs- und Handlungsmuster vorfindet, ruft es das Bewusstsein zur Entwicklung neuer Lösungsmöglichkeiten zu Hilfe. Das Licht kann sich nicht selbst anschalten. Das bedeutet:

Nicht das Bewusstsein entscheidet über das Unbewusste, sondern das Unbewusste entscheidet über die Einschaltung des Bewusstseins als zusätzlicher Bearbeitungsinstanz von Wahrnehmungsvorgängen.

Es ist also genau umgekehrt, als von den Predigern behauptet wird. Der Mensch kann sein Unbewusstes nicht zum Diener seiner Absichten machen, er selbst wird vielmehr zum Gehilfen seines Unbewussten.

Im Zentrum des Machbarkeitswahns

Der Mensch treibt in einem Meer von Nichtwissen, ähnlich wie ein Eisberg durch den Ozean. Das Ich des Menschen steht auf der Spitze des Eisberges, die sich über Wasser befindet. Was er von dort aus sehen kann, den kleinen Ausschnitt der

Welt und den kleinen Teil der eigenen Persönlichkeit, das nennen wir Bewusstsein. Von seiner winzigen Kommandobrücke aus bemüht sich der Mensch, einen bestimmten Kurs zu halten, rudert und setzt Segel. Doch die Strömungen des Meeres greifen unter der Wasseroberfläche an, wo sich der größte Teil des Eisberges befindet, und deshalb bestimmt das Unbewusste den Kurs weit mehr, als bewusste Absichten das tun können.

Der Mensch wird, von der Position seines Bewusstseins aus gesehen, von inneren und äußeren Faktoren getrieben, und er vermag seine Lebensrichtung nur um einige Grad zu beeinflussen. Daher ist es illusorisch zu glauben, sich selbst, andere Menschen oder das Leben kontrollieren und Macht über den Bereich des Nichtwissens erlangen zu können. Es ist die größte Hoffnung und zugleich größte Illusion, von der sich der Machbarkeitsglauben nährt.

In der Idee, das Unbewusste zu lenken und damit abzuschaffen, das Nichtwissen im Tun aufzulösen, das Leben aus seiner Ungewissheit zu befreien, liegt das Zentrale des Machbarkeitswahns, die große Täuschung dieser neuen Religion, welche die Eroberung der Innenwelt propagiert.

Da treiben Milliarden Menschen durch die Welt und möchten diese nach ihrem Willen gestalten. Sie sind voll der Sehnsucht, dem Leben und seinen unvorhersehbaren Bewegungen nicht ausgeliefert zu sein. Darin liegt eine immense Hoffnung auf Erlösung und das Versprechen: Es gibt für alles eine Lösung! Es liegt alles nur an dir! Du kannst alles machen! Du kannst alles haben! Du kannst alles sein! Du kannst alles werden! Alles, was du willst!

Deshalb kann man mit Recht von einem Machbarkeits*wahn* sprechen. Denn die Vorstellung, Wahrnehmungsstrukturen, Deutungen, unbewusste Motive, Träume, Sehnsüchte, Handlungen, innere und äußere Umstände und alles andere

Nichtwissen kontrollieren zu können, ist in der Tat eine Art Wahnvorstellung. Eine Wahnvorstellung, der allerdings – das muss man zur ihrer Verteidigung sagen – auch die Machbarkeitspriester selbst erlegen sind.

HILFLOSE BERATER

»In solchen Situationen werden Berater geholt, denen es nicht viel anders geht, denn auch sie wissen eigentlich nicht weiter.«[278]

»Viele Leute reden nur groß daher, was man besser machen könnte oder sollte, aber selber haben sie keine Ahnung vom Leben. Ich spreche aus Erfahrung: Eine Professorin gibt uns im Unterricht Ratschläge zur Kindererziehung, doch ihre beiden Töchter leiden heute noch an den Folgen ihrer Erziehung.«[279]

Die obige Zuschrift, die mich von einer 18-jährigen Schülerin erreichte, zeugt von guter Beobachtungsgabe. Können die Berater und Glücksexperten eigentlich für sich selbst vollbringen, was sie anderen vorschlagen oder von ihnen fordern? Betrachtet man die Motivatoren, Glücksratgeber, Psychologen und Berater näher, so fällt auf, dass sie kaum mehr über diejenigen Fähigkeiten verfügen, die sie anderen Menschen vermitteln möchten, als diese Menschen selbst. Im Gegenteil: Sie suchen das, was sie anderen geben möchten, ebenfalls.

Suchen durch Beratung

Vor etlichen Jahren führte ich auf einer Fortbildung für Therapeuten ein interessantes Experiment durch. Bevor wir mit der eigentlichen Arbeit begannen, schrieben die Teilnehmer

Werbetexte für ihre Arbeit. Es zeigte sich, dass jeder Therapeut
für die Persönlichkeitsentwicklung und psychische Gesundheit
etwas anderes als grundlegend erachtete. Ein Teilnehmer betonte, wie wichtig es sei, Kontakt zu Gefühlen aufzunehmen,
während ein anderer die Fähigkeit der Selbstbehauptung in
den Vordergrund stellte. Andere wiederum legten Wert auf
intensive Körpererfahrung oder hielten rationale Einsicht in
grundlegende Lebensmuster für unumgänglich.

Anschließend begann die eigentliche Fortbildung, bei der
jeder Teilnehmer auch an persönlichen Prozessen arbeitete.
Diese Sequenzen wurden auf Video aufgenommen. Am Ende
des Kurses wurde der Werbetext vom ersten Seminartag ver-
lesen und mit den Videoaufnahmen des entsprechenden Teilnehmers verglichen. Ohne Ausnahmen lagen die persönlichen
Probleme und Aufgaben der Therapeuten auf der gleichen
Ebene, die sie in ihren Werbetexten betont und damit anderen
Menschen angeraten hatten. Sie boten Unterstützung also in
genau den Bereichen an, in denen sie sich selbst entwickeln
wollten.

Die Art und Weise eines Beraters, an ein Thema heranzu-
gehen, ist stark von persönlichen Perspektiven und individuellen Motiven bestimmt. Nicht anders verhält sich das bei
Wissenschaftlern. Was sie erforschen, wie sie ihre Methoden
wählen, welche Fragen sie stellen, wie sie die Antworten deuten, all das ist vom Ausgangspunkt bis zum Ergebnis von
unbewusster Motivation gefärbt.

Beispielsweise spricht der Autor Hans Pestalozzi folgendermaßen über das Glück: »Glück ist Lebensfähigkeit, ist Emo-
tionsfähigkeit.« Auf die Frage, was ihn persönlich glücklich
mache, antwortet er: »Wenn ich fähig bin, ganz intensiv zu
empfinden. Das kann ein Erlebnis auf einer Wanderung sein.
Das kann Liebe sein. Das kann eine Stunde in der Sonne lie-

gen sein«, um anschließend zu verallgemeinern: »Das Entscheidende ist, dass wir wieder fähig werden, überhaupt Emotionen haben zu können, empfinden zu können.«[280] Man kann ohne weiteres nachvollziehen, dass Glück für diesen ehemaligen Manager, dessen Leben vermutlich sehr kopflastig verlaufen ist, im Fühlen und Empfinden besteht.

Der amerikanische Professor Michalyi Csikszentmihalyi beispielsweise glaubt, vor der Entdeckung über das Geheimnis des Glücks zu stehen. »Ich bin«, sagt er, »wie der Jagdhund, der das Wild wittert. Ich weiß, es ist da, und ich jage ihm nach.« Woraufhin der Redakteur des *FAZ*-Magazins feinsinnig bemerkt: »Die Jagd freilich hat sich für Mihalyi Csikszentmihalyi schon gelohnt. Sie war voller Flow.«[281] Der Professor hat auf seiner Jagd glückliche Augenblicke erlebt; und deshalb empfiehlt er diese Jagd auch allen anderen.

Worin sieht der Analytiker und Sexualtherapeut Victor Frankl den Schlüssel zu Glück? Man ahnt es. Seiner Meinung nach wird ein Mensch glücklich, »wenn er die Selbsttranszendenz auslebt, [...] wenn er aufgeht in der Hingabe an den Partner«. Deshalb gehören »Orgasmusfähigkeit« und »Potenz« für ihn zum Glück untrennbar dazu.[282]

Solches lässt vermuten, warum Gerda Boyesen, Begründerin der Biodynamischen Psychologie, ihre Schüler zur »Primärpersönlichkeit«, einer Art unbefleckter Seele, führen will. Es lässt erahnen, warum spirituelle Berater die Kunst lehren, das »wahre Selbst« zu kultivieren. Warum die Begründer des NLP die Idee der Wahlfreiheit bis hin zu der Freiheit, sich frühmorgens die Gefühle für den Tag auszusuchen, propagieren. Und warum ein fragwürdige Star der Systemischen Therapie, Bert Hellinger, in seinem früheren Leben Missionar, heute »Ordnungen der Liebe« und andere angeblichen Gesetzmäßigkeiten propagiert.

Ganz gleich, wohin man schaut, die Berater erweisen sich in erster Linie als unbewusste Berater ihrer selbst. Daran ist nichts Falsches, ganz im Gegenteil. Der eigenen Störung und dem unbewussten Wunsch, diese zu heilen, verdanken Therapeuten und Berater die Motivation zu ihrer Arbeit. Allerdings sollten Berater nicht den Eindruck erwecken oder sogar versprechen, sie »wüssten«, worauf es im Leben ankommt, und sie könnten selbst vollbringen, was sie von anderen erwarten.

Stellen wir also fest: Machbarkeitspriester sind den gleichen Einflüssen unbewusster Persönlichkeitsanteile ausgesetzt wie alle Menschen auch. Sie können nicht mehr oder weniger erreichen, sie haben nichts in der Hand – außer dem Versprechen auf Erlösung. Was sie sich und anderen verkaufen, ist Hoffnung; und im Schatten davon oft genug Frustration und Selbstverurteilung.

Scheinerfolge und außergewöhnliche Bewusstseinszustände

Nun werden etliche Gläubige aufstehen und vehement widersprechen. »Mir«, so werden viele bezeugen, »haben die Machbarkeitspriester geholfen. Für mich hat es sich gelohnt, mein Leben hat sich verändert, ich bin ein anderer geworden.« Wie ist das zu erklären?

Selbst wenn wir an dieser Stelle die Dissonanztheorie (»viel teuer = viel gut«) beiseite lassen, ist der Erfolg der Machbarkeitsapostel leicht zu erklären: Sie ernten zwar, aber sie ernten reife Früchte, solche, die auch ohne ihr Zutun beim nächsten Windhauch herabgefallen wären. Und selbst dazu müssen sie zuerst außergewöhnliche Bewusstseinszustände schaffen.

In den Geldseminaren von Schäfer, den Erfolgsseminaren von Höller, den Laufseminaren von Dr. Strunz und den Massenveranstaltungen des amerikanischen Machbarkeits-Papstes Anthony Robbins, einem Mann, der in der Beraterbranche als großes Vorbild gilt, wird solches beispielhaft demonstriert. Lauschen wir einem Teilnehmer eines derartigen Motivationsseminars mit 4800 Teilnehmern, dann wird die Arbeitsweise der Priester deutlich:

»Noch am ersten Abend peitscht er uns, zur Vorbereitung des angekündigten Feuerlaufs, auf mit seinen Sprüchen, lässt uns unsere größte Angst eingestehen, den ›Gewinn‹, eine solche Angst zu pflegen, und den Wunsch, sich nun davon zu befreien. Immer wieder ruft er nach Antworten aus dem Publikum, und wenn sie ihm zu leise sind, hält er seine Hand theatralisch ans Ohr und will sie noch einmal hören [...]. Ein Saal von mehr als viertausend Menschen, die meisten stehend, rufen: ›Ich will endlich frei sein von meiner Angst!‹ Es ist grandios.«[283]

Außergewöhnliche Bewusstseinszustände entstehen durch die Konzentration auf nicht alltägliche und deshalb außergewöhnliche Gedanken, Gefühle, Fantasien und Ereignisse. Man richtet den Fokus der Aufmerksamkeit auf einzelne Aspekte eines Erlebens und vergrößert den Ausschnitt so stark, bis nichts anderes übrig bleibt, bis das Bewusstsein für Alltägliches keinen Platz mehr lässt. In diesem Zustand scheinen wahre Wunder möglich zu sein:

»Wie müde und erschöpft auch immer wir von den beiden letzten Tagen waren [...], nun ging es noch mehr zur Sache. Wir [...] riefen immer wieder aus Leibeskräften Parolen in den Saal [...]. Meine fünf alten Überzeugungen waren: Spirituelle Unternehmen können keinen Gewinn machen. Das Ego ist schlecht. Macht ist schlecht. Ich werde niemals frei sein. Kein Mensch vertraut mir wirklich. Als ich mir die Folgen dieser Überzeugungen vergegenwärtigte (Robbins half uns dabei mit Parolen, Musik, Abdunkelung des Saals), schluchzte ich hemmungslos, wie Hunderte, vielleicht Tausende andere neben mir, hier in der Stadthalle von Frankfurt: Wie konnte ich nur so doof sein! Was hat mich das alles gekostet!«[284]

Anschließend formulieren die Teilnehmer ihre »negativen« Überzeugungen in das Gegenteil um (spirituelle Unternehmen sind bestens geeignet, einen Gewinn zu erwirtschaften, alle Menschen vertrauen mir und so weiter) und sind für den Rest ihres Lebens von diesen neuen Wahrheiten überzeugt. So spielerisch leicht kann Neuprogrammierung sein, wenn ein wahrer Meister sie durchführt!

Die Teilnehmer sind tatsächlich von allem Alten befreit. Allerdings nur, solange der außergewöhnliche Bewusstseinszustand anhält, in den sie mühsam hineinbugsiert wurden! So lange dürfen sie den kleinen Ausschnitt im Fokus ihrer Sicht für das Ganze halten, den kleinen Aspekt für die ganze Wahrheit. Draußen jedoch, vor der Festhalle, da warten die Anker des Alltäglichen und die aus dem Bewusstsein geschobenen Zweifel, Sorgen und Ängste.

Das Vorgehen der Wunderpriester in Massenveranstaltungen oder Seminaren (aufgrund des Mediums etwas eingeschränkter in ihren Büchern) ist immer das Gleiche. Man bombardiere Menschen mit Information, Musik, Videobildern, lässt sie entsprechende Sätze aussprechen, Bewegungen machen und Handlungen vollziehen, bis eine Gruppenstimmung erzeugt ist, die den Einzelnen trägt. Schlafentzug ist ein wesentlicher Faktor zur Erzeugung außergewöhnlicher Bewusstseinszustände, weshalb er in all diesen Veranstaltungen zu finden ist. Schwimmen die Teilnehmer dann auf den Wogen der Begeisterung, fällt es ihnen leicht, über glühende Kohlen zu laufen, sich eine Spinne über das Gesicht krabbeln zu lassen, große Pläne zu schmieden und unendliche Zuversicht aufzubringen.

Dagegen wäre grundsätzlich nichts einzuwenden, handelt es sich doch um interessante Erfahrungen etwa der Art, wie sie zu Urzeiten in Stammes- und Ekstaseritualen erlebt wurden. Nun aber kommt der eigentliche Betrug: Den Teilnehmern wird versprochen, diese Zustände würden ewig anhalten, ihre Erkenntnisse und Empfindungen bestehen bleiben, ihre Absichten sich erfüllen. Der Alltag sei verändert, die Erlösung sei gekommen.

Doch dem Alltag hält das alles nicht stand. Da ist keine Gruppe, die den Einzelnen auf den Wogen ihrer Erregung trägt, da ist kein Guru, der einen aufpeitscht, da lauern die alten Gewohnheiten, und nach kurzer Zeit ist alles beim Alten. Dass die Gläubigen jetzt nicht empört ihr Geld zurückverlangen, dafür sorgen zwei Dinge. Zum einen der besagte Dissonanzeffekt (viel teuer = viel gut), zum Zweiten haben die Priester die Menschen glauben gemacht, dass sie sich die Rückfälle im Alltag selbst zuschreiben müssen. Ohne Scheu fragen sie nach: »Habt ihr denn unsere Strategien konsequent verfolgt?« Und ohne rot zu werden, behaupten sie: »Das hätte nicht sein müssen, wenn ihr auf uns gehört hättet!«

So also ernten Machbarkeitspriester ihren Erfolg. Sie gehen nur im Herbst in den Garten, denn in ihre Seminare kommen vorwiegend Leute, die »reif« sind, weil sie eine starke Veränderungsbereitschaft aufgebaut haben. Motivierte Leute eben. Durch den Wind der Euphorisierung fällt bei manchem Teilnehmer der überreife Apfel; was als Erfolg gefeiert wird, und die Gläubigen vergehen vor Dankbarkeit. Sie glauben endlich zu wissen, »wie man Äpfel fallen lässt«, und wähnen sich im Besitz von Veränderungsmacht.

Doch die nächste Frucht fällt erst im nächsten Herbst, nicht früher. Beschwert sich jemand darüber, dann hat er eben nicht »positiv genug« gedacht, die erforderlichen Strategien nicht »total« umgesetzt, die Veränderung nicht »wirklich« gewollt oder die neuen Überzeugungen nicht tief genug »einprogrammiert«. Dann ist er eben ein Versager und darf unter den Folgen der seelischen Planwirtschaft leiden.

DIE FOLGEN DER SEELISCHEN PLANWIRTSCHAFT

»Noch der trivialste Rat eines Psychologen gilt heute ungleich mehr als der subtile eines Mitmenschen. [...] Wer Menschen jedoch das Leben lehren möchte, sei es durch Psychotherapien oder Beratungen, sei es durch den 50. Band der Reihe ›Leben lernen‹, treibt deren Enteignung voran.«[285]

Wie weit diese von Martin Danneker beschriebene Enteignung voranschreitet, lässt sich an dem Bestseller *Simplify your life* zeigen. Mit dem Buch können Menschen endlich »sinnvoll leben lernen«. Wer es liest, kann sich zudem die Lektüre von 650 anderen Ratgebern ersparen, aus denen die im dreistelligen Bereich liegenden Tipps zusammengerafft sind. Diese Ratschläge sind tatsächlich ganz »simpel«, wie einige Zitate belegen:
- Akzeptieren Sie die Wirklichkeit.
- Besiegen Sie die Fernsehsucht.
- Lernen Sie, Ihre finanzielle Unabhängigkeit ohne Komplexe in die Tat umzusetzen.
- Entkommen Sie Ihrem Sicherheitsdenken.
- Blicken Sie mindestens einmal pro Tag ganz bewusst in den Himmel.

- Lächeln Sie sich gesund.
- Schlafen Sie sich glücklich.
- Essen Sie sich froh.
- Bringen Sie sich total ein.
- Konzentrieren Sie sich auf den Augenblick.
- Lernen Sie, Ihre Arbeit zu genießen.
- Strukturieren Sie Ihre Freizeit.
- Bleiben Sie locker.
- Entfalten Sie Ihre Beziehung.[286]

Und so weiter und so fort. Wozu tun sich Menschen so etwas an? Weil schon ein einziger Tipp das große Glück bescheren kann, wie der Autor (es handelt sich um einen evangelischen Priester) versichert:

»So berichten denn auch viele Leser [...], dass die sinnvoll eingerichtete Hängeregistratur neben dem Schreibtisch oder das konsequente Freiräumen aller Fußböden für sie der entscheidende Schritt zu einem einfachen und glücklichen Leben war.«[287]

Faszinierend an solchen Büchern ist die Illusion von Kontrolle, die nahezu perfekt aufgebaut wird. Indem ich meinen Fußboden kontrolliere, kontrolliere ich mein Leben. Deshalb muss geplant, getan, kontrolliert werden. Aktives Life-Management nennt man das. Ich persönlich ziehe den Begriff »seelische Planwirtschaft« vor.

Wenn die Machbarkeitspropheten Recht hätten – wenn jeder jederzeit die freie Wahl hätte, wenn Erfolg und Reichtum einfach nur ergriffen werden müssten, wenn man seines Glückes Schmied wäre, wenn man die Inhalte seines Bewusstseins kontrollieren könnte –, dann in der Tat wäre jeder für sich, seine Gefühle, Gedanken und Handlungen und sein

Leben allein und uneingeschränkt verantwortlich. Dann müsste man sich anstrengen, klarer werden, bewusster werden, tun und machen, einem Geldklub beitreten, Motivationsseminare buchen, lächelnd durch das Häusermeer joggen, tausend Ratgeber lesen, sich in positivem Denken üben und dem Flow nachjagen.

Dann wäre die junge Börsenmaklerin zu Recht verzweifelt darüber, im Alter von dreißig Jahren noch immer nicht Millionärin zu sein. Dann wäre der zweimal geschiedene Angestellte selbst schuld, seine Traumfrau noch nicht gefunden zu haben. Dann wäre man zu dumm oder würde die Strategien des Erfolges und die Geheimnisse des Glücks nicht kennen. Dann wollte man nicht erfolgreich sein und hätte sich für Misserfolg entschieden.

Doch die Machbarkeitspriester haben nicht Recht, sie täuschen und tricksen – das hoffe ich gezeigt zu haben. Wer ihnen trotzdem glaubt, wird mit großer Wahrscheinlichkeit schließlich an sich und seinen Grenzen leiden.

Unzufriedenheit, Selbstzweifel, Selbstverurteilung und Härte gegen sich und andere Menschen gehören zu den Folgen der seelischen Planwirtschaft des Machbarkeitswahns.

Zu weiteren Folgen des geplanten, gemachten Lebens zählt der Rückzug des Lebens aus dem Empfinden der Menschen, wie ich noch zeigen werde. Allerdings hat sich das Leben stets gegen Versuche, es zu beherrschen, durchgesetzt. Die Planwirtschaft ist nicht nur auf ökonomischem Gebiet gescheitert, auf seelischem Gebiet wird sie dasselbe Schicksal ereilen. Verfolgen wir solche »Siege des Lebendigen«.

SIEGE DES LEBENDIGEN

»Und ich möchte Sie, so gut ich es kann, bitten,
Geduld zu haben gegen alles Ungelöste in Ihrem Herzen
und zu versuchen, die Fragen selbst lieb zu haben,
wie verschlossene Stuben und Bücher,
die in einer fremden Sprache geschrieben sind.
Forschen Sie jetzt nicht nach den Antworten,
die Ihnen nicht gegeben werden können,
weil Sie nicht leben könnten.
Und es handelt sich darum, alles zu leben.
Leben Sie jetzt die Fragen.
Vielleicht leben Sie dann allmählich,
ohne es zu merken,
eines fernen Tages in die Antwort hinein.«
Rainer Maria Rilke [288]

IM FEGEFEUER DER GEFÜHLE

»Erst wenn der Leidensdruck jede Furcht vor unangenehmen Situationen überwiegt, mag die Einsicht zum Zuge kommen.«[289]

»Veränderung wird geschmiedet im Feuer der Affekte.«[290]

Meine Ausführungen zum Machbarkeitsglauben haben, so hoffe ich, eines deutlich gemacht: Verhaltensänderungen sind, wenn sie grundlegende Überzeugungen, Haltungen und Einstellungen eines Menschen betreffen, durch Einsicht und beste

Absicht, durch Erkenntnis und Willen kaum herbeizuführen. Unbewusste Motive und Emotionen, Träume, Hoffnungen, Sehnsüchte und Ängste steuern den Menschen weit mehr, als sein Bewusstsein und rationale Planung das zu tun vermögen. Da jede wichtige und nachhaltige Veränderung im Leben eines Menschen daher emotional gestützt sein muss, genügt es nicht, etwas tun zu wollen: Es bedarf entsprechender innerer Motivation, um es tatsächlich durchführen zu können.

Veränderungsprozesse

Die Beobachtung zeigt aber auch, dass Menschen – wenn die beschriebene emotionale Unterstützung stattfindet – durchaus in der Lage sind, ihre Persönlichkeit zu verändern. Die zum Veränderungswunsch notwendige innere Zustimmung ist aber nicht per se vorhanden. Sie wird allmählich aufgrund der Lebenssituation des Einzelnen entstehen, was darauf hinweist, dass Veränderungen nicht »Entscheidungen«, sondern »Prozesse« darstellen. Wie solche Entwicklungen ablaufen, möchte ich im Folgenden ausführen.

Veränderungsprozesse lassen sich über eine vierstufige Folge beschreiben. Sie geschehen, indem Menschen:
- eine konkrete Lebenssituation und deren Begrenzungen erfahren,
- darin Motivation zur Veränderung sammeln,
- woraufhin sie eine krisenhafte Entwicklung durchlaufen und
- schließlich ihre passende »Lösung« finden.

Lebenssituationen erfahren

Das Leben eines Menschen beruht auf konkreten Verhaltensweisen, die wiederum auf emotional fundierten und mitunter sogar gedanklich formulierten Überzeugungen basieren, worauf es »im Leben« ankommt und »wie man sich« zu verhalten habe. Aufgrund seiner Lebensweise und seines Realitätsverständnisses sind dem Einzelnen bestimmte Erfahrungen zugänglich, während ihm andere verwehrt bleiben. In dem Kapitel »Zur Konstruktion der Wirklichkeit« (Seite 105 ff.) habe ich diese Zusammenhänge zwischen Kontext und Lebenserfahrung bereits beschrieben.

Unabhängig von ihrem Inhalt hat jede Lebenshaltung stets vor- und nachteilige Folgen. Der »Starke« beispielsweise kann sich gut durchsetzen, aber schlecht nachgeben, der »Schwache« kann gut nachgeben, kommt aber immer zu kurz. Deshalb führen seine Überzeugungen und Deutungskontexte den Menschen früher oder später in eine Sackgasse. Sie schränken seine Erfahrungsmöglichkeiten ein, und er kann nicht vermeiden, unzufrieden zu werden. Die Sehnsucht nach Veränderung und nach neuen Lebenserfahrungen entsteht aus dieser Unzufriedenheit.

Motivation sammeln

Der Wunsch nach Veränderung, etwa danach, beruflich voranzukommen, einen Lebenspartner zu finden, Geld zu verdienen, glücklicher zu werden und Ähnliches, entsteht aus den Begrenzungen der eigenen Lebensweise. Wer etwas machen oder verändern will, muss unzufrieden sein. Er leidet an der Gegenwart und träumt von einer besseren Zukunft.

Im Laufe der Entwicklung gewinnt der Mensch Einsichten, fasst Absichten und schmiedet Pläne, und vielleicht wagt er erste Schritte in die gewünschte Richtung. Doch seine Veränderungsbereitschaft ist noch vage, und verglichen mit seinen Gewohnheiten verfügt sie über wenig Kraft. In der Folgezeit nimmt die Frustration am Gewohnten zu und der Wunsch nach Veränderung wächst. Bald kann der Mensch sich keine Ruhe mehr lassen, da sich jetzt in seinem Inneren zwei Tendenzen gegenüberstehen, die beide emotional fundiert und etwa gleich stark sind: die Tendenz, am Bewährten festzuhalten, und die Tendenz, das Neue zu tun.

Krisenhafte Entwicklungen durchleben

Das ist der Punkt, an dem jemand sagt: »Ich will...« und es zugleich »...noch nicht kann«. Er fasst Vorsätze, die er nicht umsetzt, und er schmiedet Pläne, die er wieder aufgibt. Er träumt und leidet. In seinem Inneren findet ein Konflikt statt; und da beide Seiten, die bewahrende und die erneuernde, emotional fundiert sind, spitzt sich die Entwicklung krisenhaft zu. Der Mensch brennt nun über eine bestimmte Zeitspanne im Fegefeuer seiner Gefühle.

Lösungen finden

Die Krise ist durchlebt, wenn sich der Veränderungsdrang gegen bewahrende Emotionen durchsetzt. Dann wird der Weg frei und die Absicht kann ins Verhalten münden. Der Mensch hat anschließend als Ergebnis einer oft schweren und spannungsreichen Zeit zu neuen Überzeugungen, Haltungen und Erfahrungen gefunden und sich ein neues Leben aufgebaut. In diesem richtet er sich ein, bis es eines Tages zu eng werden mag und der Kreislauf der Veränderung von vorn beginnt.

Die Krise als Motor für Veränderungen

Aus dieser kurzen Darstellung der Veränderungsabläufe lässt sich ableiten, dass tief greifende Veränderungen nicht spannungs- und krisenfrei zu haben sind. Erfahrungsgemäß haben jedoch die meisten Menschen Schwierigkeiten damit, krisenhafte Entwicklungen nicht nur als unvermeidlich, sondern sogar als wertvoll anzusehen. Dabei zeigt ein Blick auf die Wortbedeutung vielleicht, dass eine Krise durchaus nichts Negatives sein muss. Denn Krise bedeutet »Entscheidung«, »entscheidende Wendung« oder »Wandlung«.

Worin besteht eigentlich eine Krise und wer leidet darin? Wir sprechen von Krise, wenn jemand unvorbereitet von einer Entwicklung getroffen wird, die ihn aus dem Gleichgewicht bringt oder aus der Bahn wirft. Beispielsweise könnte jemand realisieren, alt zu werden, seinen Arbeitsplatz verlieren, der Lebenspartner könnte ihn verlassen oder eine schwere Krankheit oder ein Unfall ihn ereilen. Das hat er nicht erwartet. Das hat er nicht kommen sehen. Das haut ihn um!

Eine Krise muss nicht immer schmerzhaft erlebt werden. Sie kann ebenso durch positive Gefühle ausgelöst sein. Sie hebt den Menschen auf den Gipfel des Glücks, beispielsweise durch eine plötzliche Verliebtheit, die sein ganzes Leben und seine Planungen aufmischt, oder sie wirft ihn in ein Tal des Leides, in Angst oder Schmerz. So oder so, freudig oder schmerzlich – durchgerüttelt vom Unerwarteten wird der Betroffene allemal. Der Systemische Psychologe Arist von Schlippe drückt dies folgendermaßen aus:

»Grundlegende Veränderungen gehen mit intensiven Affekten einher. ›Veränderung wird geschmiedet im Feuer der Affekte‹, sagte der amerikanische Gestalt-Familientherapeut Walter Kempler einmal – und Leid und Lebenskrisen sind meist damit verbunden.«[291]

Ganz gleich, ob positiv oder negativ: Charakteristisch für Krisen ist, dass sie über den Menschen »hereinbrechen«. Selbstorganisation und Gleichgewicht, vertreten durch das

Bewusstsein und dessen Sprecher, das Ich, werden darin attackiert.

Demnach ist nicht die gesamte Persönlichkeit in Gefahr, es ist vielmehr die Identität eines Menschen, die im Feuer der Gefühle zu verbrennen droht. Das Ich, jene Instanz, von welcher jeder Mensch glaubt, sie »zu sein«, fühlt sich überrumpelt. Plötzliche und dem Willen zumeist widersprechende Veränderungen waren in seiner Kalkulation nicht enthalten. Nun wankt er unter dem Einfluss bisher unbewusster – weil nicht gewusster – Elemente und Kräfte und gerät in Panik. Was geschieht mit mir? Wo wird das enden?

Das Bewusstsein mag keine Veränderungen. Sich zu verändern erscheint ihm, als solle es mit verbundenen Augen in einen Abgrund springen. Es lehnt Veränderung schon deshalb ab, weil es sie nicht zu kontrollieren vermag (weshalb das zentrale Machbarkeitsversprechen darin besteht, Veränderung kontrolliert und krisenfrei durchführen zu können).

Es ist also das Ich des Menschen, das in der Krise leidet, weil es Angst vor seinem Untergang hat, vor dem Verlust der mühselig aufgebauten Illusion persönlicher Einheit. Es ist die Belagerung des Ich durch bedrohliche und unkontrollierbare Entwicklungen aus dem Bereich des Nichtwissens, die als Krise empfunden wird.

Die Krise löst sich auf, wenn das Ich in Übereinstimmung mit dem Nichtwissen gelangt oder Wege findet, sich damit zu arrangieren, wenn also ein Identitätswechsel stattgefunden hat. Nach diesem Identitätswechsel spricht der Mensch von sich als jemand anderem. Er vermag zu sagen: »Ich bin tatsächlich alt geworden«, er hat sich vom »Ingenieur« zum »Arbeitslosen« verwandelt, ist vom »Partner« zum »Single« gewechselt, hat sich vom »Gesunden« in einen »Kranken« verwandelt, ist vom »Zurückhaltenden« zum »Offensiven« geworden, hat sich vom

»Dulder« zum »Kämpfer« entwickelt oder vom »Vernunftmenschen« zum »Verliebten«. Den Weg dorthin mag er als schwierig oder einfach erlebt haben, je nachdem ob die Krise (die Wandlung) ihn positiv oder negativ überrascht hat. Ist der Identitätswechsel abgeschlossen, sagt der Mensch jetzt, die Krise sei zwar schwierig, aber sehr hilfreich bei der notwendigen Veränderung seiner Einstellungen und Verhaltensweisen gewesen.

Brauchen wir Krisen?

Aus der Umkehrung des Geschilderten können wir schließen: Gäbe es keine Krisen, würde – besser noch könnte – kein Mensch grundlegende Wahrnehmungsstrukturen verändern. Weil solche in die Tiefe gehenden Veränderungen mit enormem Aufwand und großer Anstrengung für den gesamten Organismus, für Körper, Psyche und Seele, verbunden sind, vermeidet das Bewusstsein sie möglichst.

Meine Meinung, Krisen seien unvermeidlich, mit der ich vor allem im Managementbereich, einem Eldorado der Machbarkeit, auf heftigen Widerspruch stoße (was die betreffenden Firmen oder Abteilungen vor ihren Krisen nicht bewahrt), wird von der Hirnforschung geteilt:

»Dieses [limbische Handlungs-Bewertungssystem] beginnt seine Arbeit bereits im Mutterleib [...]. In dieser Weise formt sich das, was man Charakter oder Persönlichkeit nennt, sehr früh und weitestgehend vorbewusst und wird zunehmend resistent gegen spätere Erfahrungen. Das Ich [...] wird in diese ›limbische‹ Persönlichkeit hineingestellt und von ihr getragen. Das bedeutet nicht, dass unser Charakter bereits mit drei Jahren völlig festgelegt ist, aber der Aufwand, ihn zu ändern, wird mit zunehmendem Alter größer; im Erwachsenenalter erfordert es ›emotionale Revolutionen‹ (etwa die berühmten Lebenskrisen oder eine stark fordernde Partnerschaft), damit sich an unserer Persönlichkeit noch etwas ändert [...]. Der Grad möglicher Veränderung nimmt mit zunehmendem Alter rapide ab, und es bedarf dann dramatischer Lebenskrisen, wenn es im Erwachsenenalter noch zu größeren Veränderungen kommen soll.«[292]

Wahrnehmungsstrukturen sind unter hoher emotionaler Beteiligung entstanden, und sie brauchen hohe emotionale Beteiligung, um sich verändern zu können. Das Alte muss bis in seine Grundmauern erschüttert werden, damit das Neue entstehen kann. Man kann es auch so ausdrücken: Der Gewinn einer Veränderung muss größer als ihre Gefahr sein; und dafür ist eine gehörige innere Aufladung erforderlich, die Hemmungen beseitigt und über die Erkenntnis- und Handlungsschwelle hinweghilft. Der Hirnforscher Roth betont deshalb:

»Erst wenn der Leidensdruck jede Furcht vor unangenehmen Situationen überwiegt, mag die Einsicht zum Zuge kommen.«[293]

Diese Beobachtung deckt sich mit den Berufserfahrungen aller ernsthaften Therapeuten, die ich kenne. Nicht umsonst wird in zahlreichen Publikationen die »Krise als Chance« beschrieben.

Selbstverständlich kann auch das bewusste Denken in das Leben eingreifen und ein Verhalten bestimmen. Das ist vor allem dann problemlos der Fall, wenn die Konsequenzen dieses Verhaltens wenig bedrohlich erscheinen. Geht es jedoch um die Veränderung von Grundüberzeugungen (an denen festzuhalten grundsätzlich als überlebenswichtig eingestuft wird), wird das limbische System des Gehirns grundsätzlich sein Veto einlegen.

In der Therapie spricht man dann davon, eine »Grenze« erreicht zu haben und diese nicht überschreiten zu können. Die prozessorientierte Psychologie des Arnold Mindell geht davon aus, dass Veränderungsprozesse so lange »kochen« müssen, bis sich genügend Druck angesammelt hat, um den Deckel der alten Identität zu lüften oder manchmal auch zu sprengen.[294]

Die Leiden der Machbarkeitspriester

Weil eine intensive, in der benötigten Dichte meist aus Leid erwachsende Handlungsmotivation benötigt wird, kann sich entgegen der Machbarkeitsversprechen nicht jedermann vornehmen, erfolgreich zu sein oder andere Ziele zu erreichen, denn es gehört eine persönliche Leidensgeschichte dazu, Planungen und Zielpeilungen konsequent und notfalls ohne Rücksicht auf ihre Kosten zu verfolgen.

Ohne es zu ahnen, bestätigen beispielsweise Höller und Schäfer diese Darstellung. Höller beschreibt am Anfang seines Buches eine tiefe persönliche Krise, die er als junger Mann durchlebte und die ihn mit Selbstmordgedanken in Berührung brachte. Damals, davon gehe ich aus, haben sich seine Glaubenssätze vom »Ich schaffe es nicht« zum »Ich schaffe es« verändert – und nicht durch Ratschläge und Erfolgsstrategien, wie er sie seinen Lesern antut. Auch Bodo Schäfer berichtet von der Geburtsstunde seiner Motivation, unbedingt reich zu sein:

»Ich setzte mich stundenlang an sein Bett [des kranken Vaters] und hörte zu, was die Leute ihm berichteten [...]. Es ging immer ums Geld. Immer jammerten sie [...]. Geldsorgen, Geldsorgen, Geldsorgen [...]. Anfangs hatte ich es als spannend empfunden, zuzuhören. Aber bald ging es mir auf die Nerven. Ich begann, eine Abscheu gegen

Armut zu entwickeln. Armut ließ Menschen unglücklich sein [...]. Ich
wollte wohlhabend werden. Ich fasste den festen Entschluss, mit
dreißig Jahren Millionär zu sein.«[295]

Das alles ist nachvollziehbar. Seine Abscheu vor Armut drückt
jedoch keine Wahrheit aus, sondern eine eingeschränkte Wahrnehmung. Und sein Verhalten zeigt weder Willens- noch Wahlfreiheit noch bewusste Lebensplanung, sondern den inneren
Zwang, reich werden zu müssen, der sich wie ein Faden durch
das Leben des »Geldtrainers« zieht. Die Machbarkeitspriester
handeln zwanghaft. Ihr Willen treibt sie, wie Gerhard Roth es
beschreibt:

»Ein starker Wille gehört zur Persönlichkeit, zum Charakter eines
Menschen [...]. Er ist nicht zu verwechseln mit der bloßen Absicht,
irgendetwas zu erreichen [...]. Sehr ›willensstarke‹ Menschen sind
überhaupt nicht frei, sondern von ihren Zielsetzungen getrieben,
mit deren Erreichen sie sich belohnen wollen.«[296]

Mit anderen Worten: Man muss kompensieren wollen, man
muss zeigen müssen, wie toll man ist (Höller), beweisen müssen, was man drauf hat (Schäfer), wie viel man leisten kann
(Dr. Strunz) – und das mit Deckung und Unterstützung gerade
der unbewussten Persönlichkeitsanteile, sonst hält man solche Planungen und Absichten nicht durch. Man muss gewissermaßen fanatisch und einseitig genug sein, um den Preis
solcher Ziel- und Handlungsausrichtung bezahlen zu können.

Reif für Veränderungen sein

Wie dem auch sei, eine starke Motivation, so lässt sich zusammenfassen, ist für jede grundlegende Veränderung uner-

lässlich. Die Aussicht, vom Leid befreit zu werden, ist wahrscheinlich das intensivste und zuverlässigste Veränderungsmotiv, das Menschen finden können.

Nun will ich hier nicht ein Hohelied des Leidens singen, obwohl ich mich fast zu seiner Verteidigung genötigt fühle, in Zeiten, in denen nicht mehr von Problemen, sondern von Herausforderungen, und nicht mehr von Lernprozessen, sondern nur noch von Lösungen gesprochen wird. Doch schöne Worte ändern nichts daran, dass auch Lösungen nur von Leuten gesucht werden, die Probleme haben.

Leid macht reif. Nicht umsonst gibt es umgangssprachliche Formulierungen wie »Er ist jetzt reif« oder »Das war jetzt reif«. Ist jene Reife, die innere Zustimmung zur Veränderung, nicht gegeben, bleiben auch beste Absichten wirkungslos. Dahinter steckt Sinn.

Der Psychologe Friedrich-Wilhelm Deneke betont, dass Gefühle den Zugang zum Bewusstsein kontrollieren und damit als Indikatoren für die Tragfähigkeit der seelisch-geistigen Struktur dienen.[297] Diese Zugangskontrolle bewirkt, dass nur diejenigen Absichten, die als dem Bewusstsein erträglich eingestuft werden, ins Bewusstsein gelangen. Andernfalls verhindern Gefühle der Hemmung, der Scham und der Angst ihr Auftauchen, damit der Organismus nicht aus dem Gleichgewicht gerät. Dazu Gerhard Roth:

»Gefühle sind somit ›konzentrierte‹ Erfahrungen; ohne sie [...] ist vernünftiges Handeln unmöglich. Wer nicht fühlt, kann auch nicht vernünftig entscheiden und handeln.«[298]

Hemmungen und emotionale Blockaden sind nichts Falsches, ganz im Gegenteil. Um sie überwinden zu können, ist man zuerst einmal gezwungen, diejenigen Fähigkeiten zu entwickeln, auf denen das Neue schließlich ruhen kann. Vernünftig ist es demzufolge nicht, irgendwelche »großen Ziele« unabhängig von der emotionalen Befindlichkeit anzustreben. Vernünftig ist es vielmehr, in Übereinstimmung mit inneren Bedingungen zu handeln. Die Konsequenz hieraus lautet:

Man kann nicht irgendetwas Ausgedachtes oder Vorgestelltes wollen, man ist darauf angewiesen, dass sich entsprechende Gefühle entwickeln, man muss »reif« für den Wandel sein.

Gedanken und Planungen sind weder an sich noch für sich genommen richtig oder vernünftig. Sie sind das allenfalls im Zusammenhang der Gesamtpersönlichkeit eines Menschen.

Wer also den Gedanken der Machbarkeitspriester folgt, handelt oft unvernünftig gegen sich selbst, weil er Dinge ohne innere Übereinstimmung tun will.

Ihm fehlt dann die Kraft des Unbewussten, er wirkt hohl und kann nicht überzeugen. Seine Krawatte mag sitzen, aber sein Selbstbewusstsein ist aufgesetzt. Seine Zuversicht mag groß sein, seine Überzeugungskraft aber schwindet.

Fazit

Fassen wir zusammen: Es ist keine Frage willentlicher Entscheidung oder Einsicht, sondern eine Frage der Not und Notwendigkeit, wenn Menschen ihre Lebenseinstellungen und das dazugehörige Verhalten verändern. Sie wissen nicht mehr weiter, blicken nicht mehr durch, haben die Nase voll, hängen fest. Da sie in der Krise von ihrer Lebenserfahrung verlassen werden, sind sie nun gezwungen, neue Sichtweisen und Handlungskonsequenzen zu entwickeln. Die Entwicklung neuer Kontexte und Grundüberzeugungen wird zudem nicht aus dem Ärmel geschüttelt, sondern stellt einen langwierigen und aufwändigen, aber dadurch gründlichen Lernvorgang dar. Voraussetzung solcher Lernprozesse ist die innere Bereitschaft zur Veränderung. Der Mensch muss »reif« für etwas Neues sein; vom Verstand und von den Gefühlen her.

Wie sind diese Ausführungen mit dem Thema dieses Kapitels, den »Siegen des Lebendigen« verbunden? Nun, Krisen zu durchlaufen, im Fegefeuer der Gefühle zu brennen, Probleme zu durchleiden, das ist weder ein Versagen noch ein Missmanagement, sondern vielmehr notwendiger Teil von Veränderungsprozessen, in denen sich das Leben erweitert und erneuert.

WAS WIR TUN KÖNNEN

Zentrales Thema des Machbarkeitswahns ist, wie beschrieben, die Sehnsucht und Vorstellung, sich selbst einfach, schnell und dauerhaft von Problemen, Leid, von relativer Ohnmacht und wiederkehrendem Unglück befreien zu können.

Zentral im Machbarkeitswahn ist die Idee der selbst gemachten Erlösung, welche dabei ist, die Ideen der gottgemachten und der materiellen Erlösung abzulösen.

Dieser Machbarkeitsglaube kann, das hoffe ich gezeigt zu haben, so nicht einmal ansatzweise funktionieren. Damit komme ich zu einem schwierigen Punkt. Denn nachdem ich die Grenzen der allseits behaupteten Machbarkeit gezeigt habe, wird unweigerlich die Frage aufkommen: Herr Mary, was ist denn Ihre Alternative?

Hier ist sie. Meine Empfehlung für die meisten Problemsituationen des Lebens lautet: Denken Sie, außer wenn es um Kleinigkeiten geht, nicht in Lösungen, denken Sie in Entwicklungen.

In Entwicklungen statt Lösungen denken

Meine Lösung lautet deshalb: Streichen Sie das Wort Lösung
aus Ihrem Wortschatz. Denn es vermittelt den Eindruck, etwas
könne schnell, umfassend und gründlich Ihre Lebenssituation
verändern. Etwas Machbares eben. Nehmen Sie stattdessen
die Begriffe Lernen und Entwicklung (wieder?) in Ihren Wortschatz auf.

Der Vorschlag mag nicht spektakulär sein, aber er ist se-
riös und fundiert. Haben Sie neue Glücksrezepte erwartet? Ich
glaube – nach mittlerweile 25 Jahren beruflicher und privater
Beschäftigung mit dem Thema Veränderung durch Selbster-
fahrung, Therapie, Fortbildung und Beratung – nicht mehr an
Rezepte und ausgedachte Lösungen. Damit scheine ich nicht
allein zu stehen. Der Psychologe und systemische Therapeut
Arist von Schlippe kommt zu einem ähnlichen Schluss:

»Meine Überzeugung ist inzwischen, dass wir zwar ein wenig an den
Rahmenbedingungen ›drehen‹ können, die helfen, dass Veränderungen geschehen können, dass wir jedoch viel weniger in der Hand
haben, in welche Richtung Veränderung zielgerichtet geht, als wir
es oft gern hätten.«[299]

Nicht über seine Persönlichkeit und sein Leben herrschen zu
wollen bedeutet jedoch keinesfalls zu resignieren. Von Resig-
nation bin ich und, soweit ich das überschauen kann, sind
alle ernsthaften Berater und Therapeuten weit entfernt. Denn
es bleibt stets die Chance, sich zu entwickeln und zu lernen;
und beides empfinde ich als spannende und das Leben überaus bereichernde Vorgänge.

Eine Entwicklung sucht keine schnelle und einfache Lösung, sie schreitet stetig voran. Sie strebt kein vorbestimmtes

Ziel an und verfolgt keine geraden Wege, sondern reagiert flexibel auf innere und äußere Einflüsse. Sie bedarf weder besonderer Strategien noch irgendwelcher Geheimnisse, denn sie beruht auf dem Lernen. Entwicklungsorientiertes Denken lehnt krisenhafte Entwicklungen daher nicht ab, sondern sieht darin wichtige Motivationsquellen. Es versucht nicht krampfhaft, Probleme zu vermeiden, sondern erkennt an, dass gerade grundlegende Veränderungen der Persönlichkeitsstruktur und auch gesellschaftlicher Bedingungen meist spannungsreicher Entwicklungen bedürfen.

Eine Ehekrise aufgrund aushäusiger, ungewollter Verliebtheit bringt Themen auf den Tisch, die die Partner jahrelang umgingen. Die Krise des Herzinfarkts bietet reale Chancen, Stress und Überlastung abzubauen. Zuckende BSE-Kühe und an Creutzfeld-Jacob erkrankte Menschen bewirken zumindest ansatzweise einen veränderten Umgang mit Tiernahrungsmitteln. Der Unfall von Tschernobyl hat Millionen Menschen von den realen Gefahren der Kernkraft überzeugt.

Eine Krise in ihren positiven und negativen Erscheinungsformen stellt aus prozessorientierter Sicht das wichtigste Mittel menschlicher Selbstregulation dar.

Krise bedeutet Wendepunkt. Eine Krise ist daher kein Problem, sondern eine Prozesseinleitung; der gefundene Zustand nach der Krise ist auch keine Lösung, sondern ein neues Gleichgewicht und Übergangsstadium zu weiteren Entwicklungen.

Die Stunde des Bewusstseins

Wird eine Entwicklung unbequem und kritisch genug, dann kann man tatsächlich eine Menge tun, denn dann ist die Stunde des Bewusstseins gekommen:

»Wie festgestellt, [...] erlebt das Bewusstsein seinen großen Auftritt dann, wenn sich das Gehirn mit Problemen konfrontiert sieht,
für die das emotionale Gedächtnis noch keine Vorgaben machen
kann.«[300]

Wenn man mit seinen bisherigen Konzepten und Erfahrungen
nicht weiterkommt, wenn man vor Aufgaben steht, die mit bisherigen Mitteln nicht zu bewältigen sind, wird das Bewusstsein aufgefordert, den Fokus seiner Aufmerksamkeit dem The-
menkontext zuzuwenden und nach neuen und akzeptablen
Umgangsmöglichkeiten damit zu suchen.

Damit ist der Zeitpunkt gekommen, an dem wir etwas tun
können, an dem wir die Entwicklung bewusst unterstützen
können.

Das ist beispielsweise der Fall, wenn ein Partner zum dritten Mal geschieden ist und es ihm dämmert, dass seine unbewussten Lösungsansätze, die bisher darin bestanden, sich zu
trennen, ihn stets in die gleiche Sackgasse der Einsamkeit
geführt haben. Jetzt leidet er genug, um sein Bewusstsein auf-
zufordern, neue Verhaltensmöglichkeiten in der Partnerschaft
zu erarbeiten.

Erinnern wir uns: Das Ziel bewusster Anstrengung muss
lohnender erscheinen, als sich der Aufwand des Umlernens
darstellt. Und das ist in unserem Beispiel jetzt der Fall. Nach
der ersten Scheidung konnte man sich noch einreden, der
Partner sei einfach der falsche gewesen, die Trennung von
ihm unvermeidlich und so persönlicher Veränderung ausweichen. Jetzt aber, nach der dritten Scheidung, erscheint
eine Veränderung lohnender, als das Karussell noch einmal
zu durchleben.

Neues lernen

Ist es »innerlich« zur Veränderung ermächtigt, wird das Bewusstsein die Tendenzen der Erneuerung unterstützen und eine Veränderung wird möglich. Damit sind die unbewussten Denk- und Verhaltensweisen jedoch nicht einfach aufgehoben. Es folgt ein innerer Konflikt, eine mitunter langwierige und schwierige Auseinandersetzung zwischen Altem und Neuem. Diese Phase dient der Bewährung neuer Verhaltensmöglichkeiten, stellt gewissermaßen eine Trainingsphase neuer Verhaltensmöglichkeiten dar. Die darin entwickelten und erlernten neuen Fähigkeiten manifestieren sich schließlich organisch in der Konstruktion neuer neuronaler Netze, auf die in Zukunft unbewusst zurückgegriffen werden kann. Ist das geschehen, hat ein Lernprozess stattgefunden.

Wie man sieht, ist man nicht zur Untätigkeit verurteilt, sondern kann eine ganze Menge tun – man kann nämlich lernen.

Bewusstes, auf die eigene Persönlichkeit bezogenes Umlernen im Erwachsenenalter bezeichnet einen Prozess, an dessen Anfang zumeist die Veränderungsmotivation aufgrund einer Krise steht, der die spannungsreiche Entdeckung neuer Umgangsmöglichkeiten mit einer bestimmten Materie folgt, die dann durch Wiederholung bis zu dem Grad automatisiert werden, dass sie frei von Bewusstsein ablaufen und sich im Unbewussten ansiedeln können.

Neues wird gelernt, wenn das Bewusstsein von der Gesamtpersönlichkeit aufgefordert ist, den nötigen Lernprozess zu unterstützen. In solchen Situationen können sich Beratung und Therapie als sehr hilfreich erweisen. Aber auch Beratung und Psychotherapie können keine Wunder bewirken, sondern vielmehr Felder sozialen Lernens aufzeigen, wo neue Deutun-

gen und Sichtweisen und damit veränderte seelisch-körper-
liche Reaktionen und zwischenmenschliche Verhaltensweisen
entwickelt werden.

Im Mittelpunkt seriöser Beratung steht daher kein wie
auch immer geartetes Machbarkeitsversprechen, auch keine
Strategieempfehlung und schon gar keine Zielvorgabe. Gute
Beratung stellt eine Prozessbegleitung dar, die nicht Kontrolle
des Unbewussten, sondern die Verbindung und Versöhnung
mit der Welt des Nichtwissens zum Ziel hat. Denn erfahrene
Therapeuten und Berater wissen um die Grenzen ihrer Absichten und Methoden:

»Nichttriviale Systeme sind dagegen in ständigem Wandel und weisen eine Eigendynamik auf, die sich der genauen Analyse und Be-
einflussung von außen entzieht.«[301]

Das bedeutet, auch wenn das Bewusstsein des Betroffenen
oder seines Therapeuten zielgerichtet in einen Veränderungs-
prozess einzugreifen versucht, vermag es trotzdem nicht, das
Kommando zu übernehmen und die Richtung der Veränderung festzulegen. Der Mensch wird sich immer wieder vor
sich selbst, den Menschen und der Welt verbeugen und oft
genug dem Unbewussten mit den Worten »Dein Wille geschehe, nicht meiner« nachgeben müssen.

Gibt es Freiheit?

Entscheidungen stehen uns nicht einfach zur Verfügung, wir
können sie nicht wählen wie ein Stück Kuchen. Die grundlegenden Entscheidungen des Lebens wollen vielmehr erkämpft
und errungen werden. Wir belohnen uns für diese Auseinandersetzungen mit dem Gefühl der Freiheit. Freiheit ist dem-

nach eine Empfindung, die wir in inneren und äußeren Auseinandersetzungen erwerben.

Fazit

Wir sind weder ohnmächtig, noch sind wir allmächtig. Wir können eine Menge tun, aber wir tun uns mit tief greifender Veränderung sehr schwer. Deshalb werden wir durch Leid und Krise motiviert, nach besseren und neuen Umgangsmöglichkeiten mit den Erscheinungen unserer Welt zu suchen.

Demnach brauchen wir uns keine allzu großen Sorgen darüber zu machen, wie wir ständig glücklich sein können oder Kontrolle über das Leben erreichen. Wir können im Gegenteil gelassen bleiben, denn das nächste Problem, das nächste Unglück, die nächste Krise, die nächste massive Aufforderung zu lernen kommt ganz bestimmt.

GLÜCK UND UNGLÜCK

»Glück ist die Fülle des Lebens. Positives und Negatives. Nicht nur Lust, sondern auch Schmerz. Das Angenehme und das Unangenehme. Das Gelingen und das Scheitern. Wenn all das in meinem Leben ist, dann habe ich ein erfülltes Leben. Nur dann. Wenn ich das Negative nicht annehme, dann kommt es zu dem, was viele Menschen heute sagen: dass sie das Leben nicht spüren.«[302]

Etwas Wichtiges über mein Leben lernte ich auf einer Fahrradtour, die mich vor 25 Jahren von Bonn nach Barcelona führte. Die Fahrtstrecke von 1500 Kilometern führte überwiegend durch Bergregionen; und die ersten fünf Tage musste ich gegen starken Wind und peitschenden Regen ankämpfen. Welch eine Anstrengung! Dann kam der erste Sonnentag.

Welch eine Erlösung! Des Nachts zog ich alle mitgenommene Kleidung an und zitterte trotzdem in meinem Schlafsack. Welch eine Qual! Um der nächtlichen Kälte zu entkommen, fuhr ich schon morgens um fünf Uhr weiter, und mit jeder Stunde konnte ich ein Kleidungsstück ausziehen. Gegen acht berührte die warme Sonne meine Haut. Welch ein Genuss! Ich fuhr eine, drei, bis zu fünf endlose Stunden Berghänge hinauf, schwitzend und keuchend, mit schmerzenden Muskeln. Welch eine Schinderei! Dann die Abfahrt, zehn oder 50 kurze Minuten, mit leuchtenden Augen und Wind in den Haaren. Welch ein Glück!

Regen, Kälte, Berge und alles, was Anstrengung verursachte, verloren mit den Tagen an Bedeutung. Weil ich schließlich wusste, dass die Sonne, die Wärme, die nächste Abfahrt kommen würden. Ich verstand allmählich, dass Mühe und Freude zusammenhingen, dass das eine nicht ohne das andere möglich war. Was wäre eine dauernde, mühelose, 14-tägige Abfahrt gewesen? Eine Routine, die mich nach kurzer Zeit gelangweilt hätte.

Glück als Kontrastphänomen

Was wären Liebe, Erfolg und Glück ohne Einsamkeit, Frustration und Unglück? Was wäre, wenn Menschen tatsächlich problemlos alles bekämen, was sie wollten? Sie wären ihrer Ziele, ihrer Hoffnungen und damit ihrer Zukunft beraubt. Ihr Leben würde gewissermaßen enden, in Langeweile und Erstarrung.

Mihaly Csikszentmihalyi weist in seinem Buch darauf hin, dass zuvor gesunde Menschen, die aufgrund eines Unfalls behindert wurden, dies später oftmals als eine Art Wiedergeburt ansehen:

»Unerwartetes Ergebnis dieser Studie war, dass ein großer Teil der Kranken den Unfall, der die Lähmung auslöste, zugleich als negativstes und positivstes Ereignis in ihrem Leben bezeichnete. Die tragischen Ereignisse konnten als positiv eingeschätzt werden, weil sie dem Opfer höchst eindeutige Ziele setzten und zugleich widersprüchliche wie auch unwichtige Wahlmöglichkeiten ausschlossen. Die Patienten, die lernten, die neuen Herausforderungen ihrer Behindertensituation zu bewältigen, empfanden einen deutlichen Sinn in ihrem Leben, der ihnen zuvor gefehlt hatte.«[303]

Das ist eine interessante und wohl zutreffende Erklärung dafür, warum sich viele Behinderte als glücklicher bezeichnen, als sie sich vor ihrer Behinderung empfanden. Wie aber sollen Nichtbehinderte, die nicht über derartig drastisch motivierende Umstände verfügen, ohne Behinderung und Not, das Gleiche leisten? Sie sind auf andere Formen der Motivation angewiesen, auf andere Formen des Unglücks.

Glück ergibt sich nicht von selbst; es ist kein Zustand an sich, wie Stefan Klein es darstellt, sondern entsteht im Zusammenhang mit anderen Gefühlen, vor allem denen des Mangels und Unglücks. Das Erleben des Leichten ist an die Erfahrung des Schweren gekettet. Jeder Versuch, Glück auf leichte und direkte Weise herzustellen, wird daher das Erleben verflachen. Auch noch so viele und clevere Ratgeber ändern an dieser Eigendynamik nichts. Wunscherfüllung braucht Wünsche, und wenn Glück tatsächlich eine Gewohnheitssache wäre, gingen die Wünsche verloren und damit die Aussicht auf Glück.

Der Angler legt seine Angel aus, träumt vor sich dahin, schaut in die Sonne, eine scheinbar endlose Zeit vergeht. Dann schlägt ein Fisch an, und im Bruchteil einer Sekunde ist der Angler »voll da« und mitten im Flow. Stunden oder

Tage hat er gebraucht, die Erwartungsspannung aufzubauen, die sich jetzt elektrisierend entlädt und Glückshormone blitzartig ins Gehirn schießen lässt. Was bliebe außer Langeweile, würden die Fische im Minutentakt anbeißen?

Anscheinend entsteht Glück, wenn eine Erwartungsspannung nachlässt, weil der Spannung schaffende Wunsch sich in seiner Erfüllung auflöst. Vielleicht ist Glück das Empfinden, das ein inneres Loslassen begleitet, eine zeitweise völlige Zustimmung zu dem, was jetzt gerade geschieht.

Nach Mihaly Csikszentmihalyi stellt sich Glück ein, wenn psychische Entropie, das innere Chaos, beseitigt und eine innere Ordnung hergestellt wird. Wenn es aber nur Ordnung gäbe und kein Chaos mehr, dann wäre jeder Wert der Ordnung verloren; und das Gefühl des Glücks, mit dem der Mensch sich für eine mühsam erreichte Ordnung belohnt, bliebe aus.

Glücksmanagement

Csikszentmihalyi und andere Glückstechniker glauben weiterhin, es wäre sinnvoll, wenn Menschen entscheiden könnten, was sich in ihrem Bewusstsein abspielt. Stellen wir uns einmal vor, solche Kontrolle wäre möglich. Augenblicklich würde vermeintlich negativen Gefühlen wie beispielsweise Angst, Schmerz oder Trauer der Zutritt zum menschlichen Bewusstsein verwehrt; lediglich Angenehmes und Lustvolles dürfte die Schwelle zum Bewusstsein noch passieren.

Über diese Gefahr habe ich mit einem Psychologen diskutiert. Der Mann wandte allen Ernstes ein, gerade weil bewusste Menschen wüssten, wie wichtig Leid und Unglück als Kontrastphänomene für Freude und Glück sind, würden sie diese

Empfindungen nicht verdrängen, sondern von Zeit zu Zeit zulassen. Aber sicherlich nur sonntags von 14 bis 15 Uhr. Sie müssten eine Glücksbuchführung beginnen. »Jetzt war ich drei Tage glücklich, ich muss einen unglücklichen Tag dazwischenschieben.«

Aktives Glücksmanagement könnte man das nennen. Aber das wird sicherlich nicht funktionieren. Heutzutage weiß man schließlich auch, dass zu viel Hygiene das Immunsystem der Kinder schwächt und sie für Krankheiten anfällig macht. Trotzdem habe ich bisher niemanden freiwillig Schmutz essen oder sich absichtlich infizieren sehen noch seine Kinder das tun lassen, um ihr Immunsystem zu trainieren.

Wäre Glück planbar, müsste man in der Tat auch seinen Kontrast künstlich einplanen. Doch Glück wird als solches empfunden, gerade weil es weder planbar noch garantiert ist. Könnte er sein Glück so einfach machen, wäre der Mensch größer als dieses. Das Glück aber ist größer als der Mensch, weshalb er sich von ihm beschenkt fühlen kann; und wahrscheinlich ist das Gefühl, Glück unerwartet geschenkt zu bekommen, ein unverzichtbarer Bestandteil ebendieses Zustandes. Das Geschenk Glück führt über die Grenzen des Ich hinaus, so wie das Leben selbst als Geschenk empfunden wird, weil man nicht über es bestimmen kann.

Das Bedürfnis nach Wünschen

Glück ist ein Kontrastphänomen. Vergleichbares gilt für Erfolg und Reichtum. Ist ein bestimmter Erfolg oder Wohlstand erreicht, bringt mehr davon keineswegs mehr Glück. Der Reiche ist auf Dauer nicht glücklicher, der Erfolgreiche auf Dauer nicht erfüllter, denn ihnen geht die Kontrasterfahrung verloren. Deshalb wollen Reiche noch reicher und Erfolgreiche

noch erfolgreicher werden. Nicht, weil sie bloß nimmersatt
oder gierig wären, wie man ihnen unterstellen könnte. Sie
brauchen wie alle anderen Menschen neue Wünsche, sie
brauchen einen Abstand zwischen Wunsch und Wirklichkeit,
um eine Motivation fürs Weitersuchen und die im Leben nö-
tige Lustspannung zu behalten.

Menschen haben ein Bedürfnis nach Wünschen. Das lässt
sich auch am Beispiel der Sexualität zeigen. Seit die großen
sexuellen Tabus gefallen sind und Menschen von sexuellen
Reizen und Angeboten überflutet werden, leben sie nicht
zwangsläufig auch sexuell erfüllter. Vielmehr beklagen sich
Partner zunehmend über das Schwinden des Begehrens. Wie
der Hamburger Sexualforscher Gunter Schmidt in seinem
Buch *Sexuelle Verhältnisse* sagt, beklagen diese Paare nicht
mehr den Mangel an Befriedigungsmitteln, sondern den Mangel an Wünschen. Schmidt erläutert diesen Mangel anhand
eines Beispiels aus der Werbung:

»Unter einer frisch geöffneten Flasche Bier steht auf einem Plakat
der Spruch: ›Was gäbe ich für Durst‹ – nicht etwa: ›Was gäbe ich für
Bier‹.«[304]

Werden wir eines Tages, dank Psychopharmaka und Hormon-
cocktails, Laufsucht, Erfolgsrezepten, Psychotechniken, Neurophysiologie und Glücksforschung, frustriert ausrufen: »Was
gäbe ich für Sehnsucht, für Misserfolg, für Frustration, für
Leid – für einen Kontrast zu meinem geplanten und flachen
Leben?«

Glück und das Leben selbst brauchen und finden ihren
Kontrast, das Glück im Unglück, das Leben im Tod. Wäre das
Leben unendlich, hätte es kaum Bedeutung. Es wäre sinnlos,
darin nach irgendetwas zu streben oder etwas zu wünschen.

Offenbar brauchen wir unerfüllte Wünsche als Motivation zur weiteren Entwicklung und zum Lernen.

Wer dem zustimmt, der kann dem Druck des Machbarkeitswahns gelassen widerstehen.

EIN AUFRUF ZUR GELASSENHEIT

> »Wähle unter den Fehlern, die dir gegeben sind,
> aber wähle richtig.
> Vielleicht ist es falsch, das Richtige
> im falschen Moment zu tun, oder richtig,
> das Falsche im richtigen Augenblick?
> Ein Schritt daneben, nicht wieder gutzumachen.
> Der richtige Fehler, einmal versäumt,
> kehrt nicht so leicht wieder.«
> *Hans Magnus Enzensberger*[305]

Ein gelassener Mensch gehört sich selbst

»Immer glücklich zu sein ist ohnehin eine Überforderung an das Leben, die uns leicht ins dauernde Unglück stürzt.«[306]

»Es ist eine Grunderfahrung der Psychotherapie [...], dass der Mensch, je mehr er sich das Glücklichsein zum Ziel macht, umso weniger fähig wird, dieses Ziel zu erreichen.«[307]

Die Grenzen der Machbarkeit zu akzeptieren heißt nicht, passiv zu sein, sondern im Tun gelassen zu bleiben. Gelassenheit lautet deshalb die Alternative zum Machbarkeitswahn. Gelassenheit, wie sie Menschen ausstrahlen, die sehr alt geworden sind und die sich am Ende ihres Lebens als glücklich erachten.

In einer Reportage der Zeitschrift *Weltbild*[308] werden solche Menschen beschrieben. Ihre Erkenntnisse lassen zustimmend schmunzeln und stimmen versöhnlich, weshalb ich sie etwas ausführlicher zitieren möchte. Die glücklichen Alten meinen:

»Wenn du alt werden willst, musst du dein Getreide mit eigenen Händen auf dem Stein mahlen. Trinke keinen Alkohol. Und wenn du von der Mutterbrust entwöhnt bist, auch keine Milch mehr.« (ein 96-jähriger Medizinmann der Navajo)

»Iss alles, was dir schmeckt – aber nicht zu viel davon. Bestehe nicht darauf, immer gleich zu bekommen, was du dir wünschst, dann hast du weniger Sorgen.« (eine 125-jährige Französin)

»Die zwei Schlüsselwörter sind für mich: Wahrheit und Harmonie.« (ein 85-jähriger Schwede)

»Wenn Gott dir eine Frau gegeben hat, dann verlasse sie erst, wenn du der Welt endgültig den Rücken kehrst.« (ein über 100 Jahre alter Ecuadorianer)

»Früchte, Wasser und frische Luft – mehr braucht der Mensch nicht.« (ein 102-jähriger Inder)

»Atme durch die Nase, nicht durch den Mund, das hält dich gesund. Und wisse, dass es sich auch für einen Mann ziemt zu weinen. Aber nur um erhabene Dinge.« (ein 95-jähriger Bolivianer)

»Alles Schicksal, jeder Tag des Lebens ist uns Menschen vorbestimmt. Was soll daran schlecht sein?« (ein 101-jähriges japanisches Zwillingspaar)

»Essen, was man selber erntet, das ist Glück.« (ein 91-jähriger wei-
ßer Kenianer)

»Tanzen ist eine mächtige Medizin. Tanze – und deine Seele wird
gesund.« (eine 93-jährige Ecuadorianerin)

»Tiere machen glücklich. Natur macht glücklich. Die Wälder zu kennen macht glücklich. Das ist alles, was ich zu sagen habe.« (eine
91-jährige Australierin)

»Was kann ich der Jugend raten? Doch nur, sich rein zu halten. Ich
esse reines Essen, immer zu Hause oder bei Angehörigen. In meinem
ganzen Leben war ich nie in einem Restaurant. Ich nehme keine
Medizin, außer Kräutern. Ich halte meinen Geist rein. Ich sage nie
etwas Schlechtes über andere Menschen.« (ein 100-jähriger Inder)

»Zuerst kommt das Gebet. Man kann im Leben nie zu viel beten. Den
Koran kenne ich auswendig.« (eine 102-jährige Türkin)

»Was man für ein gutes Leben braucht? Gut geratene Söhne, genügend Aprikosen, ein paar Ziegen. Und eine gute Ausbildung.« (ein
105-jähriger Pakistaner)

»Denke nicht so viel daran, etwas zu erreichen. Sei einfach da. Und
überlass den Rest dem Leben.« (ein 103-jähriger schwarzer Amerikaner)

Glück basiert auf Wunscherfüllung, das habe ich schon erwähnt. Das Glück der Alten scheint in dem Maße zuzuneh-
men, in dem ihre Wünsche bescheidener und damit erfüllba-
rer werden. Wer sich wünscht, dass jeden Morgen die Sonne
aufgeht, der wird jeden Morgen ein kleines Glück erleben.

Und wer sich wünscht, in der Natur zu sein, für den wird jeder Spaziergang zu einer Quelle der Zufriedenheit.

Je kleiner die Wünsche, je leichter sie zu erfüllen sind, desto zuverlässiger stellen sich Freude und Glück ein. Das zumindest legen die Zitate der glücklichen Alten nahe. Dass es sich dabei nicht um das spektakuläre Glück der Gipfelerlebnisse des Lebens handelt, um das Glück des Marathonläufers, um das chemische Glück körperlicher Hormonausschüttungen, das sehe ich positiv. Das stille Lebensglück der Alten unterscheidet sich von der Suche nach berauschenden Augenblicken, die wir bei Jungen sehen können.

Keiner der oben zitierten glücklichen Alten jagt den Flow, keiner macht sich Gedanken, wie er die Inhalte seines Bewusstseins kontrollieren kann, keiner spricht von Machbarkeit und von Erfolg oder Reichtum. Im Gegenteil, die glücklichen Alten betonen Bescheidenheit und empfehlen, das Leben anzunehmen. Es sind Menschen, die in Übereinstimmung mit sich selbst gelebt und so zu einer beneidenswerten Gelassenheit gefunden haben. Was kann man den Aussagen dieser Menschen hinzufügen?

FAZIT DIESES BUCHES

Was sind die Schlussfolgerungen aus der Kritik am Machbarkeitswahn? Ist das Leben des Menschen determiniert? Sind seine Handlungen vorbestimmt und kann er keinen Einfluss auf sein Leben nehmen? Nein, das sind keineswegs die Konsequenzen aus dem hier Geschriebenen! Ganz und gar nicht.

Der Mensch ist nicht determiniert im Sinne einer starren Festlegung. Er ist nicht einmal durch seine Gene determiniert, wie der Arzt und Autor Joachim Bauer belegen konnte.[309]

Das Fazit aus diesem Buch lautet vielmehr, dass das Leben und das eigene Verhalten sehr oft von unüberschaubaren inneren und unvorhersehbaren äußeren Zusammenhängen bestimmt sind; und dass wir vieles nicht wissen, nicht überblicken und nicht kontrollieren können.

Das Fazit dieses Buches bedeutet, dass wir unsere Psyche nicht willkürlich verändern können und dass unsere Freiheit von einem Rahmen aus Lebenshaltungen und Einstellungen begrenzt wird, den wir nur allmählich und mit großem Aufwand zu erweitern vermögen.

Trotzdem kann man eine Menge tun. Man kann sich Lernbereitschaft, Neugierde und Offenheit gegenüber dem Leben und seinen spannenden Wendungen bewahren. Und selbstverständlich wird jeder bemüht sein, glücklich und erfolgreich zu werden, und für diese Ziele einstehen. Doch sollte man die individuellen Kosten der »Arbeit am Leben« in die Gesamtkalkulation mit einbeziehen.

Das Fazit aus diesem Buch lautet auch, dass sich der Stress des Machbarkeitsglaubens nicht lohnt. Mein Standpunkt dazu ist folgender: Niemand sollte sich mit der Suche nach schnellen Lösungen und einfachen Rezepten abhetzen, niemand sollte sich dafür verurteilen, Probleme zu haben, niemand sollte es für falsch halten, Krisen zu durchleben; niemand sollte sich dafür verachten, nicht zu den angeblichen Gewinnern zu gehören. Es lohnt einfach nicht, sein Leben der Machbarkeit und Kontrolle unterwerfen zu wollen.

Die Unberechenbarkeit des Lebens wird nicht abzuschaffen sein, die versprochene Eroberung der Innenwelt nicht gelingen, das Unbewusste wird sich nicht auflösen lassen.

Darin bestehen die Siege des Lebendigen über den Wunsch nach Kontrolle und Macht. Das Leben geschieht auch und immer wieder gegen den Willen und die Erwartungen der Menschen, und es wird uns auf diese Weise weiterhin auffordern zu lernen. Wir brauchen darüber nicht in Begeisterung auszubrechen, aber wir können uns damit versöhnen, weil es uns dann besser geht.

Der Hirnforscher Wolf Singer kommt zu ähnlichen Einsichten, wie ich sie aus psychologischer Sicht gewonnen habe. Diese sprechen mir aus dem Herzen; und ich möchte sie deshalb als Schlusszitat dieses Buches verwenden:

»Wir müssten uns als in die Welt geworfene Wesen betrachten, die wissen, dass sie ständig Illusionen erliegen und keine wirklich stimmigen Erklärungen über ihr Sein, ihre Herkunft und noch viel weniger über ihre Zukunft abgeben können. Ich könnte mir vorstellen, dass dabei humanere Systeme entstehen, als wir sie jetzt haben. Auch würden all jene unglaubwürdig, die vorgeben, sie wüssten, wie das Heil zu finden ist. Den mächtigen Vereinfachern würde niemand mehr folgen. So könnte ein kritisches, aber gleichzeitig von Demut und Bescheidenheit geprägtes Lebensgefühl entstehen, das durchaus Grundlage einer sehr lebbaren Welt sein könnte.«[310]

Die Machbarkeitspropheten, die professionellen Heilsbringer und Glücksapostel können einer kritischen Betrachtung nicht standhalten – das sollte dieses Buch verdeutlichen. Bescheidenheit und Demut im besten Sinne und Dankbarkeit dem Leben gegenüber und sicherlich auch ein gutes Maß an Glück und Zufriedenheit sind jenen Menschen möglich, die nicht alles wissen und planen, lenken und beherrschen wollen und die Raum für Unwägbares, Unplanbares, Unsicheres lassen – für das Leben selbst.

So lautet mein einziger »Ratschlag« an den Leser: Tue dein Bestes, scheue dabei weder Probleme noch Krisen, dann lehne dich gelassen zurück. Sei gütig und nachsichtig mit dir und

gestatte dir Umwege. Zwinge dich nicht, sondern folge notfalls der Erkenntnis »So bin ich – so ist das Leben – alles
braucht seine Zeit«, und lass dich derweil vom Leben überraschen.

INTERVIEW MIT DR. ARIST VON SCHLIPPE

Dr. Arist von Schlippe ist Privatdozent für Klinische Psychologie und Psychotherapie an der Universität Osnabrück, Lehrtherapeut und Lehrender Supervisor am Institut für Familientherapie, Weinheim e. V., sowie Erster Vorsitzender der Systemischen Gesellschaft, eines Dachverbandes führender systemischer Ausbildungsinstitute und qualifizierter Einzelmitglieder. Er ist Mitherausgeber der Zeitschrift *Psychotherapie im Dialog* (Thieme-Verlag) und Autor zahlreicher Fachaufsätze und Bücher zur systemischen Therapie.[311]

Manchmal ist das Schicksal mächtiger als alle unsere Möglichkeiten

NLP gewann meiner Meinung nach einen Großteil seiner Faszination aus Machbarkeitsversprechen. Hier ein Zitat aus Neue Wege der Kurzzeittherapie: *»Wir stellen sehr nachdrücklich eine Behauptung auf: Wir behaupten, dass, wenn irgendein Mensch irgendetwas kann, ihr es auch könnt. Alles, was ihr braucht, ist die Intervention eines Modellierers[...], der das dann so verpackt, dass ihr es lernen könnt.« Was denken Sie darüber? Können Menschen sich Ihrer Erfahrung nach durch den Einsatz therapeutischer Techniken, wie beispielsweise NLP oder anderer, willkürlich verändern?*

Ihre Frage berührt eine wesentliche Kernfrage therapeutischer Arbeit, nämlich die, wie Menschen sich verändern können.

All unsere Erfahrung zeigt – und vielleicht kennen Sie das auch von sich selbst –, dass es Phasen im Leben gibt, in denen man sich abquält, mit sich, miteinander, vieles verändern möchte und nicht zurande kommt – und dann wieder Phasen, in denen Veränderungen sich nur so überschlagen und beinahe wie von selbst geschehen. Meine Überzeugung ist inzwischen, dass wir zwar ein wenig an den Rahmenbedingungen »drehen« können, die helfen, dass Veränderungen geschehen können, dass wir jedoch viel weniger in der Hand haben, in welche Richtung Veränderung zielgerichtet geht, als wir es oft gern hätten. Ich glaube, das gilt auch für Therapie – und das macht Therapeuten anfällig für Versprechungen. Eine der Rahmenbedingungen, die Veränderung unterstützen, ist allerdings Begeisterung. Viele NLP-Therapeuten, die ich kenne – und auch schätze –, sind begeistert, begeistert von ihrem Modell und von den Möglichkeiten ihres Modells. Ich habe da eine Hypothese: Die unterschiedlichsten Untersuchungen haben immer wieder auf die Bedeutung der therapeutischen Beziehung für Veränderung verwiesen.[312] Wer felsenfest überzeugt ist, dass er/sie mit seiner/ihrer Methode tatsächlich das erreichen kann, was er meint, erreichen zu können, bietet eine Beziehung an, die von strahlendem Optimismus getragen ist: »Wir können es schaffen! Wenn Sie wirklich bereit sind, wenn Sie Arbeit und Energie investieren, dann wird es klappen!« Das ist eine mögliche Rahmenbedingung für Veränderung, allerdings nur eine.

Inzwischen gehört es in bestimmten Szenen, etwa im Managementbereich, zu den verbreiteten Überzeugungen und Versprechen, die unbewussten Programme der Menschen wären, beispielsweise auf Erfolg oder Glück hin zielend, »umprogrammierbar«. Wie beurteilen Sie diese Idee?

Das halte ich für keine gute Idee. Mich beunruhigt auch die Faszination, die solche Beschreibungen haben. Therapie wird dann nicht als ein von zwei Seiten aus partnerschaftlich zu gestaltendes Beziehungsgeschehen verstanden, sondern als »Maßnahme« eines Experten, die er/sie am »Nicht-Experten« vornimmt. Um hier einmal etwas Provokatives zu sagen: Da ist es eine gewisse Beruhigung, dass solche Ideen nie zu hundert Prozent erfolgreich sind und hoffentlich nicht sein werden. Ich bin versucht, dies noch weiter zuzuspitzen: Jeden Misserfolg einer so angelegten Therapie könnte man auch als Bestätigung dafür sehen, dass Menschen letztlich nicht verfügbare Wesen sind.

Wo beobachten Sie die Faszination solcher Beschreibungen? Bei Ihren Studenten, Klienten...?

Zunächst einmal beobachtete ich diese Faszination bei mir selbst – nach meiner dritten Therapieausbildung nahm sie spürbar ab. Bei Studenten ist sie oft wahrzunehmen, vielleicht kann man sogar sagen, sie ist »normal« – und die Grenzen zwischen dieser Art Faszination und einer Begeisterung, die zu der Entwicklung einer integrierten professionellen Therapeutenpersönlichkeit dazugehört, sind fließend. Ich denke, in unserem Job haben wir viel mit Hilflosigkeit zu tun, mit Menschen, die sich hilflos erleben, ihre Hilflosigkeit ins Gespräch mitbringen und uns als Therapeut(inn)en, vor allem als unerfahrene, in Situationen verwickeln, deren Struktur sehr genau von Selvini Palazzoli et aliter 1983[313] beschrieben wurde: eine Einladung, in die Position als omnipotenter Helfer zu gehen, die vom Helfer angenommen wird und die dann langsam in eine Enttäuschung übergeht, dass auch dieser nicht helfen konnte, ebenfalls ein »hilfloser Helfer« ist, was schließ-

lich zu seiner Entthronung führt. Therapieformen, die Abhilfe
aus diesem Dilemma versprechen, haben hier eine große At-
traktivität.

*Neben der »Umprogrammierung« wird gern versprochen, Men-
schen könnten ihre Wirklichkeit und Lebenserfahrung willkürlich umgestalten. Taucht das Thema »Konstruktion der Wirklichkeit« auch in der systemischen Therapie auf?*

Der systemischen Familientherapie ist oft ein sehr laxer Umgang mit der Wirklichkeit vorgeworfen worden, vor allem
wenn es zu Aussagen kam wie der, dass es gar keine Wirklichkeit gebe, dass »alles« nur konstruiert sei. Ein reduziertes Verständnis von Konstruktivismus führte bis hin zu der Vorstellung, dass jeder der Herr seiner eigenen Wirklichkeit sei, diese
frei konstruieren könne nach dem Motto: »Es ist nie zu spät,
eine glückliche Kindheit zu haben« – ein zumindest missver-
ständlicher Satz.

Es stimmt zwar, dass aus systemischer Sicht als eines der
wesentlichsten Kennzeichen sozialer Systeme die gemeinsame
Erzeugung von Sinn angesehen wird, Sinn, der im Gespräch,
im gemeinsamen Erzählen von Geschichten entsteht. Zu einem
System zugehörig zu sein bedeutet aus dieser Perspektive, in
einer spezifischen Tradition zu stehen, wie Wirklichkeit zu
betrachten sei: »Teil einer viablen Kultur zu sein heißt, in eine
Menge miteinander verknüpfter Geschichten eingebunden zu
sein.«[314] Der Blick auf die Frage danach, wie Menschen im
gemeinsamen Diskurs so etwas wie eine gemeinsam erfahrene Wirklichkeit erzeugen, muss nun aber nicht bedeuten,
dass man in Beliebigkeit abdriftet. Die von Menschen koope-
rativ erzeugten Beschreibungen können durchaus den Charakter harter Wirklichkeiten haben! Sie sind gesellschaftliche

Phänomene und von kleineren Teilsystemen nicht so leicht und beliebig veränderbar.[315]

Wenn Menschen, wie Sie sagen, keine verfügbaren Wesen für Berater und Therapeuten sind, dann sind sie womöglich auch sich selbst gegenüber nicht verfügbar. Wie stehen Sie zur Idee der Wahlfreiheit?

Ich denke, Wahlfreiheit besteht im Sinne einer Möglichkeit, die unter bestimmten Bedingungen ergriffen werden kann, doch sehe ich auch die andere Seite, nämlich dass Menschen sich im Rahmen ihrer intimen Beziehungssysteme über Jahre hinweg gemeinsam in leidvolle Muster »hineinkommuniziert« haben, in gemeinsame quälende Wirklichkeiten, aus denen sie nicht mehr herausfinden. Man kann sie als komplexe Kognitions-Emotions-Verhaltensmuster verstehen. Etwas einfacher, aus einer narrativen Sicht, erscheinen diese Ordnungsmuster als gemeinsam erzählte Geschichten, denn in Form von Geschichten werden in Familien – und wohl auch anderen sozialen Systemen – Informationen niedergelegt und bilden damit den Hintergrund für die Einschätzung von Erfahrung, die »Rahmung von Erfahrung«, wie J. Bruner schreibt: »Solche Rahmung verfolgt unsere Erfahrungen bis in das Gedächtnis, wo sie [...] systematisch verändert werden, um zu unseren kanonischen Abbildungen der gesellschaftlichen Welt zu passen, oder wo sie, wenn sie nicht in geeigneter Weise angepasst werden können, entweder vergessen oder als außergewöhnlich abgesondert werden.«[316] Auf diese Weise können Wahlfreiheiten eingeschränkt werden.

Wenn man die Forschungen von G. Roth nimmt, tun wir nicht, was wir wollen, sondern wir wollen, was wir tun.

Wenn, wie Wittgenstein sagt, die Bedeutung eines Wortes über seinen Gebrauch bestimmt wird, dann sollten wir danach fragen, wie sinnvoll es ist, einen Begriff wie den des »freien Willens« zu gebrauchen Die Vorstellung, einen freien Willen zu haben, macht es uns möglicher, uns an kritischen Punkten in der Entwicklung unseres Lebens zu orientieren, indem wir uns selbst befragen und entscheiden. Man könnte sagen, dass es uns hilft, Zugang zu eigenen Entscheidungsräumen zu finden, wenn wir uns selbst gegenüber als Wesen beschreiben, die einen freien Willen haben. Im Sinne der Beschreibung, dass wir werden, was wir sind und wie wir handeln, ist es ein gutes, ein nützliches Konzept. Wenn man es missbraucht im o. a. Sinn – ich habe mein Schicksal immer und vollkommen in meiner Hand –, dann ist es nicht nützlich.

Ich würde aber grundsätzlich die Idee unterstreichen, dass jeder Mensch die Möglichkeit hat, einen ersten Schritt in Richtung einer konstruktiveren Gestaltung der eigenen Existenz zu gehen.

Jederzeit und aus eigener Kraft?

Ich meine, dass ich persönlich im Kontext einer Beziehung mit einem Menschen von der Prämisse aus arbeite, dass er/sie über Wahlmöglichkeiten verfügt. Vielleicht nur über kleine, es geht nicht um das große Glück, sondern darum, sich heute ein klein wenig anders zu verhalten als gestern und morgen wieder. Mit dieser inneren Haltung bemühe ich mich, Therapie zu einem Kontext der Entdeckung von Wahlmöglichkeiten werden zu lassen.

In Bezug auf Therapie kann ich diese Idee nachvollziehen. Aber hat ein Mörder tatsächlich die Möglichkeit gehabt, sich anders zu entscheiden, oder konnte er aufgrund von ihm nicht zu kontrollierender innerer oder äußerer Bedingungen nicht anders handeln?

Auch wenn man einen Begriff wie »Selbstverantwortung« nicht absolut setzen darf, kann die Lösung meines Erachtens nicht sein, diesen über Bord zu werfen. Ich halte es nicht für eine gute Beschreibung, davon auszugehen, dass ein Mensch gar keine Wahl habe. Für mich geht es um einen verantwortungsvollen Umgang mit dem Begriff »Verantwortung«. Eine Wirklichkeitssicht, die davon ausgeht, dass es immer nur eine Option gibt, dass ein Mensch »nicht anders« konnte, halte ich für gefährlich. Ich würde immer sagen, dass er – vielleicht ohne den Halt einer unterstützenden Beziehung – in der Situation seiner Tat keine andere Möglichkeit gesehen haben mag oder sie sogar gesehen haben mag und sich anders entschieden hat. Aber ich würde nicht sagen, dass er »keine hatte«. Anderenfalls gibt es keine persönliche Verantwortung mehr, und das wäre in meinen Augen keine gute Beschreibung der Welt.

Ich bin wie G. Roth der Überzeugung, dass grundlegende Veränderungen, die beispielsweise die Grundüberzeugungen und darauf zurückzuführendes Verhalten der Menschen betreffen, vorwiegend durch Leid und Lebenskrisen herbeigeführt werden. Wie ist Ihre Einstellung hierzu?

Teilweise kann ich zustimmen: Grundlegende Veränderungen gehen mit intensiven Affekten einher. »Veränderung wird geschmiedet im Feuer der Affekte«, sagte der amerikanische Gestalt-Familientherapeut Walter Kempler einmal – und Leid und Lebenskrisen sind meist damit verbunden. Aber heftige

Affekte sind nicht nur Leiden (und Leid kann gerade dann quälend und chronisch sein, wenn die Affekte fehlen). Ich weiß jedenfalls auch, dass mein Leben völlig anders wurde, als ich mich in meine Frau verliebte, als unsere Kinder geboren wurden und so weiter. Das waren Ereignisse, die alles andere als leidvoll waren, aber sie waren intensiv. Ich denke auch an spirituelle Erfahrungen, die für mich und meine Beziehungen zu anderen und zur Welt sehr wichtig waren und die ich ebenfalls nicht als »Leid und Lebenskrisen« bezeichnen würde.

Der Glücksforscher M. Csikszentmihalyi sagt: »Optimale Erfahrungen hängen von der Fähigkeit ab zu steuern, was sich jeden Augenblick im Bewusstsein abspielt« und: »Menschen, die lernen, ihre inneren Erfahrungen zu steuern, können ihre Lebensqualität bestimmen.« Von zunehmend mehr Autoren wird erklärt, Glück und auch Lust seien machbar und der eigenen Kontrolle unterworfen. Halten Sie so etwas für möglich?

Aus meiner Erfahrung als Therapeut halte ich es für eine der wesentlichsten Aufgaben des Lebens, sich selbst kennen zu lernen, mit sich selbst »gut Freund« zu werden. Man kann dann dafür die Metapher der Steuerung wählen. Mit meinem Freund und Kollegen W. Loth würde ich eher die Metapher der »Bei-Steuerung«[317] bevorzugen: Wir können zu unseren inneren Prozessen etwas beisteuern, und je besser wir uns kennen, desto besser gelingt diese Beisteuerung. Ruth Cohn, die Begründerin der themenzentrierten Interaktion, sagte einmal, das Wichtigste, was wir Menschen in dieser Welt lernen müssten, sei dies: »Ich bin nicht allmächtig, und ich bin nicht ohnmächtig!«

Ich denke, bei Lust und Glück ist es tatsächlich so, dass sie »von selbst« kommen müssen. Zustimmen würde ich Ihrer Kritik immer dann, wenn implizit oder gar explizit Versprechungen der totalen Kontrolle gemacht werden. Das ist der Bereich, wo Psychotherapie droht, zu etwas Sektenhaftem zu werden – die Verwendung totaler Beschreibungen ist ein wesentliches Kennzeichen sektiererischer Prozesse. Ich würde sagen, es ist wichtig, in diesem Spannungsfeld gut aufzupassen. Wir brauchen Beschreibungen, die uns helfen, uns selbst und unsere Möglichkeiten und die der anderen liebevoll und freundlich zu beschreiben und den Blick für Begrenztheit und für eine Vielfalt von möglichen gangbaren Wegen zu behalten.

Wie sehen Sie die Möglichkeiten und Grenzen therapeutischer Begleitung / Beratung?

Da möchte ich mit einer Metapher antworten, die für mich in meiner therapeutischen Praxis sehr wichtig geworden ist. Sie entstammt dem Buch einer jungianischen Therapeutin: *Boundaries of the soul*[318]. Sinngemäß sagt sie da, dass Therapie ähnlich sei wie segeln lernen. Wir können – egal wie gut wir segeln – nicht den Ozean verändern, die Gezeiten, wir haben keinen Einfluss auf den Wind, aber wir können lernen, die uns umgebenden Kräfte zu nutzen, uns ihnen anvertrauen lernen und uns immer besser in ihnen zu bewegen. In dieser Metapher steckt eigentlich das, was ich mit »beisteuern« meine: Wir können etwas tun – und dennoch bleibt eine gewisse Ungewissheit, denn es kann auch einen Sturm geben, dem wir mit all unseren Fähigkeiten nicht gewachsen sind. Manchmal ist das Schicksal mächtiger als alle unsere Möglichkeiten des Steuerns oder Beisteuerns.

INTERVIEW MIT PROF. DR. GERHARD ROTH

Prof. Dr. Roth, geboren 1942 in Marburg/Lahn. 1969 Promotion in Philosophie, 1974 Promotion in Zoologie. Seit 1976 Professor für Verhaltensphysiologie im Studiengang Biologie an der Universität Bremen. Direktor am Institut für Hirnforschung an der Universität Bremen. Seit 1997 zusätzlich Gründungsrektor des Hanse-Wissenschaftskollegs in Delmenhorst. Rund 180 Veröffentlichungen auf dem Gebiet der Neurobiologie und der Neurotheorie, darunter die Bücher *Das Gehirn und seine Wirklichkeit. Kognitive Neurobiologie und ihre philosophischen Konsequenzen*[319] und *Fühlen, Denken, Handeln. Wie das Gehirn unser Verhalten steuert*[320].

Niemand hat bewusst Kontrolle über das eigene Leben

Das Beispiel »Glücklicher werden durch Lächeln« geistert in vielfachen Varianten durch Bücher und Medien. Neueste Variante: »Je besser die Versuchsteilnehmer ihren Augenringmuskel zu beherrschen lernten, umso mehr berichteten sie von guter Stimmung, die sie sich selbst nicht recht erklären konnten [...]. Lächeln macht glücklich – aber eben nur das richtige Lächeln.«[321] *Lässt sich also ein andauerndes Glücksgefühl oder eine veränderte Lebenshaltung aufgrund willentlicher Betätigung bestimmter Muskeln erzeugen?*

Das geht in begrenztem Maße schon, indem bestimmte körperliche Zustände mit bestimmten Emotionen mehr oder weniger eng verbunden sind. Ein depressiver Mensch wird aber auch durch andauerndes Lächeln nicht optimistischer, wie ich in meiner engeren Umgebung kürzlich feststellen musste. Hier gibt es konstitutionell enge Grenzen.

»Glück ist lernbar« – diese Auffassung wird zunehmend vertreten. Die Begründung hierfür wird aus neurobiologischen Forschungen geschöpft. Welche Bedeutung geben Sie den Erkenntnissen der Neurophysiologie für die Glückssuche des Einzelnen?

Glücksgefühle sind nicht willentlich lernbar; man kann sich nicht selbst befehlen: Ab jetzt werde ich glücklicher! Man kann aber zweifellos Menschen darauf konditionieren, sich glücklicher zu fühlen, aber das ist eine schwierige Prozedur, und im Selbstversuch geht das nicht.

Wie sähe solch eine Konditionierung aus, und wer müsste sie durchführen?

Dies nennt man positive Konditionierung. Man kann angenehme Empfindungszustände, zum Beispiel hervorgerufen durch Genussmittel, Drogen oder lustvolle Ereignisse, auf systematische Weise mit bestimmten Situationen oder Orten kombinieren, sodass sich eine feste Assoziation zwischen beiden herausbildet. Leider funktioniert dies weniger gut als eine negative Konditionierung. Beides passiert ständig in unserem Leben. Ob eine solche Konditionierung, wenn man sie bewusst herbeiführt, ethisch vertretbar ist, ist eine andere Frage.

»Zu einer klugen Lebensführung ist nur fähig, wer seine Emotionen wahrnehmen, steuern und voraussehen kann. Glücks-

gefühle sind kein Zufall, sondern eine Folge der richtigen Gedanken und Handlungen – in dieser Auffassung stimmen die moderne Neurowissenschaft, die antike Philosophie und der Buddhismus überein.«[322] Treffen diese Aussagen aus Ihrer Sicht als Neurowissenschaftler zu?

Niemand kann aus freier Entscheidung, das heißt willentlich, seine Emotionen steuern oder voraussehen, sondern das tut das Unbewusste, und das bewusste Ich erfährt dies anschließend (und meint, es selbst habe dies getan). Wann und unter welchen Umständen ich welche Glücksgefühle habe, ist – so sagt die einschlägige Forschung – im Wesentlichen eine Folge meiner Persönlichkeit, die teils genetisch und teils durch frühkindliche Erfahrungen bestimmt ist. Das heißt, Menschen gehören von früher Kindheit an entweder zu den eher glücklichen oder den eher unglücklichen Personen oder zu irgendetwas dazwischen. Dies ist weitgehend unabhängig von den äußeren Lebensumständen – sagen Forschung und auch die Alltagsweisheit.

Hier ein Zitat: »Die wichtigste Übung auf der Suche nach dem Glück ist darum die, sich selbst kennen zu lernen. Dazu bedarf es keiner besonderen Vorkehrungen. Es genügt, aufmerksam seine Reaktionen auf die Reize des Alltags wahrzunehmen und mit seinen Gewohnheiten ein wenig zu experimentieren.«[323] Wird hier nicht geradezu grob verharmlost? Die Aufforderung »Erkenne dich selbst« taucht ja in allen Glückskochbüchern auf. Wie beurteilen Sie die Aussichten für solch ein Vorhaben?

Solche Ratschläge sind ein frommer Wunsch. Niemand kann sich selbst in größerem Umfang ergründen, da die eigentlichen Antriebe des eigenen Denkens, Wollens und Handelns notwendig verborgen bleiben. Experten und Menschenkenner stimmen darin überein, dass ein gut geschulter Außenstehender mich sehr viel besser durchschaut als ich mich selbst. Fehlerhafte Selbstinterpretation und Selbstbetrug finden in einem großen Ausmaß statt. Dies stellen wir leicht bei anderen fest, nur bei uns wollen wir das nicht wahrhaben.

Was halten Sie von der Idee des formbaren Gehirns oder, anders gesagt, der angeblichen Möglichkeit, das Gehirn »neu zu verdrahten« oder »umzuprogrammieren«? Hinter solchen Versuchen steht ja stets die Absicht, das Gehirn in eine gewünschte Richtung beziehungsweise auf das Erleben von mehr Selbstbewusstsein hin zu verändern.

Das Gehirn verdrahtet sich beziehungsweise programmiert sich in jeder Sekunde um, nur sind diese Veränderungen meist nicht dramatisch. Dramatische Veränderungen vollziehen sich nur bei starken emotionalen Zuständen, und dies passiert meist in früher Jugend. Im Übrigen nimmt die Plastizität des Gehirns von der frühen Jugend an erst schnell, dann langsamer ab. Soll dennoch noch stärker ›umverdrahtet‹ werden, so muss der emotionale Aufruhr umso stärker sein. Das bedeutet: Auch der erwachsene Mensch ist noch veränderbar, jedoch mit wachsendem Aufwand. Gezielte Veränderungen der Persönlichkeit sind allerdings in jedem Fall schwer, wie die Psychotherapie zeigt, und können nur ›von außen‹ passieren.

Was halten Sie von der Vorstellung, ein Mensch könne Kontrolle über das eigene Leben erlangen? Angeblich ist das ein Kriterium glücklicher Menschen.

Willentlich geht dies nicht. Niemand hat bewusst Kontrolle über das eigene Leben, da es keine willentliche Kontrolle über das Unbewusste gibt, das selbst wieder durch Gene, frühkindliche Erfahrung und späteres Lernen bedingt ist. Auch spielt hier schlichter Zufall eine große Rolle.

Sie schreiben: »Der Cortex kann nicht von sich aus Bewusstsein erzeugen.« Bedeutet das, man kann sich nicht vornehmen, »in Zukunft« bewusst zu handeln? Im Sinne von »Ab sofort werde ich ganz bewusst auf die Inhalte meiner Gespräche achten« oder Ähnliches? Anders gefragt: Gibt es einen quasi automatisierbaren Mechanismus zum Aufrufen von Bewusstsein?

Hierbei geht es um verschiedene Fragen. Mit der Feststellung »Der Cortex kann nicht von sich aus Bewusstsein erzeugen« meine ich, dass der Cortex zwar Sitz und ›Produzent‹ von Bewusstsein ist, dies aber weitgehend unter Einflussnahme von Zentren des limbischen Systems tut, das heißt, Bewusstsein tritt auf, wenn das limbische System dies für notwendig hält. Der Cortex ist in diesem Sinne ein unglaublich leistungsfähiges Instrument des limbischen Gehirns, aber eben nur ein Instrument.

Zum anderen geht es um die Frage, ob ›Ich‹ überhaupt etwas wollen oder veranlassen kann, wie es uns allen ja scheint. Dies muss verneint werden, denn das Ich-Gefühl ist eine bewusste Begleiterscheinung eines besonderen Prozesses der Informations- und Bedeutungsverarbeitung, also eine Art Etikett – wenn auch ein notwendiges, wie viele Etikette. Das Ich allein, als bloßes Gefühl oder Etikett, tut nichts, sondern nur als Teil jenes Prozesses. Wenn ›Ich‹ mir etwas vornehme, dann deshalb, weil unbewusst arbeitende Prozesse dies so beabsichtigen.

ANMERKUNGEN

[1] Prof. Karlheinz Geißler in einem Beitrag der *WirtschaftsWoche*, 39/2000

[2] Dr. Ulrich Strunz in der Zeitschrift *Stern*

[3] Karlheinz Geißler, Bundeswehruni München, zitiert aus: *WirtschaftsWoche* 39/2000

[4] Bodo Schäfer, *Der Weg zur finanziellen Freiheit*, Frankfurt a. M. 2000, Seite 9

[5] Jürgen Höller, *Alles ist möglich – Strategien zum Erfolg*, München 2000, Seite 203

[6] Jürgen Höller, *Alles ist möglich – Strategien zum Erfolg*, München 2000, Seite 203

[7] Stefan Klein, *Die Glücksformel*, Reinbek 2002

[8] Buchtitel von Jürgen Höller, München 2000

[9] Buchtitel von Mihaly Csikszentmihalyi: *Flow – das Geheimnis des Glücks*, Stuttgart 1999

[10] Buchtitel von Bauer/Schmid-Bode, München 2000

[11] Buchtitel von Erich Lejeune, Landsberg 1997

[12] Auf dem Titel der Zeitschrift *Vital*

[13] Produktreihe von Ulrich Strunz

[14] Zeitschrift *Freundin*

[15] Buchtitel von Jürgen Schilling

[16] Auf dem Titel der Zeitschrift *Body & Mind* Nr. 40

[17] Werbung für die Zeitschrift *Cosmopolitan* vom 19. 10. 2000

[18] In: *Freundin* 17/2000

[19] In: *Für Sie* 23/2000

[20] Eine Werbung für die Modeerscheinung Feng-Shui

[21] Ein Buchtitel von Vera Birkenbihl, München 2001

[22] Sagt unter anderem der Autor Stephan Lermer

[23] *Freundin* Nr. 25/2000

[24] Zeitschrift *Elle*

[25] »Die 20 besten Relax-Tipps«, in: *Freundin* 25/2000

[26] Aus dem Buch von Jürgen Schilling, *Kau dich gesund*, München 2001

[27] Ulrich Strunz zitiert nach einem Artikel der Zeitschrift *Capital* vom 8. 2. 2001

[28] Aus einer Werbung im Seminarprogramm des Frankfurter Ring, Heft 4/00

[29] Covertext zu *Sorge dich nicht – lebe!*, 54. Auflage, München 1991

[30] In: *Für Sie* 24/99

[31] Ulrich Strunz, *Forever young – das Leicht-Lauf-Programm*, München 2000

[32] Jürgen Schilling, *Kau dich gesund*, München 2001, Seite 29 ff.

[33] Zitiert aus einem Interview von Amazon.de mit Bodo Schäfer

[34] Rückseitentext zum Buch Peter Kelder, *Die Fünf Tibeter*, München 1999

[35] Peter Kelder, *Die Fünf Tibeter*, München 1999, Seite 34

[36] Mihaly Csikszentmihalyi, *Flow – das Geheimnis des Glücks*, Stuttgart 1999

[37] Ulrich Strunz in einem Interview mit Falko Blask für Amazon.de

[38] Ellen Fein / Sherrie Schneider, München 2002

[39] Dale Carnegie, *Freu dich des Lebens. Die Kunst, beliebt, erfolgreich und glücklich zu werden*, München 2001

[40] Axel Braig / Ulrich Renz, Frankfurt a. M. 2003

[41] Saleem Matthias Riek, *Herzenslust. Lieben lernen und die tantrische Kunst des Seins*, Bielefeld 1999

[42] Hans Jellouschek, Stuttgart 2002

[43] Julius Hey, *Der kleine Hey. Die Kunst des Sprechens*, Schott 2000

[44] Andre Kostolany, München 2001

[45] Anni Hausladen / Gerda Laufenberg, *Die Kunst des Klüngelns. Erfolgsstrategien für Frauen*, Reinbek 2001

[46] Erich Brendl, *Clever manipulieren. Die Kunst, sich geschickt und erfolgreich durchzusetzen*, Wiesbaden 2001

[47] Hans Jellouschek, *Mit dem Beruf verheiratet. Von der Kunst, ein erfolgreicher Mann, Familienvater und Liebhaber zu sein*, Stuttgart 1997

[48] Jürgen Höller, *Alles ist möglich – Strategien zum Erfolg*, München 2000, Seite 9

[49] Jürgen Höller, *Alles ist möglich – Strategien zum Erfolg*, München 2000, Seite 11

[50] Ulrich Strunz in einem Interview mit Falko Blask für Amazon.de

[51] Jürgen Höller, *Sag ja zum Erfolg*, München 2000, Seite 41

[52] Bodo Schäfer in einem Interview von Corinna S. Heyn für Amazon.de, gelesen 20.03.2001

[53] Ulrich Strunz, *Forever young – das Erfolgsprogramm*, München 1999, Seite 7

[54] Ulrich Strunz, *Forever young – das Erfolgsprogramm*, München 1999, Seite 17

[55] Bericht eines Teilnehmers, in: *Capital* 4/2001

[56] Ulrich Strunz zitiert nach einem Artikel der Zeitschrift *Capital* vom 8.2.2001

[57] Aus der Internetseite der Firma *Vitalmind*, gelesen am 9.4.2001 (www.vitalmind.de)

[58] Ulrich Strunz in einem

Interview mit Falko Blask für Amazon.de

59 Bodo Schäfer, *Der Weg zur finanziellen Freiheit*, Frankfurt a. M. 2000, Seite 273

60 Jürgen Schilling, *Kau dich gesund*, München 2000, Seite 122

61 Mihaly Csikszentmihalyi, *Flow – das Geheimnis des Glücks*, Stuttgart 1999

62 In: *Bild-Zeitung* vom 16. 6. 2001

63 In: *Bild-Zeitung* vom 24. 3. 2001

64 In: *Bild-Zeitung* vom 23. 8. 2000

65 Prof. David Myers vom Hope College, Michigan, in: *Hamburger Abendblatt* vom 19/20. Februar 2000

66 in: *Der Spiegel* 15/2001

67 Professor Paul Enck, Uni Tübingen, in: *Bild am Sonntag* vom 13. 8. 2000

68 Paul Watzlawick/Franz Kreuzer, *Die Unsicherheit unserer Wirklichkeit*, München 1988, Seite 59 ff.

69 Paul Watzlawick/Franz Kreuzer, *Die Unsicherheit unserer Wirklichkeit*, München 1988, Seite 63

70 In: *N Z Z-Foto*

71 In: *Focus*, 11/2001

72 Jürgen Schilling, *Kau dich gesund*, München 2000, Seite 71 ff.

73 Pollmer/Warmuth, *Lexikon der populären Ernährungs-Irrtümer*, Frankfurt a. M. 2000, Seite 264 ff.

74 Spiegel-Redakteurin Veronika Hackenbroch, in: *Der Spiegel* 34/2001

75 Jürgen Höller, *Alles ist möglich – Strategien zum Erfolg*, München 2000, Seite 10

76 Jürgen Höller, *Alles ist möglich – Strategien zum Erfolg*, München 2000, Seite 189

77 Jürgen Höller, *Alles ist möglich – Strategien zum Erfolg*, München 2000, Seite 154

78 Ulrich Strunz in einem Interview mit Falko Blask für Amazon.de

79 Dale Carnegie, in: *Sorge dich nicht, lebe,* München 1991

80 Dale Carnegie, in: *Sorge dich nicht, lebe,* München 1991

81 Lonie Barbach, in: *50 Wege zu neuer Lust*, München 1999

82 Peter Kelder, *Die Fünf Tibeter*, München 1999, Seite 55

83 Ulrich Strunz, *Forever young – das Ernährungsprogramm*, München 2000, Seite 5

84 Ulrich Strunz, *Forever young – das Ernährungsprogramm*, München 2000, Seite 15

85 Peter Kelder, *Die Fünf Tibeter*, München 1999, Seite 14

86 Ulrich Strunz, *Forever young – das Erfolgsprogramm*, München 1999, Seite 7

87 Ulrich Strunz in einem Interview mit Falko Blask für Amazon.de

88 Ulrich Strunz in einem Interview mit Falko Blask für Amazon.de

89 Wörtlich zitiert aus dem *Stern*

[90] Der Autor Hans Joachim Rienhardt im *Stern*

[91] Ulrich Strunz zitiert nach einem Artikel der Zeitschrift *Capital* vom 8. 2. 2001

[92] Polmer / Foch / Gonder / Haug, *Prost Mahlzeit*, Köln 1994, Seite 102

[93] Ulrich Strunz, *Forever young – das Leicht-Lauf-Programm*, München 2000, Seite 30

[94] Pollmer / Warmuth, *Lexikon der populären Ernährungs-Irrtümer*, Frankfurt a. M. 2000

[95] Siehe hierzu die Zeitschrift *Max-Planck-Forschung*, 1/2002, Seite 80 ff.

[96] Zitiert aus: *Der Spiegel* 3/2002, Seite 168

[97] Ulrich Strunz zitiert nach einem Artikel der Zeitschrift *Capital* vom 8. 2. 2001

[98] In: *Die Zeit*, zitiert aus *The Lancet*, Band 360, Seite 23

[99] Zitiert aus: *Der Spiegel* 10/2003, Seite 152

[100] Gerhard Roth, *Fühlen, Denken, Handeln*, Frankfurt a. M. 2001, Seite 118

[101] Peter Kelder, *Die Fünf Tibeter*, München 1999, Seiten 13, 22, 46, 47

[102] So der Titel eines neuen Buches zum Mythos Jugend

[103] Die große Hormonblamage, in: *Der Spiegel* 30/2001

[104] Zitiert aus der Zeitschrift *Vital* 10/2001

[105] Leonard Orr, in: *Für die Ewigkeit geboren*, München 1992, Seite 28ff.

[106] Thomas Perls, Leiter der New England Centenarian Study, zitiert aus: *Stern* 12/2002

[107] In: *Der Spiegel* 10/2002, Seite 209

[108] Schilderung von Ibrahim Ferrer, in: *Buena Vista Social Club*, Buch zum Film, Seite 70

[109] Jürgen Höller, *Alles ist möglich – Strategien zum Erfolg*, München 2000, Seite 22

[110] Jürgen Höller, *Alles ist möglich – Strategien zum Erfolg*, München 2000, Seite 153

[111] Jürgen Höller, *Alles ist möglich – Strategien zum Erfolg*, München 2000, Seite 12

[112] Bodo Schäfer, *Der Weg zur finanziellen Freiheit*, Frankfurt a. M. 2000, Seite 8

[113] Jürgen Höller, *Alles ist möglich – Strategien zum Erfolg*, München 2000, Seite 29

[114] Jürgen Höller, *Alles ist möglich – Strategien zum Erfolg*, München 2000, Seite 29

[115] Siehe hierzu Mary/Nordholt, *Lebensträume – Lebenssinn*, Schadeland 1999

[116] Jürgen Höller, *Alles ist möglich – Strategien zum Erfolg*, München 2000, Seite 54

[117] Jürgen Höller, *Alles ist möglich – Strategien zum Erfolg*, München 2000, Seite 15 ff.

[118] Jürgen Höller, *Alles ist möglich – Strategien zum Erfolg*, München 2000, Seite 20

[119] Kriz, zitiert aus: von Schlippe / Schweitzer, *Lehrbuch*

der systemischen Therapie
und Beratung, Göttingen 1997,
Seite 65

[120] Jürgen Höller, Alles ist möglich – Strategien zum Erfolg, München 2000, Seite 42

[121] Zitiert aus: Bild-Zeitung vom 6.2.2001

[122] Jürgen Höller, Alles ist möglich – Strategien zum Erfolg, München 2000, Seite 39

[123] Zitiert aus: Süddeutsche Zeitung vom 21.1.2002

[124] Jürgen Höller, Alles ist möglich – Strategien zum Erfolg, München 2000, Seite 178

[125] Jürgen Leinemann, in: Der Spiegel 24/2002

[126] Zitiert aus der Besprechung von Sprenge Deine Grenzen bei Amazon.de

[127] Bodo Schäfer, Der Weg zur finanziellen Freiheit, Frankfurt a.M. 2000, Seite 9

[128] Bodo Schäfer, Der Weg zur finanziellen Freiheit, Frankfurt a.M. 2000, Seite 26

[129] Aristoteles Onassis, zitiert aus: Jürgen Höller, Sag ja zum Erfolg, München 2000, Seite 236

[130] Arnold Schwarzenegger, zitiert aus: Jürgen Höller, Alles ist möglich – Strategien zum Erfolg, München 2000, Seite 123

[131] Bodo Schäfer, Der Weg zur finanziellen Freiheit, Frankfurt a.M. 2000, Seite 9

[132] Bodo Schäfer, Der Weg zur finanziellen Freiheit, Frankfurt a.M. 2000, Seite 19

[133] Bodo Schäfer, Der Weg zur finanziellen Freiheit, Frankfurt a.M. 2000, Seite 10

[134] Bodo Schäfer, Der Weg zur finanziellen Freiheit, Frankfurt a.M. 2000, Seite 36

[135] Zitiert aus: Plusminus, Sendung vom 18.7.2000

[136] Bodo Schäfer, Der Weg zur finanziellen Freiheit, Frankfurt a.M. 2000, Seite 274

[137] Zitiert aus: Plusminus, Sendung vom 18.7.2000

[138] Bodo Schäfer, Der Weg zur finanziellen Freiheit, Frankfurt a.M. 2000, Seite 299

[139] Siegfried Brockert, Positive Psychologie, Stuttgart 2001, Seiten 46ff.

[140] Bodo Schäfer, Der Weg zur finanziellen Freiheit, Frankfurt a.M. 2000, Seite 8

[141] Jürgen Höller, Sag ja zum Erfolg, München 2000, Seite 235

[142] Erich J. Lejeune, Lebe ehrlich – werde reich!, Landsberg 1997, Seite 302

[143] Zitiert aus: Plusminus, Sendung vom 18.7.2000

[144] Jürgen Höller, Alles ist möglich – Strategien zum Erfolg, München 2000, Seite 27

[145] Jürgen Höller, Alles ist möglich – Strategien zum Erfolg, München 2000

[146] Stephan Lermer, Die neue Psychologie des Glücks, Landsberg 1999, Seite 90

[147] Vera F. Birkenbihl, Erfolgstraining, Landsberg 1999, Seite 56

148 Jürgen Höller, *Alles ist möglich - Strategien zum Erfolg*, München 2000, Seite 152

149 Gerhard Roth, *Das Gehirn und seine Wirklichkeit*, Frankfurt a. M. 1997, Seite 198

150 Michael Mary, *5 Wege die Liebe zu leben*, Hamburg 2002

151 Jürgen Höller, *Sag ja zum Erfolg*, München 2000, Seite 130

152 Jürgen Höller, *Alles ist möglich - Strategien zum Erfolg*, München 2000, Seite 27

153 Paul Watzlawick / Franz Kreuzer, *Die Unsicherheit unserer Wirklichkeit*, München 1988, Seite 57

154 Paul Watzlawick / Franz Kreuzer, *Die Unsicherheit unserer Wirklichkeit*, München 1988, Seite 74

155 Arist von Schlippe / Jochen Schweitzer, *Lehrbuch der systemischen Therapie und Beratung*, Göttingen 1997, Seite 89

156 Titel eines Buches von Managementtrainer Reinhard Sprenger, Frankfurt a. M. 2002

157 Erich J. Lejeune, *Lebe ehrlich - werde reich*, Landsberg 1997, Seite 322

158 Wolfgang Schmidbauer, *Alles oder nichts - über die Destruktivität von Idealen*, Reinbek 1987, Seite 261

159 Gerhard Roth, *Fühlen, Denken, Handeln*, Frankfurt a. M. 2001, Seite 338

160 Gerhard Roth, *Fühlen, Denken, Handeln*, Frankfurt a. M. 2001, Seite 321

161 Aus einem Beitrag von Gerhard Roth, in: *Süddeutsche Zeitung*, 11. 4. 2000

162 Aus einem Beitrag von Gerhard Roth, in: *Süddeutsche Zeitung*, 11. 04. 2000

163 Wolf Singer, Direktor des Frankfurter Max-Planck-Instituts für Hirnforschung, in: *Der Spiegel* 1/2001

164 Yves von Cramon, Direktor des Max-Planck-Instituts für Neuropsychologie in Leipzig, in: *Der Spiegel* 1/2001

165 Gerhard Roth, *Fühlen, Denken, Handeln*, Frankfurt a. M. 2001, Seite 370

166 Gerhard Roth im Interview mit Michael Mary (siehe Anhang)

167 Gerhard Roth, *Das Gehirn und seine Wirklichkeit*, Frankfurt a. M. 1996, Seite 310

168 Siehe hierzu den Bericht *Im Rausch der Macht*, in: *Der Spiegel* 11/2001

169 Bernd Otto, *Einige Bemerkungen zum Problem der Willensfreiheit (Manuskript)*, Braunschweig 2001, zitiert nach Verrecchia, Anacleto, *Georg Christoph Lichtenberg - der Ketzer des deutschen Geistes*, Wien / Köln / Graz 1988, Seite 131

170 Bernd Otto, *Einige Bemer-*

kungen zum Problem der Willensfreiheit (Manuskript), Braunschweig 2001

[171] Direktor am Max-Plank-Institut für Psychologische Forschung, München, zitiert aus einem Internet-Artikel des Wissenschaftsjournalisten Volker Lange (redaktion@morgenwelt.de)

[172] Bodo Schäfer, *Der Weg zur finanziellen Freiheit,* Frankfurt a. M. 2000, Seite 33

[173] Wolf Singer, »Wer deutet die Welt«, in: *Die Zeit,* Nr. 50 / 2000

[174] Siehe das Interview mit Arist von Schlippe im Anhang

[175] Stephan Lermer, *Die neue Psychologie des Glücks,* Landsberg 1999, Seite 105

[176] Dale Carnegie, *Sorge dich nicht, lebe,* München 1991, Seite 127

[177] Jürgen Höller, *Alles ist möglich – Strategien zum Erfolg,* München 2000, Seite 19

[178] Vera F. Birkenbihl, *Erfolgstraining,* Landsberg 1999, Seite 218

[179] Erich J. Lejeune, *Lebe ehrlich – werde reich,* Landsberg 1997, Seite 232

[180] Dale Carnegie, *Sorge dich nicht, lebe,* München 1991, Seite 141

[181] Jürgen Höller, *Sag ja zum Erfolg,* München 2000, Seite 75

[182] Dale Carnegie, *Sorge dich nicht, lebe,* München 1991, Seite 272

[183] Jürgen Höller, *Alles ist möglich – Strategien zum Erfolg,* München 2000, Seite 153

[184] Stephan Lermer, *Die neue Psychologie des Glücks,* Landsberg 1999, Seite 130

[185] Nikolaus B. Enkelmann, zitiert aus: Jürgen Höller, *Alles ist möglich – Strategien zum Erfolg,* München 2000, Seite 154

[186] Jürgen Höller, *Alles ist möglich – Strategien zum Erfolg,* München 2000, Seite 197

[187] Jürgen Höller, *Alles ist möglich – Strategien zum Erfolg,* München 2000, Seite 22

[188] Jürgen Höller, *Sag ja zum Erfolg,* München 2000, Seite 91

[189] Jürgen Höller, *Sag ja zum Erfolg,* München 2000, Seite 93

[190] Jürgen Höller, *Alles ist möglich – Strategien zum Erfolg,* München 2000, Seite 173

[191] Jürgen Höller am 14. 3. 2000 auf Antenne Bayern

[192] Günter Scheich, *Positives Denken macht krank,* Frankfurt a. M. 2001

[193] Fliegel u. a., *Verhaltenstherapeutische Standardmethoden,* München 1989, Seite 193

[194] Mary/Nordholt, *Selbsterforschung,* Schadeland 1999

[195] Jürgen Höller, *Alles ist möglich – Strategien zum Erfolg,* München 2000, Seite 86

[196] Erich J. Lejeune, *Lebe ehrlich, werde reich,* Landsberg 1997, Seite 103

197 Kelder, *Die Fünf Tibeter*,
München 1999, Seite 55
198 Jürgen Höller, *Sag ja zum
Erfolg*, München 2000,
Seite 80
199 Jürgen Höller, *Alles ist möglich – Strategien zum Erfolg*,
München 2000, Seite 75
200 Jürgen Höller in einem Interview der Sendung Bizz im
Februar 2002
201 Jürgen Höller in einem Interview der Sendung Bizz im
Februar 2002
202 Mainpost Nr. 219 vom
21.9.2002
203 Nach einem Bericht der *Hamburger Morgenpost* vom
2.11.2002
204 Nikolaus B. Enkelmann, zitiert aus Höller, *Sag ja zum
Erfolg*, München 2000,
Seite 79
205 Gerhard Roth, *Fühlen, Denken, Handeln*, Frankfurt
a. M. 2001, Seite 263
206 Siehe hierzu Michael Mary/
Henny Nordholt, *Lebens-
träume – Lebenssinn*, Schadeland 1999
207 Bodo Schäfer, *Der Weg zur
finanziellen Freiheit*, Frankfurt a. M. 2000, Seite 141
208 Bandler/Grinder, *Neue Wege
der Kurzzeit-Therapie*, Paderborn 1988, Seite 55
209 Jürgen Höller, *Alles ist möglich – Strategien zum Erfolg*,
München 2000, Seite 151
210 Vera F. Birkenbihl, *Erfolgstraining*, Landsberg 1999,
Seite 62
211 Vera F. Birkenbihl, *Erfolgs-

training*, Landsberg 1999,
Seite 199
212 Aus einem Beitrag von
Gerhard Roth, in: *Süddeutsche Zeitung* vom 11.04.2000
213 Gerhard Roth, *Fühlen, Denken, Handeln*, Frankfurt
a. M. 2001, Seite 456
214 Bodo Schäfer, Der Weg zur
finanziellen Freiheit, Frankfurt a. M. 2000, Seite 141
215 Siehe hierzu auch: Mary/
Nordholt, *Change – Umgang
mit Veränderung*, Schade-
land 1999
216 Zitiert aus einer Werbe-
E-Mail von *mindSystems*,
www.gamper.com
217 Jürgen Höller, *Sag ja zum
Erfolg*, München 2000,
Seite 152
218 Richard Bandler und John
Grinder
219 Bandler/Grinder, *Neue Wege
der Kurzzeit-Therapie*, Paderborn 1988, Seite 54
220 Bandler/Grinder, *Neue Wege
der Kurzzeit-Therapie*, Paderborn 1988, Seite 55
221 Stefan Klein, *Die Glücksformel*, Reinbek 2002, Seite 72
222 Stephan Lermer, *Die neue
Psychologie des Glücks*,
Landsberg 1998, Seite 90
223 Baur/Schmid-Bose, *Glück ist
kein Zufall*, München 2000
224 Mihaly Csikszentmihalyi,
*Flow – das Geheimnis des
Glücks*, Stuttgart 1999,
Seite 14
225 Ed Diener, David Myers,
Martin Seligman, Mihaly
Csikszentmihalyi

[226] D. Bittrich, in: *Hamburger Abendblatt* 19/20.02.2000

[227] Zitate gesammelt aus Stephan Lermer, *Die neue Psychologie des Glücks*, Landsberg 1998

[228] Vera F. Birkenbihl, *Das neue Stroh im Kopf?*, Landsberg 2000, Seite 41

[229] Vera F. Birkenbihl, *Das neue Stroh im Kopf?*, Landsberg 2000, Seite 42

[230] Zeitschrift *Marie Claire*, zitiert nach einer Rezension aus Amazon.de

[231] Mihaly Csikszentmihalyi, *Flow – das Geheimnis des Glücks*, Stuttgart 1999, Seite 14

[232] Mihaly Csikszentmihalyi, *Flow – das Geheimnis des Glücks*, Stuttgart 1999, Seite 15

[233] Mihaly Csikszentmihalyi, *Flow – das Geheimnis des Glücks*, Stuttgart 1999, Seite 14

[234] Siegfried Brockert, *Positive Psychologie*, Stuttgart 2001, Seite 185

[235] Mihaly Csikszentmihalyi, *Flow – das Geheimnis des Glücks*, Stuttgart 1999, Seite 19

[236] Mihaly Csikszentmihalyi, *Flow – das Geheimnis des Glücks*, Stuttgart 1999, Seite 143

[237] Mihaly Csikszentmihalyi, *Flow – das Geheimnis des Glücks*, Stuttgart 1999, Seite 145

[238] Mihaly Csikszentmihalyi, *Flow – das Geheimnis des Glücks*, Stuttgart 1999, Seite 73

[239] Mihaly Csikszentmihalyi, *Flow – das Geheimnis des Glücks*, Stuttgart 1999, Seite 76

[240] Mihaly Csikszentmihalyi, *Flow – das Geheimnis des Glücks*, Stuttgart 1999, Seite 297

[241] Mihaly Csikszentmihalyi, *Flow – das Geheimnis des Glücks*, Stuttgart 1999, Seite 295

[242] Mihaly Csikszentmihalyi, *Flow – das Geheimnis des Glücks*, Stuttgart 1999, Seite 296

[243] Siehe hierzu: Michael Mary/ Henny Nordholt, *Der geheime Lebensplan*, Stuttgart 2001, und Michael Mary, *Lebensträume/Lebenssinn*, Schadeland 1999

[244] Mihaly Csikszentmihalyi, *Kreativität*, Stuttgart 1997, Seite 488

[245] Mihaly Csikszentmihalyi, *Kreativität*, Stuttgart 1997, Seite 488ff.

[246] Stefan Klein, *Die Glücksformel*, Reinbek 2002, Seite 54

[247] Stefan Klein, *Die Glücksformel*, Reinbek 2002, Seite 282ff.

[248] Stefan Klein, *Die Glücksformel*, Reinbek 2002, Seite 87

[249] Stefan Klein, *Die Glücksformel*, Reinbek 2002, Seite 61

[250] Stefan Klein, *Die Glücks-formel*, Reinbek 2002, Seite 59

[251] Stefan Klein, *Die Glücks-formel*, Reinbek 2002, Seite 236

[252] Stefan Klein, *Die Glücks-formel*, Reinbek 2002, Seite 65

[253] Stefan Klein, *Die Glücks-formel*, Reinbek 2002, Seite 66

[254] Stefan Klein, *Die Glücks-formel*, Reinbek 2002, Seite 69

[255] Stefan Klein, *Die Glücks-formel*, Reinbek 2002, Seite 40

[256] Stefan Klein, *Die Glücks-formel*, Reinbek 2002, Seite 249

[257] Stefan Klein, *Die Glücks-formel*, Reinbek 2002, Seite 220

[258] Stefan Klein, *Die Glücks-formel*, Reinbek 2002, Seite 282

[259] Stefan Klein, *Die Glücks-formel*, Reinbek 2002, Seite 283

[260] Zitiert aus einem Beitrag von Dietmar Bittrich für *FÜR SIE*

[261] Dale Carnegie, *Sorge dich nicht, lebe!*, München 1991, Seite 235 ff.

[262] Dale Carnegie, *Sorge dich nicht, lebe!*, München 1991, Seite 30

[263] Dale Carnegie, *Sorge dich nicht, lebe!*, München 1991, Seite 119

[264] Dale Carnegie, *Sorge dich nicht, lebe!*, München 1991, Seite 58

[265] Dale Carnegie, *Sorge dich nicht, lebe!*, München 1991, Seite 85

[266] Aus einem Beitrag von Gerhard Roth, in: *Süddeut-sche Zeitung* vom 11.04.2000

[267] Dale Carnegie, *Sorge dich nicht, lebe!*, München 1991, Seite 167

[268] Zusammengetragen aus Dale Carnegie, *Sorge dich nicht, lebe!*, München 1991

[269] Dale Carnegie, *Sorge dich nicht, lebe!*, München 1991, Seite 51

[270] Ergebnis einer Untersuchung der Kölner FH, Prof. Panse und Dipl. Bw. Stegmann, zitiert aus: *Hamburger Mor-genpost* vom 5.7.2000

[271] Bodo Schäfer, *Der Weg zur finanziellen Freiheit*, Frank-furt a. M. 2000, Seite 41

[272] Bodo Schäfer, *Der Weg zur finanziellen Freiheit*, Frank-furt a. M. 2000, Seite 288

[273] Bodo Schäfer, *Der Weg zur finanziellen Freiheit*, Frank-furt a. M. 2000, Seite 39

[274] Aus einer Leserrezension von Reinhard K. Sprengers Buch *Die Entscheidung liegt bei dir*, gesehen bei Amazon.de

[275] Gerhard Roth, *Fühlen, Den-ken, Handeln*, Frankfurt a. M. 2001, Seite 193

[276] Gerhard Roth, *Das Gehirn und seine Wirklichkeit*, Frankfurt a. M. 1996, Seite 233

[277] Gerhard Roth, *Das Gehirn*

und seine Wirklichkeit, Frankfurt a. M. 1996, Seite 231

278 Karlheinz Geißler, Wirtschaftspädagoge, in: *WirtschaftsWoche* 39/2000

279 Aus einem Brief eines 18-jährigen Mädchens an den Autor

280 Zitiert aus: Lermer, *Die neue Psychologie des Glücks*, Landsberg 1999, Seite 49

281 Magazin der *Frankfurter Allgemeine Zeitung*, zitiert aus einer Rezension bei Amazon.de

282 Zitiert aus: Lermer, *Die neue Psychologie des Glücks*, Landsberg 1999, Seite 38

283 Wolf Schneider, beschrieben in der *Connection* 1/2002

284 Wolf Schneider, beschrieben in der *Connection* 1/2002

285 Martin Dennecker, *Das Drama der Sexualität*, Hamburg 1992, Seite 112

286 Zitate zusammengestellt aus Werner Tiki Küstenmacher, *Simplify your life*, Frankfurt a. M. 2001

287 Werner Tiki Küstenmacher, *Simplify your life*, Frankfurt a. M. 2001, Seite 24

288 Rainer Maria Rilke, *Briefe an einen jungen Dichter*, www.rilke.de

289 Gerhard Roth in einem Vortrag vor dem Landtag Niedersachsen am 25. 01. 2000

290 Der amerikanische Gestalt-Familientherapeut Walter Kempler, zitiert von Arist

von Schlippe in einem Interview mit Michael Mary

291 Arist von Schippe in einem Interview mit Michael Mary

292 Aus einem Vortrag von Gerhard Roth am 25.1.2000 im Niedersächsischen Landtag

293 Gerhard Roth in dem o. g. Vortrag vor dem Landtag

294 Siehe hierzu Arnold Mindell, *Der Leib und die Träume*, Paderborn 1987

295 Bodo Schäfer, *Der Weg zur finanziellen Freiheit*, Frankfurt a. M. 2000, Seite 20

296 Gerhard Roth, *Das Gehirn und seine Wirklichkeit*, Frankfurt a. M. 1996, Seite 311

297 Friedrich-Wilhelm Deneke, *Psychische Struktur und Gehirn*, Stuttgart 2001, Seite 197

298 Gerhard Roth, *Das Gehirn und seine Wirklichkeit*, Frankfurt a. M. 1996, Seite 212

299 Arist von Schlippe in einem Interview mit Michael Mary

300 Gerhard Roth, *Fühlen, Denken, Handeln*, Frankfurt a. M. 2001, Seite 321

301 von Schlippe / Schweitzer, *Lehrbuch der systemischen Therapie und Beratung*, Göttingen 1997, Seite 55

302 Wilhelm Schmid, in: *Brigitte* 22/2001

303 Mihaly Csikszentmihalyi, *Flow – das Geheimnis des Glücks*, Stuttgart 1999, Seite 254

304 Gunter Schmidt, *Sexuelle Verhältnisse*, Hamburg 1998, Seite 52

[305] Hans Magnus Enzensberger, *Leichter als Luft*, Frankfurt a. M. 1999

[306] Wolfgang Schmidbauer, *Die heimliche Liebe*, Reinbek 2001, 155

[307] Viktor E. Frankl, zitiert aus: Lermer, *Die neue Psychologie des Glücks*, Landsberg 1999, Seite 37

[308] Zeitschrift *Weltbild* Nr. 10 vom Oktober 2000

[309] Wer sich über die neurobiologischen Zusammenhänge von Psyche und Körper, von Umwelt und Genen befassen möchte, dem sei das hervorragende Werk von Joachim Bauer, *Das Gedächtnis des Körpers*, Frankfurt a. M. 2002, ans Herz gelegt.

[310] Wolf Singer, Direktor des Frankfurter Max-Planck-Instituts für Hirnforschung, in: *Der Spiegel* 1/2001

[311] u. a. (mit J. Schweitzer:) *Lehrbuch der systemischen Therapie und Beratung*, Göttingen 2002; (mit J. Hargens:) *Das Spiel der Ideen. Reflektierendes Team und systemische Praxis*; (mit Haim Omer, Universität Tel Aviv:) *Autorität ohne Gewalt. Elterliche Präsenz als systemisches Konzept*, Vandenhoeck & Ruprecht 2002

[312] z. B. Mark A. Hubble, Barry L. Duncan & Scott D. Miller, »So wirkt Psychotherapie. Empirische Ergebnisse und praktische Folgerungen«, in: *modernes lernen*, Dortmund 2001

[313] Selvini Palazzoli, M. Boscolo, L. Cecchin, G. Prata, »Das Problem des Zuweisenden«, in: *Zeitschrift für Systemische Therapie 1 (3), 1983, Seite 11–20*

[314] J. Bruner, *Sinn, Kultur und Ich-Identität*, Heidelberg 1997, Seite 107

[315] P. Berger, Th. Luckmann, *Die gesellschaftliche Konstruktion der Wirklichkeit*, Frankfurt a. M. 1969

[316] J. Bruner, *Sinn, Kultur und Ich-Identität*, Heidelberg 1997, Seite 72 f.

[317] Loth, W., *Auf den Spuren hilfreicher Veränderungen. Das Entwickeln Klinischer Kontrakte*, Dortmund 1998

[318] Singer, J., *Boundaries of the soul. The practice of Jung's Psychology*, New York 1973, Seite 1

[319] *Frankfurt a. M. 1994 ff.*

[320] *Frankfurt a.M., 5. Auflage 2002*

[321] Stefan Klein in: *Die Glücksformel, Reinbek 2002*

[322] Zitate von Stefan Klein in: *Die Glücksformel, Reinbek 2002*

[323] Stefan Klein in: *Die Glücksformel, Reinbek 2002*

Leben Sie in einer Langzeitbeziehung?
Und vermissen manchmal die Leidenschaft?

Michael Mary
5 LÜGEN
DIE LIEBE BETREFFEND
Sachbuch
240 Seiten
ISBN 978-3-404-60512-5

Dann gibt es eine gute und eine schlechte Nachricht für Sie. Zuerst die gute: Sie sind ganz normal. Und die schlechte: Dauerhafte Romantik, ewiges Begehren mit immer demselben Partner – das gibt es nicht.

Auch der schönste dieser Träume wird früher oder später an der Beziehungsrealität zerbrechen. Aber es gibt jemanden, der Ihnen Mut macht: Michael Mary deckt provokativ die fünf größten Liebeslügen auf. Und zeigt, dass es in Langzeitbeziehungen ganz andere Werte gibt, um die es sich zu kämpfen lohnt.

Bastei Lübbe Taschenbuch

Öfter mal was Neues oder Angst vor Veränderung?

michael mary
change
lust auf veränderung

Michael Mary
CHANGE
LUST AUF VERÄNDERUNG
Sachbuch
160 Seiten
ISBN 978-3-404-60539-X

Menschen sehnen sich nach Veränderung und fürchten sich zugleich davor. Doch Wandel geschieht ständig – unabhängig davon, ob er gesucht wird oder nicht. Und er kündigt sich an. Durch körperlich spürbare, emotional fühlbare oder in Träumen sichtbare Impulse. Sie sind die verborgene Lust eines Menschen. Wenn man lernt, diese Anzeichen zu erkennen, besteht die Chance, den Wandel zu unterstützen, sodass er sich nicht gegen den Willen des Menschen durchsetzen muss. Denn der Lust Raum zu geben erweitert das Leben. Das Buch führt zu einem tiefen Verständnis von Wandlungsprozessen und macht verborgene Wünsche für den Einzelnen erkennbar.

Bastei Lübbe Taschenbuch

Was ist der Sinn des Lebens? Ihr Sinn ...

Michael Mary
LEBE DEINE TRÄUME
Sachbuch
160 Seiten
ISBN 978-3-404-60561-3

Jeder Mensch in unserem Kulturkreis ist permanent damit beschäftigt, etwas zu erreichen. Und das Leben bietet scheinbar eine Fülle von Möglichkeiten. Man kann reich werden, zum Mond fliegen oder den Nobelpreis gewinnen, kein Auto besitzen oder gleich mehrere, in Familien leben oder im Kloster, Präsident werden oder Bauer, auswandern oder in der Stadt wohnen. Doch wen macht was glücklich? Wie kann ein Mensch seinen Lebenssinn finden, und wie kann er ihn verwirklichen? Michael Marys Buch ist aus der Begleitung von Menschen entstanden und bietet praktische Orientierung. Denn jeder kann seinen Lebenssinn finden, indem er seine eigenen Lebensträume entdeckt. Und lebt ...

Bastei Lübbe Taschenbuch